乱北
局洋

宋连生 ◎ 著

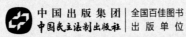
中国出版集团　　全国百佳图书
中国民主法制出版社　出版单位

图书在版编目（CIP）数据

北洋乱局 / 宋连生著 . — 北京 : 中国民主法制出版社，
2022.1

ISBN 978-7-5162-2760-2

Ⅰ . ①北…　Ⅱ . ①宋…　Ⅲ . ①北洋军阀政府—研究
Ⅳ . ① K258.207

中国版本图书馆 CIP 数据核字（2022）第 013549 号

图书出品人：刘海涛
出 版 统 筹：石　松
责 任 编 辑：张佳彬　刘险涛

书　　　名 / 北洋乱局
作　　　者 / 宋连生　著

出版・发行 / 中国民主法制出版社
地址 / 北京市丰台区右安门外玉林里 7 号（100069）
电话 /（010）63055259（总编室）　63058068　63057714（营销中心）
传真 /（010）63055259
http://www.npcpub.com
E-mail: mzfz@npcpub.com
经销 / 新华书店
开本 / 16 开　710 毫米 × 1000 毫米
印张 / 20.5　字数 / 298 千字
版本 / 2022 年 2 月第 1 版　2022 年 2 月第 1 次印刷
印刷 / 北京中科印刷有限公司

书号 / ISBN 978-7-5162-2760-2
定价 / 68.00 元
出版声明 / 版权所有，侵权必究。

目 录

第一集
袁世凯的最后时刻

　　清朝末期，袁世凯奉命在天津小站训练新军，是为北洋军之发端。中华民国成立后，袁世凯及其手下的北洋军重要将领，相互勾结，形成一个盘根错节、权力巨大的军事政治集团，史称"北洋军阀"。北洋军阀统治中国 17 年，充斥着黑暗与混乱。特别是在袁世凯死后，北洋军群龙无首，天下大乱，奇事、怪事、荒唐事层出不穷。这本书中，我们分几个专题讲一讲袁世凯死后，北洋军阀治理下的政局乱象。

　　故事从病入膏肓的袁世凯讲起。

　　那是在民国五年（1916）6 月 5 日深夜，徐世昌、王士珍、段祺瑞、张镇芳四位北洋大员接到袁世凯病危的电话，急匆匆地乘车赶到中南海袁氏官邸，要赶在袁世凯咽气前聆听遗嘱。

　　以上四位接受遗嘱的人，不仅是北洋重臣，也是最受袁世凯信任的人。其中，徐世昌为北洋元老，是北洋军中名望仅次于袁世凯的"二号人物"，袁世凯称帝前后，他官拜国务卿，相当于古时的"宰相"；王士珍从小站练兵时就是袁世凯手下最得力的干将，位居"北洋三杰"之首，人称"北洋之龙"；段祺瑞在"北洋三杰"中位列第二，人称"北洋之虎"，时任国务总理，袁世凯病重期间，他是北洋政府事实上的当家人；张镇芳亦为北洋重臣，又是袁世凯的河南项城同乡，还是袁世凯嫂子的弟弟，管袁世凯叫表哥，算是袁世凯的"同乡加亲戚"。前清时期，人们通常称皇亲国戚为"黄带子"，张镇芳在袁世凯称帝时也被人称为"黄带子"。

当年袁世凯家住中南海居仁堂，是位于中南海万字廊后面的一座西式小楼。这个地方本来是前清慈禧太后所居住的仪鸾殿，在庚子国难时被八国联军中的日本军队占据，后因大火被焚毁。《辛丑条约》签订之后，为了向洋人靠拢，慈禧老佛爷下令在仪鸾殿原址修建西洋式建筑，用以接见外宾，改名海晏堂。中华民国成立后，袁世凯入主中南海，将其更名为居仁堂。

四位接受遗嘱的人一进居仁堂大门，就看到袁家人三三两两地议论着，从他们惊慌的神色就可以看出，袁世凯病情危重，恐怕真的不行了。四个人顾不上多问，便径直走进袁世凯的卧室，见袁世凯面色惨白地躺在床上。袁世凯向这几人望了一眼，有气无力地说了句："菊人来得很好，我已经是不中用的人了。"

"菊人"是徐世昌的别号，他刚从河南卫辉赶来接受遗嘱，在几位接受遗嘱的人里面最为年长，名望最高，又走在最前面，所以袁世凯首先同他说话。徐世昌闻言赶忙安慰道："总统不必心焦，静养几天自然会好。"稍一停顿，可能是意识到现在是非常时期，自己身负接受遗嘱的重任，不能只说客气话，便又补了一句："总统有话早点安排出来也是好的。"这话说得有些含蓄，但意思还是说明白了，袁世凯应当能够听得出来，就是要让他就死后谁来继承总统职位给个说法。

当时的北洋政权可谓既有外患，又有内忧，确实急需袁世凯有个明白交代。

所谓外患，主要是西南诸省的讨袁护国运动。民国五年（1916）1月1日，袁世凯在北京登基做皇帝，改元"洪宪"，将民国五年定为洪宪元年。就在同一天，在西南边陲的云南省会昆明，以唐继尧、蔡锷为首的云南护国军政府发布讨袁檄文，历数袁世凯二十大罪状，号召全国军民共同讨伐袁世凯，捍卫中华民国。随后，贵州、广西、广东、浙江、陕西、四川、湖南等省相继宣布加入护国运动，脱离袁世凯的北洋政府而独立，其他没有宣布独立的省份，也大多自谋出路，不再听从北京政府的号令。

与外患相比，内忧更让袁世凯以及他的北洋政府揪心。所谓内忧，就是在北洋军阀内部，围绕着如何对待袁世凯以及由谁来执掌北洋政权的问题上产生了严重的分化与斗争。少数"帝制派"主张继续维持袁世凯的统治地位，多数手握实权的北洋将领已经看到袁世凯众叛亲离，大势已去，都不同程度地与袁世凯划清界限以求自保；更有部分北洋军将领，包括一些曾被袁世凯视为亲信的人，迫于外界压力，也公开举起反袁旗帜。1916年3月20日，由江苏督军冯国璋领衔，山东将军靳云鹏、江西将军李纯、浙江将军朱瑞和湖南将军汤芗铭联名发出"密电"，人称"五将军密电"。所谓"密电"，就是不公开发表。这是因为冯国璋觉得五人联名声势不够大，还想进一步扩大范围，因此五人联名密电征求其他各省将军的同意。密电要求袁世凯"迅速取消帝制，以安人心"。冯国璋是袁世凯手下最为得力的大将之一，与王士珍、段祺瑞并称"北洋三杰"，人称"北洋之狗"。就实力与地位而言，他在北洋军中与段祺瑞旗鼓相当，二人曾是袁世凯的左膀右臂，为袁世凯打江山立下过汗马功勋，由此也让袁世凯对二人产生了戒心，是所谓功高震主。且比较而言，段祺瑞在北京，手里并不直接掌管军队，冯国璋在外地，手里直接握有重兵，因而袁世凯对冯国璋之戒心更甚于段祺瑞。尤其是在袁世凯复辟帝制当皇帝的时候，最不放心的就是冯国璋，对其戒备重重，严密封锁消息。民国四年（1915）6月，外面关于袁世凯要做皇帝的风声已经流传很广，在一次袁世凯召见冯国璋的时候，冯国璋想了解些袁世凯对于复辟帝制的真实想法，便探询道："外间传说大总统欲改帝制，请予为秘示，以便在地方上着手布置。"袁世凯正色答道："你我多年在一起，难道不懂得我的心事？我绝无皇帝思想，袁家没有过60岁的人，我今年已58岁，就算做皇帝能有几年？"冯国璋还是不放心，又试探了一句："是啊，南方流言纷纷，都是不明了总统的心迹，不过到了将来中国转弱为强，天与人归的时候，虽然大总统谦让为怀，就怕推也推不掉。"袁世凯听后神色凛然地大声说道："什么话！我有一个孩子在伦敦求学，我已叫他在那里购置一些产业，倘若有人再逼我，我就到那里做寓公，从此不问国事。"当时袁世凯已经授意亲信为复辟帝制做了大量准备工作，但在冯国璋面前却无半点表露，可见他对冯国璋防范之深。听了袁世凯的这番表白，冯国璋信以为真，还通过新闻记者将袁世凯的这些话公布于报端，以打消人们对于袁世凯要搞帝制、当皇帝的顾虑。也正因有了这么个过程，后来袁世凯的帝制活动公开化了，冯国璋便有了一种受欺骗、被愚弄的感觉，这也使冯国璋成为北洋军高级将领中较早公开要求袁世凯取消帝制的人。

"五将军密电"通过一些北洋将领很快落到袁世凯的儿子袁克定手里。袁克定拿到密电后不敢直接交给乃父，担心老头子受不了这份打击，后来还是由直隶巡按使朱家宝将此电转呈给袁世凯。据说，袁世凯阅此电后，双目发呆，半晌说不出话。这份"五将军密电"背后都是些手握重兵的实权派人物，他们的反对让袁世凯意识到，帝制绝难维持，能够保住大总统的位子就不错了。3月22日，也就是冯国璋等人的"密电"发出两天以后，袁世凯宣布取消帝制。

然而到了这个时候，袁世凯要做大总统也已经很难为各方接受了。4月中旬，西南护国军在一封电报中提出与北京政府议和的六项条件，其中第一项即为"袁退位后贷其一死，但须逐出国外"。意思是说，袁世凯不仅不能做总统，而且必须驱逐出国，才能免其一死。我们前面曾说到全国共有八个宣布脱离袁世凯而独立的省份，有的省份就是在袁世凯宣布取消帝制但还要继续做大总统的情况下宣布独立的，其中有的省份还是在北洋军将领的参与指挥下采取的行动。

5月9日，陕南镇守使陈树藩在三原就任陕西护国军总司令，宣布陕西独立，这件事很让袁世凯心惊肉跳。因为反袁势力原本聚集于西南，但陕西地处西北，陕西都督陆建章素有"屠夫"之称，被袁世凯视为心腹，如今一个小小的陕南镇守使竟能将袁世凯的亲信陆建章驱逐出陕，可见世道大变。

十几天后，5月22日，四川将军陈宧宣布独立，这件事给了袁世凯致命一击。陈宧曾深得袁世凯信任，被袁世凯视为铁杆保皇派。为了褒奖与拉拢他，袁世凯还让长子袁克定与他结拜为兄弟。当初在北京一片拥袁称帝的风潮中，陈宧曾经跪着哭求袁世凯"早正大位"。陈宧奉命入川，临行前还向袁世凯表忠心说：不改帝制，不复入京。如今言犹在耳，却物是人非。更有甚者，陈宧还公开宣言："代表川人，与项城告绝。"袁世凯，河南项城人，人称袁项城。陈宧的这番话就是要与袁世凯个人断绝关系。据在袁世凯身边的人回忆，袁世凯读了陈宧的通电，当场晕了过去，醒来后连说："人心大变！人心大变！"

在陈宧宣布"与项城告绝"的七天以后，5月29日，又传来湖南将军汤芗铭宣告独立的通电，这份通电被后人称为袁世凯的"送终汤"。汤芗铭曾是鼓吹帝制最为起劲的封疆大吏。他先是在湖南创办《民国新报》，大力鼓吹帝制，并带头上劝进表，劝袁世凯做皇帝。如今袁世凯登基称帝惹得天怒人怨，同样是这个汤芗铭，却反戈一击，表示不惜与袁世凯"以干戈相见"。袁世凯读了汤芗铭的这份通电，气急败坏，连呼："完了，完了，一切都完了！"他本来已患病在身，急怒之下，病情加重。一个多星期以后，病由重而危，乃至大限将至。所以后人说袁世凯是"起病六君子，送命二陈汤"。"六君子"与"二陈汤"均为中药名，但在这里却是指与袁世凯的帝制与性命直接相关的几个人。"六君子"，是当初组织筹安会，劝袁世凯行帝制做皇上最起劲的六名"学士"；而所谓"二陈汤"，就是指陕南镇守使陈树藩、四川将军陈宧和湖南将军汤芗铭。"五将军密电"和"二陈汤"的出现，表明袁世凯已经众叛亲离，北洋集团已严重分化。

袁世凯即将命归西天，北洋政权由谁来主掌？这无疑是北洋集团生死攸关的头等大事，而在这个问题上，袁世凯的意见又是不能不听的。所以，徐世昌等人急于想知道袁世凯此时的打算。

袁世凯听了徐世昌的话，眨着惨白无神的眼睛，口中说出了"约法"二字。他的话虽少，但意思徐世昌等人还是听明白了，他的意思是：谁做总统，按"约法"办。

当时中华民国宪法尚未制定完成，"约法"就发挥着国家根本大法的作用。但问题是，"约法"有两部，一部是中华民国元年由孙中山主持制定的《中华民国临时约法》，简称"民元约法"或"旧约法"；另一部是民国三年（1914）袁世凯为搞个人独裁制定的《中华民国约法》，简称"民三约法"或"新约法"。当时西南护国军政府及其他反袁独立的省份提出要恢复"民元约法"，而袁世凯及其北洋政府则死死地抱着"民三约法"不放。这也是当时国内反袁与拥袁斗争的一个焦点。现在袁世凯说到的"约法"，是指"民元约法"还是"民三约法"呢？袁世凯没有明说，但从他一直死死地把住权力不放，以及武力剿杀要求恢复"民元约法"的西南护国军的实际行动上，徐世昌等人判断，袁世凯所说约法应为"民三约法"。这时，站在一旁的袁克定插了句话，等于坐实了徐世昌等人的判断。

袁克定是袁世凯的长子，也是鼓动袁世凯做皇帝最起劲的人，此时，就站在袁世凯的病床旁。在袁世凯说了"约法"二字后，袁克定又补了一句"金匮石室"。袁世凯听了，睁了睁眼没说话，算是默认了。

在这里我们要简单介绍下当年的两部约法，以及与之配套的总统选举法关于总统继任问题的相关规定。

我们先说"民元约法"。这部约法第四十二条规定：临时副总统于临时大总统因故去职，或不能视事时得代行其职权。在民国二年（1913）公布的《大总统选举法》中进一步规定：大总统缺位时以副总统继任至本任期满为止。按照这项规定，总统缺位，由副总统继任，任期至缺位总统本届任期满为止。

下面我们说"民三约法"。这部约法第二十九条规定：大总统因故去职或不能视事时，副总统代行其职权。这项规定与"民元约法"差别不大。但"民三约法"公布的当年底，袁世凯又授意约法会议通过了一个《修正大总统选举法》，这个"修正"了的大总统选举法，与民国二年的选举法就有了实质性的差别。关于总统继任问题，《修正大总统选举法》规定：总统因故出缺时，由副总统代行职权，代理期限为三天，应在三天内组织选举会选举总统。按照这项规定，总统去世，副总统只能代行三天的总统职权，在这三天之内由选举会选出新总统。怎么选举呢？《修正大总统选举法》规定：总统继任人由现任总统推荐三人，将名单预书于"嘉禾金简"，钤盖国玺，藏之"金匮石室"，备有钥匙三把，由总统、参政院长、国务卿分执其一，平时不得擅自开启，须在选举前取出来交与选举会，由选举会在三人中选举一人为总统。

由于袁克定当着袁世凯的面说了"金匮石室"，而袁世凯没有否认，徐世昌等人明白了，袁世凯的意思是，他死后的继位者，按"民三约法"及《修正大总统选举法》的规定办。但问题是，这些规定有多少可行性？按照这些规定产生的新总统，西南护国军能接受吗？还有，这个办法在北洋集团内部能有多少人支持？会不会造成北洋集团更加严重的分裂？对于这些问题徐世昌等人还来不及多想。

病榻上的袁世凯委顿不堪，由法国医生打了针强心剂，才又渐渐苏醒过来，口中喃喃说道："他害了我。"这是他留在世上的最后一句话，对于这句话的含义后人有多种猜测：是儿子害了他？部下害了他？还是朋友害了他？随着袁世凯的死，答案永远都不会有了。

1916年6月6日10时40分，袁世凯在中南海居仁堂咽下最后一口气。他给后人留下一个处于战乱中的国家，给北洋集团留下一大堆待解的难题。

袁世凯死后留下的最大也是最为紧迫的难题，就是由谁来收拾北洋政府这个烂摊子。谁来当总统，谁来掌大权？

不管"民三约法"及与之配套的《修正大总统选举法》中的相关规定是

否可行，既然袁世凯临终前有过交代，徐世昌、王士珍、段祺瑞、张镇芳四位接受遗嘱的人还是按照袁之遗嘱，一起去开启"金匮石室"，看看袁世凯到底留下了一份什么样的"嘉禾金简"。

"金匮石室"在中南海万字廊内。按照《修正大总统选举法》之规定，"金匮石室"的三把钥匙分别执掌在总统、参政院长和国务卿手里，这就意味着只有这三人才有资格开启"金匮石室"。但问题是总统死了，国务卿的职务取消了，只剩一个参政院长，叫爱新觉罗·溥伦。此人身份很尊贵，是清乾隆皇帝的五世孙，与末代皇帝溥仪同辈，比溥仪年长30岁，是宣统年间皇族内阁的重要成员。中华民国成立后，溥伦转而依附袁世凯，赞同洪宪帝制。民国三年（1914）9月黎元洪辞去参政院长职务后，溥伦被袁世凯任命为参政院长。但洪宪帝制短命而亡，参政院并没有真正成立，溥伦除了领份亲王俸禄外什么事情都没有做，而且徐世昌等人也知道，溥伦手里根本没有"金匮石室"的钥匙。因为徐世昌和段祺瑞都曾做过国务卿，按《修正大总统选举法》规定，也属于执掌"金匮石室"钥匙的人，但实际上他们谁也没有拿到过那种钥匙。

袁世凯精心设计的这套"秘密立储"办法一开始就遇到了麻烦。那么，"金匮石室"的钥匙在谁手里？在袁世凯已去世的情况下，要怎样才能打开那个神秘的"金匮石室"呢？

第二集
谁来掌局很微妙

　　袁世凯临终遗言，大总统继任办法按照"民三约法"和《修正大总统选举法》的规定，打开"金匮石室"，由"嘉禾金简"上所写的三位继位人选中选举一人做总统。所以徐世昌等四位遗嘱接受人就一道来到中南海的万字廊内，准备打开"金匮石室"，取出"嘉禾金简"，看上面写着谁的名字。但他们马上遇到一个难题，就是找不到有资格开启"金匮石室"的人，但总统继任人选必须马上确定，免得夜长梦多。情况紧急，四个人当下议定，不必拘泥于条文规定，马上命人从袁家找来钥匙，在四人共同见证下打开了那个略显神秘的"金匮石室"。

　　"金匮石室"里面有一个黄布包裹，内包长方形一尺多长泥金纸一张，不用说，这就是所谓的"嘉禾金简"了。

　　只见"金简"上方写着"兆民托命"四个大字，下面有同样大小的"民国万年"四字，中间写了三个人名，分别是：黎元洪、徐世昌、段祺瑞。后来有人传说，这张名单是袁世凯取消帝制后调换的，原来上面只有他的儿子袁克定一人的名字，后来改为黎元洪、徐世昌、袁克定三人。袁世凯病重之际，瞒着儿子将袁克定的名字改为段祺瑞。袁克定不知内里，在乃父交代后事的时候代为补充了"金匮石室"一句，还在做着父死子继的美梦。假如这种说法属实的话，可能是袁世凯在重病之际看出，他死后绝不会有人再来辅佐他的儿子执掌江山，这才将袁克定的名字从"嘉禾金简"中替换掉。

名单看过了，在这"嘉禾金简"上的三个人，该让谁做总统呢？

名单里的三个人有两个在现场，就是徐世昌和段祺瑞。徐世昌在大清光绪年间中进士，授翰林院庶吉士。后佐理袁世凯编练新军，统筹全军训练及教育。他年长袁世凯四岁，在北洋军中颇有声望。袁世凯称其为兄，其他北洋将领尊其为师，就名望而言，他是北洋集团仅次于袁世凯的二号人物。段祺瑞曾是袁世凯手下最得力的干将，时任国务总理，是北洋政府的实权人物。我们前面讲过，袁世凯执政后期，北洋军阀内部因争权夺利而分化成大大小小的若干派系，其中以段祺瑞为首的一派实力最强。段祺瑞是安徽人，他的这一派系被后人称为"皖系"。

"嘉禾金简"三人名单中，还有一人不在现场，就是写在"嘉禾金简"首位的黎元洪。黎元洪不属于北洋集团，他原为湖北新军将领，武昌起义时阴差阳错地被义军推为领袖，起义成功后任湖北军政府都督。中华民国成立后，任副总统。直到袁世凯死时，他仍在副总统任上。他由于不是北洋嫡系，袁世凯病危时就没有唤他来床前聆听遗嘱。

按照袁世凯授意修正了的"总统选举法"规定，总统因故缺职，由副总统代行职权，期限为三天。在此期间，将现任总统预先写在"嘉禾金简"上的三人名单，交由一个被称为"总统选举会"的机构，"总统选举会由参政院参政、立法院议员各五十人组织之"。也就是说，现任总统提出一份三人候选名单，参政院和立法院各出五十人组成"总统选举会"，在三位候选人中选出一人做总统。这套办法显然不可行，因为袁世凯急于当皇帝，参政院没有真正成立，立法院更是没影的事。两个机构一个是空的，另一个连个空壳都没有，就更不用说在这两个机构的基础上组织什么"总统选举会"了。再说当时全国反袁声浪滔滔，按照袁世凯制定的这套办法选举总统根本行不通。对此，四位遗嘱接受人都心知肚明，也都认定非常时期，不能拘泥于程序，当特事特办。究竟由谁来做总统，必须当卜就定卜来。

由于徐世昌"最为长者"，在场的人就请他先谈谈。徐世昌身为北洋元老，名义上是北洋集团的二号人物，名字也上了袁世凯的"嘉禾金简"，但他手里不拥兵据权，自知不具备问鼎总统宝座的实力，所以并没有什么非分之想。他环视了在场的各位一眼，缓缓地说道，根据约法，当以副总统继任总统。

和袁世凯一样，徐世昌也没有具体说所依据的约法是"民元约法"，还是"民三约法"，这不是他糊涂，恰恰是他的老谋深算。因为他知道，北洋集团主张"民三约法"诞生，"民元约法"自当废止，而西南护国军根本就不承认"民三约法"的合法性，因此无论是依照"民元约法"，还是"民三约法"，总会有不承认的一方。所以徐世昌就揣着明白装糊涂，故意只讲"约法"，不说新旧，反正无论依照哪部约法，都明确规定现任总统去职由副总统代行职权，身为副总统的黎元洪继位做总统于法有依，而且由黎元洪继位又是各方都可以接受的。不过，徐世昌担心段祺瑞有做总统的打算，便又朝段祺瑞这边瞅了一眼说道："这只是我个人的意见。最好还是取决于总理。"这便又将球踢给了段祺瑞，众人的目光也齐刷刷地聚焦在段祺瑞身上。

我们前面讲过，段祺瑞和冯国璋一样，曾经是袁世凯的股肱之臣。与冯国璋相比，段祺瑞对袁世凯的感恩之心更重，因而对袁世凯也就更为忠心。

王士珍、段祺瑞、冯国璋三人都是在天津小站时投身袁世凯麾下参与编练新军，也都因成绩优异深得袁世凯的赏识。据一本介绍段祺瑞的传记里讲，清光绪二十八年（1902）前后，北洋新军先后成立了三个协（协相当于现在部队中的旅），袁世凯为了表现自己"任人唯贤"，特意用考试的办法提拔军官。成立第一协、第二协时，王士珍、冯国璋先后通过考试，当上了协统，段祺瑞两次落榜。第三协成立时，他满腹心事，坐立不安，唯恐再度名落孙山，给老师丢面子不说，自己的仕途前程也要大受影响。让他没想到的是，在考试前一天，袁世凯把他叫去，悄悄塞给他一份试卷，让他顺利通过了考试，当上了协统。这件事使段祺瑞感动终生，在私交故旧面前，常言袁世凯对自己"私恩极重"，当永生不忘。

袁世凯对手下疑心较重，中华民国政府成立以来，袁世凯感到段祺瑞功高震主，对其多有戒备，对此段祺瑞并不是很放在心上。后来，袁世凯要搞帝制当皇帝，段祺瑞心中不安，便于民国四年（1915）5月末，以养病为由请辞陆军总长一职。袁世凯没有批准他的辞呈，但给假两月，并颁给人参四两，医药费五千元。段祺瑞从此闭门谢客，在家以养病为名等待时机。转眼过了将近一年，袁世凯因复辟帝制而声名狼藉、众叛亲离，并在内忧外患面前急火攻心，身体渐渐不支，无奈之中只得请段祺瑞重出江湖，帮他收拾局面。在民国五年（1916）4月的某一天，袁世凯一方面通过官方渠道通知段祺瑞到中南海居仁堂开会；另一方面又走"夫人路线"，让夫人于氏给段祺瑞的夫人张氏打电话，说元首抱病，急于一晤芝泉。于氏电话里所说的"元首"无疑是指袁世凯，"芝泉"是段祺瑞的字。两位夫人之间的这通电话很管用。官方渠道的通知段祺瑞可以推辞，这"夫人路线"段祺瑞就不能不当回事了。

段祺瑞在天津武备学堂读书时，曾娶宿迁女吴氏为妻。吴氏的父亲吴懋伟是宿迁举人，与段祺瑞的祖父段佩过从甚密。这桩婚姻承父母之命，属明媒正娶，婚后夫妻恩爱。然而十四年后，即清光绪二十六年（1900），吴氏因病死于济南。翌年，袁世凯便将自己的表侄女张氏许配给段祺瑞为继室。

据段祺瑞的女儿段式巽介绍，她母亲张氏的祖母是袁世凯的亲姑母，张氏的父亲，也就是袁世凯的表弟20多岁中了翰林，后在新疆做官。在一次当地骚乱中被人毒死，留下老母（即袁世凯的姑母）、寡妻（即袁世凯的表弟媳）和女儿（即张氏，袁世凯的表侄女）。袁世凯闻讯后派人从新疆把她们接到自己家里。当时张氏年仅两岁，袁世凯的妻子于氏对其细心抚养，视如己出。张氏长大后，正值段祺瑞发妻病故，袁世凯便做主将她许配给段祺瑞续弦。张氏出嫁时，袁世凯为她置办了丰厚的嫁妆。此后，张氏将袁府当作自己的娘家，段祺瑞也因这层姻亲关系而备受袁世凯宠信。如今，陷入内外交困的袁世凯通过走"夫人路线"向段祺瑞求援，段祺瑞很难推三阻四。

其实靠"夫人路线"疏通关系，段祺瑞此前就曾走过。我们前面讲过，袁世凯搞帝制，段祺瑞称病请假，袁世凯本人倒没说什么，袁世凯的长子袁克定却耿耿于怀。因为袁克定一心想做"皇太子"，在他看来，段祺瑞的抵触态度直接威胁到了自己"皇太子"的地位，所以就想让手下人教训一下段祺瑞。段祺瑞听到风声心中不安，便通过夫人张氏向于夫人哭诉，于夫人对袁世凯讲了，袁世凯马上把儿子叫来训斥了一番。受到训斥的袁克定从此安分了不少，段祺瑞也得以平安度过了一年的休闲时光。正因如此，对于自己与袁世凯之间的这条"夫人路线"，段祺瑞不能不格外看重。

段祺瑞按官方通知的时间来到中南海居仁堂，袁世凯躺在床上招呼他入座，徐世昌已先在座。段祺瑞已有一段时间未见袁世凯的面，此时的袁世凯虽面色红赤，但说话气力尚如平常，案上所列皆中医脉案与药方。袁世凯对段祺瑞讲，我老且病，悔不听汝言，故有今日，取消帝制汝可相助为理乎？段祺瑞答道：当竭力相助，容与东海熟计之。他所说的"东海"，是指在座的徐世昌。徐世昌，晚年别号"东海居士"。

这次见面后，袁世凯申令委段祺瑞为国务卿，总理国务。5月4日，又宣布废除为复辟帝制服务的"政事堂"，恢复国务院，以段祺瑞为国务总理。段祺瑞上任之后，即派其幕僚曾毓隽赴南京以详情及大局形势面陈冯国璋，征询对有关国家大事安排的意见。冯国璋这人我们前面提到过，著名的"五将军密电"就是由他领衔发出的。在天下纷乱，袁世凯已成孤家寡人的形势下，北洋集团内部最有实力的两大派系领袖互通情报、交换意见，对于北洋政权未来的走向，意义不可谓不重大。据曾毓隽回忆，他对冯国璋及正在南京的安徽将军倪嗣冲说明自己此行的目的："我今日奉命来此，因袁病重，命在旦夕，商量继任人选问题。"经过一番商议，"冯国璋等亦认为黎本为副总统，顺理成章，非他莫属"。

这就是说，在接受袁世凯遗嘱之前，段祺瑞对于未来总统的继任人，已经有了自己的想法，并且与冯国璋达成了某种共识。所以，当徐世昌要他表态时，他实际上已经成竹在胸了。

段祺瑞为人不苟言笑，平时板着面孔，人前话少。遇事没主意时不说话，有主意了说话也是一句半句的。他尽管已经成竹在胸，但见大家都瞅着他，却不急于表态，而是瞅着大家，迟迟不开口，弄得屋子里沉寂得像荒山中的古庙一样。大家足足等了有一刻钟，才听得段祺瑞极其简短地说了一句："很好。"

于是，四位遗嘱接受人达成一致意见。此时，袁世凯的尸体已停放在春耦斋，还摆下了香烛祭品。四位遗嘱接受人分头打电话把各部总长、次长和其他有关人物共二十余人唤到春耦斋，向袁世凯的遗体三鞠躬。

众官员行礼后，段祺瑞在人群中看到了教育总长张国淦，便向前抓住他的手说："我们同看副总统去。"

副总统就是黎元洪，因为张国淦是湖北人，与黎元洪同乡，两人平日走动较为密切，所以段祺瑞要拉上他一道去黎元洪住处。

段祺瑞与黎元洪的关系一直不好。双方第一次打交道是在武昌前线。当时黎元洪任湖北军政府都督，是义军统帅，段祺瑞奉袁世凯之命接替冯国璋任北洋军前方总指挥，双方可以说是战场上的对手。中华民国政府成立后，先是定都南京，后迁都北京，无论定都何地，黎元洪身为副总统，却一直身兼湖北都督，坐镇武昌，既不去南京，也不进北京。中华民国二年（1913）下半年，袁世凯平定了国民党发起的"二次革命"，大体控制了全国局面，觉得应当"请"黎元洪进京以便控制。但黎元洪也知道北方是北洋军的天下，进了京就等于落入北洋军的控制之中，所以无论袁世凯多么热情相邀，他总是能够找到借口推辞。袁世凯无奈，只好委派段祺瑞办理此事。

段祺瑞时任陆军总长。他接受命令后，于12月8日轻车简从，乘专车悄悄驶抵汉口，略做部署便渡江到武昌，直入黎元洪的都督府。段祺瑞不善言辞，见面后即催促着黎元洪北上"磋商要政"，而且要马上动身。段祺瑞是手握重兵的人，在人前又总是一副板着面孔的样子，黎元洪见面就有些发怵。面对段祺瑞这种霸王硬上弓式的"邀请"，黎元洪只得表示接受。他当天致电袁世凯："谨于本月九号亲戎行装，面聆迪诲。"9 日晚，黎元洪在汉口乘车北上。这列车，头一天还是段祺瑞的南下专列，一天后就成了黎元洪的北上专列。而且，为了堵死黎元洪再回武昌这条路，黎元洪的专列尚在途中，袁世凯就发布了以段祺瑞暂代湖北都督的命令。而段祺瑞更是以快刀斩乱麻的作风，迅速调集北洋军进入湖北，并遣散了黎元洪原来所统辖的大部分鄂军。

黎元洪进京后，袁世凯给他的待遇不错，让他住在中南海瀛台。这里是戊戌政变后慈禧太后幽禁光绪皇帝的地方，寓意虽然有点不吉祥，但居所宽敞舒适，袁世凯每月拨给他一万元的薪水，二万元的办公经费，后来又增加了二万元的薪水。袁世凯还跟黎元洪定为儿女亲家，就是由两人做主，给袁世凯的第九子袁克久与黎元洪的二女儿黎绍芳定了亲。有了这层关系，两人平时见面，袁世凯对黎元洪便热情有加。但段祺瑞完全就是另一番模样，在段祺瑞眼中，黎元洪不过是自己从武昌捉来的俘虏，在北京，他的名头再大，说穿了也不过是个受优待的俘虏。所以，他每次见到黎元洪，总是一副不拿正眼相看的神情。对此，黎元洪也是心里有数。黎元洪平时与袁世凯见面比较自然，一见段祺瑞就有些紧张。大概段祺瑞也知道黎元洪不喜欢见自己，所以今天要去登门见黎元洪了，便拉上黎的湖北同乡张国淦。

张国淦随着段祺瑞上了车，段祺瑞坐在车里一声不吭。张国淦不知段总理为什么要在这个时候去看副总统，又不好问，也一声不吭地坐在车里。

此时的黎元洪已经不住中南海瀛台了。自从袁世凯搞帝制复辟当皇帝，黎元洪便搬出了中南海瀛台，住在东城东厂胡同 1 号。这是一处大宅院，晚清时曾是两广总督、内阁学士瑞麟的府邸。袁世凯要做皇帝，封黎元洪为"武义亲王"，袁世凯派长子袁克定亲到黎宅送金字匾额，黎元洪既不见人，也不接匾。后来，袁世凯的亲信梁士诒带着一批人堵在东厂胡同 1 号门外，非要拜见"武义亲王"不可。黎元洪无奈只得开门与梁士诒见面。他指着厅堂的一根立柱对梁士诒说：你们再逼我，我只有死在这里！梁士诒无奈只得灰溜溜地退出。这以后，黎元洪又辞去了本兼各职，连工资和办公经费也不领了。无论外面如何热闹，黎元洪都是大门不出，每天把自己关在屋子里，读书，看报，习字，仿佛与外界隔绝了一般。

段祺瑞和张国淦的车已经开到了东厂胡同黎宅门前。车刚停下，张国淦便跳下车跑进黎宅向黎元洪报告说："总理来了！"

在此非常形势下，段祺瑞找黎元洪干什么？他真的会拥戴黎元洪出任总统吗？

第三集
总统接任者的不安

  袁世凯死了，徐世昌、段祺瑞、冯国璋等北洋巨头都主张由黎元洪出任总统，段祺瑞在张国淦的陪同下还专程到黎元洪府上去拜见这位黎副总统。

  那段时间黎元洪的日子也不好过。袁世凯要当皇帝，黎元洪摆出一副不合作的姿态，让袁世凯十分难堪。特别是蔡锷在云南发起护国讨袁运动后，护国军政府发表声明说，袁世凯复辟称帝，丧失了民国大总统之资格，现任副总统黎元洪应依法就任中华民国大总统，这让袁世凯感到了巨大压力。在内忧外患之际，袁世凯也表达过"体面退身"的意思。据张国淦回忆，袁世凯在与他见面时，时时询问黎元洪的起居及近日言论，微露总统地位将来总是副总统的，他本人如得机会能有较好的面子，便即下台。他甚至还对张国淦说："要与副总统共操国事，可借以预先明了全国的军事、政治、经济设施。"张国淦将袁世凯的话转告了黎元洪，黎元洪却说："我在癸丑革命时，极力拥戴他，曾替他作十二分担保，结果如是，我不能一再受他欺骗。"黎元洪所说的"癸丑革命"，国民党人称之为"二次革命"，是国民党人为抗议袁世凯派人暗杀国民党代理理事长宋教仁及非法签订善后大借款而举行的武装反抗。其事发生于中华民国二年，也就是1913年，这一年的农历纪年为"癸丑"，所以又称"癸丑革命"。黎元洪说这话时距袁世凯死已不足两个月。

黎元洪的不合作态度及南方护国军对黎元洪的拥戴，使袁世凯对黎元洪的防范之心更重，北洋军人对黎元洪的"保护"也随之严密起来。袁世凯亲自指派步军统领江朝宗负责"保卫"黎元洪的安全。江朝宗明白上峰所说"保卫"的含义，遂密令黎宅卫队队长：无论发生何种情况，都不能让黎元洪私自走出东厂胡同。

　　对于自身安全形势的变化，黎元洪也很清楚。那些日子，他一直提心吊胆地过日子，总担心袁世凯会加害于他。袁世凯患病后，他只是派子女前去探视了一次。袁世凯死后，袁家派人前来报丧，黎元洪怕是袁世凯的阴谋诡计，不敢去吊丧，只是让长女代表他前去。女儿出发前，他还特意叮嘱要注意看袁家人穿孝服没有？棺材停在什么地方？女儿回来告诉他，袁家的男男女女都穿着孝服，袁世凯确实死了，黎元洪这才松了口气。也就是在这个时候，段祺瑞领着张国淦来拜访他了。

　　与段祺瑞有些类似，黎元洪也是个不善言辞的人。而且自从被段祺瑞"俘虏"进京后，他在官场上的分量大减，遇事表态也就更加慎重。特别是袁世凯称帝以来，他更是深居简出、沉默寡言。如今听说段祺瑞来了，也不知段祺瑞葫芦里装着什么药，便抱定一言不发的态度，什么也不问，什么也不说，就像个木头人一样，一屁股坐在自家客厅长方桌子的主位上，连句"请坐""喝茶"之类的客套话都没有。没有他的吩咐，家里人也不好给客人上茶。段祺瑞本来就是个不爱说话的人，见黎元洪对客人不打招呼，也跟着一屁股坐在客厅长方桌客人的位置上，什么也不说。张国淦明白自己只是个陪同，不知两位大人物心里想什么，也就不好说什么。三个人就这样干坐着，屋子里的气氛死一般地沉寂。大约过了四十分钟，段祺瑞站起来向黎元洪行了个半鞠躬礼，表示告辞，黎元洪随之站起身来送客。自始至终，三个人谁也没说一句话。

　　段祺瑞起身告辞，张国淦陪着他走出黎宅。段祺瑞站在车旁对张国淦说："副总统方面的事，请你招呼。"

张国淦赶忙答应着，至于怎样去"招呼"，他也没多想。只是又问了一句："国务院的事呢？"

段祺瑞回答得很干脆："有我。"说着便踏上汽车，车子随即开动走了，把张国淦一个人留在黎宅门前。

段祺瑞与黎元洪见面时，两个人虽然什么都没有说，但在那个特殊时刻，段祺瑞亲自登门拜见，含义肯定不同寻常。临上车前，段祺瑞又吩咐张国淦去"招呼"黎副总统，至于如何"招呼"，他并没有讲，但长期在段祺瑞手下任职的张国淦，对于长官的心思大体还能揣摩出来。所以，段祺瑞的汽车走后，张国淦又走进黎宅，将袁世凯的临终遗言及"金匮石室"和"嘉禾金简"上的内容、四位遗嘱接受人的讨论决定，就自己所知原原本本地对黎元洪讲了。在他看来，袁世凯死了，黎元洪继任大总统可谓顺天应人，当之无愧。而且西南护国军方面在以往的通电中也都表达了对黎元洪出任总统的拥戴。可以说，除了黎元洪，没有第二个人堪当总统重任。

眼看就要当上大总统了，黎元洪可谓一则以喜，一则以忧。喜的是，总统作为国家元首，位至尊，权至重，自己做了这么多年的空头副总统，如今多年的媳妇终于熬成了婆，心中的喜悦是理所当然的。据黎元洪的长女黎绍芬回忆，袁世凯死后，黎绍芬听说袁生前留下的总统继任人选名单上写了三个人，第一个是黎元洪，黎绍芬便对父亲讲："第一个名字是您，当然是您应该做大总统！"黎元洪回答说："副总统当然继任大总统。"言语之间颇有得意之色。

但黎元洪的喜中也有忧。忧的是，他自知实力不济，手里无兵无枪，也就很难有权威，不要说难以号令天下，就连执掌内阁的段祺瑞他也号令不动。特别是，尽管张国淦转述了徐世昌、王士珍、段祺瑞、张镇芳四位遗嘱接受人的讨论过程及最终结论，但那毕竟是张国淦的转述，而段祺瑞在他面前却只字未提让他当总统的事，所以，他当时还是坐着没底的轿子，不知最终能不能真正坐在总统宝座上。

关于袁世凯死后黎元洪继位的问题，段祺瑞早有成熟想法，并且已经与冯国璋交换了意见，这中间的过程我们在前面已经讲过了。但这个意见如何向黎元洪讲，段祺瑞可能还没有想好，或者他也可能认为这样的事根本没必要由他亲口对黎元洪讲。所以他尽管亲自登门拜见了黎元洪，却只字不提让黎元洪继任总统的事。

让黎元洪继任大总统，在北洋军阀内部是有很大争议的。主要的争议就是黎元洪并非北洋系统的人，又是个"光杆司令"，北洋军中的不少人对此都愤愤不平，认为段祺瑞、冯国璋这些北洋大将都比黎元洪强，他黎元洪凭什么做大总统！但明眼人都知道，段祺瑞做总统，冯国璋无法接受；冯国璋做总统，段祺瑞又不答应。而且无论是段祺瑞，还是冯国璋做总统，都于法无据，也不能让西南护国军和其他讨袁独立的省份接受。所以，徐世昌、段祺瑞等人思来想去，认为让黎元洪坐在总统的位置上，既有法理上的依据，又能让讨袁独立的省份取消独立，实现国内和平，也不损害段祺瑞、冯国璋等人的实际利益。特别是段祺瑞，觉得袁世凯死后，中央政权就掌握在自己手里，黎元洪充其量不过是自己手里的"汉献帝"，自己正可以"挟天子以令诸侯"。

当天下午三点，国务院公布了袁世凯的"遗令"：

"依《约法》第二十九条：大总统因故去职，或不能视事时，副总统代行其职权。本大总统遵照《约法》，宣告以副总统黎元洪代行中华民国大总统职权。副总统恭厚仁明，必能弘济时艰，奠安大局，以补本大总统之缺失，而慰全国人民之望。"

据熟悉内情的人讲，这份"遗令"是由徐世昌与段祺瑞共同炮制的。其中虽然只称"约法"而不言其新旧，但从"依《约法》第二十九条"行文可知，其所引述的为"民二约法"，也就是被人指责为"袁记约法"的条文。而"民元约法"的相关规定是在第四十二条中。紧接着，段祺瑞又以国务院的名义通电全国："袁大总统于本月六日已因病薨逝，业经遗令依约法第二十九条宣告以副总统黎元洪代行中华民国大总统之职权。各省地方紧要，务望以国家为重，共维秩序，力保治安，是为至要。"

明眼人读到这两份文件真有些哭笑不得。

首先说这份"遗令"就无由头，很荒诞。中华民国不是帝制时代，不能以"先皇遗诏"的形式确定皇位继承人。而这份"遗令"给人的感觉就是一份"洪宪皇帝"的"遗诏"。因为即使按照"袁记约法"及其配套的修正大总统选举法，尽管袁世凯设计了一套荒诞的"金匮石室"和"嘉禾金简"等封建意味很浓的烦琐形式，但实际操作程序不外乎是由现任总统提名三人，由"总统选举会"从三人中选举一人做总统。但在上述两份政府公告中，所有程序上的规定都被省略了，剩下来的就是一个"先皇遗诏"式的指定继位者。这就意味着，黎元洪就任总统的法理依据，既不是"民元约法"，也不是"民三约法"，而是袁世凯的"遗令"。

再说公告的发布机关也很另类。本来总统去世，新总统就任，应当由国会发布公告，但国会几年前就被袁世凯强行解散了。没有国会了，至少也应当由新总统发布一个任职公告吧，但实际公告却是由国务院发布的。这是因为段祺瑞在发布这份公告时根本没有与黎元洪讲，他似乎就是要通过这样一种形式，让黎元洪本人及北洋系将领明白，黎元洪是由他段祺瑞"提拔"当上总统的。但问题是，国务院是内阁，总统是国家元首，二者的上下级关系是很明确的。段祺瑞这种由下级机关发布公告，任命上级领导的做法，真堪称中华民国年间的政治幽默。但这样的荒诞任命书竟堂而皇之地公告出来了，这无疑是给社会各界出了个天大的难题。

黎元洪向来以中华民国功臣、"首义元勋"自居，自袁世凯称帝以来，他一直刻意与其划清界限，保持距离。如今袁世凯"遗令"让他做总统，他接受还是不接受呢？对此，黎元洪肯定会很纠结。但段祺瑞在通过国务院发布这两个公告时，并没有征求黎元洪的意见，甚至起初，黎元洪并不知道有这两份政府公告。

我们再讲黎元洪那边的事情。天渐渐晚了，黎元洪一点倦意都没有，张国淦也没走，两人聊来聊去，无非就是段祺瑞会不会真让黎元洪做总统，以及黎元洪应不应当出来做这个总统。当然，在不了解外面信息的情况下，两人也实在聊不出个所以然来。到了夜半时分，黎宅的电话突然响了起来，是黎元洪的湖北同乡、时任陆军部次长的蒋作宾打来的。蒋作宾在电话里只匆匆说了一句："外边的情形很不好。"至于哪方面"不好"以及为什么"不好"，蒋作宾不肯多说。黎元洪不晓得外边出了什么岔子，想来总是与总统问题有关，他十分不安地请张国淦往国务院打电话，问问段祺瑞到底是个什么意见。那边听电话的是个副官，说："总理没有工夫听电话。"说完就把电话挂了。张国淦打电话的时候，黎元洪就站在旁边，对方在电话里说的话他听得一清二楚。听到对方挂了电话，他十分焦躁地对张国淦说："你说有要紧的事。"张国淦只得再次拨通电话，照着黎元洪的话说了一遍。等了一会儿，对方回答说："你如果有要紧的事，总理请你当面来谈。"黎元洪听后就催促张国淦："你去，你去。请你告诉他，我不要做总统。"

张国淦匆匆来到国务院，虽然已是深夜，总理办公室却挤满了人，都是些帽子上插着鸡毛掸子和穿制服的高级军官，屋子里很乱，军官们情绪激动。他们看了国务院的公告，都是对于让黎元洪做总统感到愤愤不平。军官们包围着段祺瑞，吵吵嚷嚷，一定要举徐世昌或者段祺瑞继任总统，反对让北洋派以外的南方人当总统。段祺瑞不得不苦口婆心地给他们解释，大体意思就是只有让黎元洪任总统才能让南方息兵，要不然内战还要无休止地打下去。而且将来要实行责任内阁制，让黎元洪做总统只是个摆设，实际权力都在国务院这边。当下最重要的就是要保持北洋派内部的团结。段祺瑞是个不善言辞的人，往常一贯遇事沉默寡言，今天说了这么多话，很不习惯，加上天热，弄得满头大汗。他应付着一个个军官，抬眼看见张国淦进了门，就避开众人把张国淦带进一间小屋子里。

张国淦见面就说："副总统要我过来问问这边的情形。"

段祺瑞板起一副古铜色的面孔，傲慢地说："我姓段的一力承担，与姓黎的不相干！"张国淦本来想转述黎元洪关于不想当总统的意思，但见到段祺瑞那副傲慢模样，没敢开口。他想打听下国务院这边对黎元洪就任总统的安排，还没来得及开口，就听段祺瑞用拳头在桌子上击了一下，粗暴地说："他要管，就让他去管！"说完，也不问张国淦还有没有别的事，便匆忙回到挤满了人的总理办公室。

张国淦又回到黎宅，黎元洪正在屋里来回踱步等他的消息。张国淦只提到段祺瑞对总统问题负责到底的表态，却隐瞒了段祺瑞的生硬态度和粗暴言辞。张国淦带来的消息让黎元洪安心了不少，至少证实了段祺瑞已经作出了让他做总统的决定。但他这个总统从什么时候开始当，怎样搞就职典礼，段祺瑞没交代，黎元洪还是觉得心里没底，就和张国淦在自家沙发上躺了一会儿，等到天亮，再叫张国淦到国务院去探听消息。

张国淦再次来到国务院。因为是天刚亮，机关里人不多。张国淦了解到昨晚这里曾经有过激烈争论，最后由于段祺瑞向北洋派高级军官打包票，说新政府实行责任内阁制，所有的权力都在国务院，国务院控制在北洋派手里。听了段祺瑞的解释，那些军官们才渐渐散去。

所谓"责任内阁制"，就是内阁由议会产生并对议会负责，总理是政府首脑，掌握国家的行政大权，总统不担负实际政治责任。民国初年，孙中山领导制定的"临时约法"，所确定的就是这样一种责任内阁制。但袁世凯执掌政权后，完全背弃了"临时约法"，逐步走向个人独裁，并最终复辟当了皇帝。如今，段祺瑞重提"责任内阁"，并不是真要按"临时约法"的规定搞民主共和，而只是想让黎元洪做个傀儡总统，把权力集中到国务院，也就是集中在他个人手里。

张国淦在总理办公室见到了段祺瑞。据陶菊隐先生在《北洋军阀统治时期史话》一书中记述，段祺瑞把一份已拟好了的通电文稿交张国淦看，文稿的主要内容仍然是说由黎元洪继任总统。张国淦见其中有这样几句话："黎公优柔寡断，群小包围。东海颇孚人望。但约法规定，大总统出缺时，应由副总统继任。"张国淦意识到，这样的话肯定会让黎元洪大为不满，便建议说："做人情就索性做到底，不要让受人情的人感到不痛快。"段祺瑞听了觉得有道理，便提笔将类似的话都删了去。

张国淦再回黎宅，转述了段祺瑞拥戴黎元洪就职总统的话，也说了段祺瑞关于实行责任内阁的意见。黎元洪得到段祺瑞的明确承诺，一颗悬着的心总算放了下来。他自知手里无兵无权，实行责任内阁，由段祺瑞主持政府事务是他不得不接受的条件，他目前唯一能做的，就是先宣誓就职，其他的事等当上总统再说。

那么，北洋派将领会拥戴黎元洪这样一位非北洋派人士出任总统吗？黎元洪这种按袁世凯"遗令"就任总统的方式能让西南护国军接受吗？

第四集
两份公告引争端

张国淦两次往返国务院与黎元洪宅院之间，给黎元洪带来了段祺瑞同意让他做总统的确切消息，黎元洪那颗悬着的心终于放了下来。接下来，黎元洪与张国淦两人又商议了就职典礼的一些细节。这已经是 1916 年 6 月 7 日早上的事了。

6 月 7 日上午，黎元洪在东厂胡同宅邸举行就职典礼，宣布正式就任中华民国总统。典礼仪式极为简单，黎府门前悬挂了两面五色旗，东厂胡同两端停放了十几辆汽车和马车，出席典礼仪式的仅有段祺瑞及内阁成员，还有我们前面提到的那位参政院院长溥伦。典礼仪式在黎宅中厅举行，厅里未做特殊布置，只是临时悬挂了几面旗帜。厅北面放了一具屏风，庭院里有一支军乐队。上午 10 时 10 分，黎元洪身着军服，在数名幕僚、军官簇拥下来到中厅，站在屏风前，向排列侍立的内阁成员鞠躬。各部长官随之向黎大总统三鞠躬。然后，黎元洪发表了简短的就职演说："现在时局艰难，补救之方，以遵守法律为主。元洪今本前大总统救国救民之意，继任职务。嗣后一切设施，自应谨遵法律办理。惟元洪武人，法律知识有限，尚望诸公同心协力，匡我不逮，无任感盼。"

黎元洪的这份就职演讲，显然是刻意讨好北洋派将领。他把自己就任大总统说成是"今本前大总统救国救民之意，继任职务"，而且在就任总统后签署的第一道命令，竟然是一个褒扬并安排厚葬袁世凯的命令。其中讲："前大总统赞成共和，奠定大局，苦心擘画，昕夕勤劳。"对于袁世凯的安葬问题，黎元洪在总统令中规定："所有丧葬典礼，应由国务院转饬办理人员参酌中外典礼，详加拟议，务极优隆，用副国家崇德报功之至意。"据知情者讲，这道命令是由段祺瑞拟好、黎元洪盖印后公布生效。

我们前面讲过，段祺瑞是由袁世凯一手提拔起来的北洋虎将，对袁世凯深怀知遇提携之恩。后来段祺瑞功高震主，袁世凯对其戒心日重。特别是袁世凯要当皇帝，段祺瑞不甘心做袁世凯的"家奴"，便称病在家，与袁世凯刻意保持距离，划清界限。再后来袁世凯因复辟帝制众叛亲离，要段祺瑞出来帮他收拾局面，但袁世凯对段祺瑞仍存戒心，所以只想让段祺瑞出力，并不肯真正放权。对此段祺瑞看在眼里，对袁世凯只是虚与委蛇，并不真正出力，反而与冯国璋等人暗中联络，为"后袁世凯时代"布局。袁世凯一死，局势有些混乱，有传闻说段祺瑞要带兵包围总统府，杀袁氏全家人，以泄私愤，搞得袁家一片惊慌。段祺瑞听到这个传闻，不仅亲自到袁府看望、照料，还派夫人带着儿女过去守灵，让袁家上下安下心来。如今，他又要求黎元洪在就职总统后的第一道命令中，褒扬先总统，宣布厚葬袁世凯。与此同时，他所控制的国务院通令全国，为袁世凯的去世下半旗志哀，停止娱乐活动，学校停课一天。所有这些，都是要安抚北洋派将领，向他们表明，他段祺瑞是袁世凯的真正接班人，要求全体北洋军将领服从他的号令与指挥。

在黎元洪的就职典礼上，黎元洪演讲毕，段祺瑞致辞，表示要"谨遵大总统训示，竭力办理"。当天，黎元洪又将继任总统一事通告中外，表示"自惟德薄，良用兢兢，惟有遵守法律，巩固共和，期造成法治之国"。

就职典礼很快结束了。黎元洪如愿以偿地坐上了总统宝座，而段祺瑞则以责任内阁的名义把持了北洋政府的实际权力，两个人算是各得所需。但就其本心而言，黎元洪并不甘心当一个傀儡，总想寻找机会做一个有职有权的大总统。而段祺瑞的"责任内阁"也有其先天不足。正如我们在前面讲过的，"责任内阁"是指内阁由国会产生并对国会负责，但国会早在几年前就被袁世凯强行解散了，没有国会，哪来的"责任内阁"？而且黎元洪这种凭借袁世凯"遗令"继任总统的方式，也难以让那些兴兵讨袁的省份接受。所有这些都预示着，黎元洪宣誓就任总统，段祺瑞把持所谓"责任内阁"，并不意味着北洋政权乱局的结束，而只是意味着新的更加混乱局面的开始。

果然，北京方面刚一公布袁世凯的"遗令"和国务院关于依约法第二十九条由黎元洪代行总统职权，立即招致西南护国军和各地反袁人士的强烈反对。6月8日，西南军务院副抚军长岑春煊通电说："黎大总统出承大位，本国法程序之当然，决非袁世凯一人之私法所得傅会。"6月9日，孙中山发表宣言，要求恢复约法，尊重民意机关，揭露段祺瑞是怙私怀伪、不顾大局。黄兴也通电斥责北洋政府以伪法淆乱国法。在上海的国会议员发表声明，指出袁世凯"遗令"及段祺瑞国务院的通电"所称依约法二十九条由副总统代理之说，系根据袁世凯三年私造之约法，万难承认"。他们还说，如果有人企图以袁记约法破坏国宪，就是民国公敌，将与国人共弃之。同时，护国军方面还多次致电黎元洪，要求他明令宣布总统承位是依民元约法及民国二年大总统选举法"继任"，而非依"民三约法"及袁记修正总统选举法"代行职权"。要求恢复民元约法和国会；要求依临时约法组织内阁；要求将袁记约法和所谓修正大总统选举法废止。由于中华民国二年通过的大总统选举法规定，现任总统去职由副总统"继任"，而中华民国三年袁世凯授意搞的修正大总统选举法规定，现任总统去职由副总统"代行"职权，所以，这场关于黎元洪就任总统的法理依据之争，又被表述为"继任"与"代行"职权之争。坚持恢复民元约法的各派势力主张黎元洪属"继任"总统，而反对恢复"民元约法"的一派则常常将黎元洪就任总统表述为"代行"职权。

在这场"继任"与"代行"的争议中，黎元洪的角色十分尴尬。就其本心而言，他当然愿意将自己的就职表述为"继任"而不是"代行"职权，因为按照"民三约法"及袁记修正大总统选举法的规定，前任总统去职，他"代行职权"的期限只有三天，在此期间要在"嘉禾金简"上的三位候选人中选举一人当总统。而按照"民元约法"及民国二年大总统选举法的规定，前任总统缺位，副总统无须选举直接"继任"总统。而且袁世凯于民国二年（1913）10月6日当选为大总统，任期五年。到民国五年（1916）6月袁世凯死，其总统任期还有两年多。另外，护国军方面提出的恢复国会等要求，对他也是有利的。因为有了国会，就可以制约和限制段祺瑞的权力，利于他做一个有职有权的总统。但现实情况是，黎元洪正处在北洋军阀的包围之中，当下如果惹恼了段祺瑞，不仅可能当不上总统，甚至有可能招来杀身之祸。此外，他也明白，段祺瑞之所以会同意让他做总统，是由于西南护国军及冯国璋等北洋军内部的反段势力。处在这种复杂的局面中，黎元洪不得不小心行事。在这场围绕着他的总统地位是"继任"还是"代行"职权的政治较量中，他哪方面都不得罪，不管哪方面的通电，他尽量每电必复，复电必称"承赐嘉言，至为纫佩"，或者说"国家根本大计，刻正筹商"。反正都是些无关痛痒、模棱两可的话。

　　真正主张黎元洪"代行"总统职权的是段祺瑞。袁世凯死后不久即公开发布的袁之"遗令"和国务院关于黎元洪"代行"总统职权的通电，都出自段祺瑞之手。这两份公告还特别说明，黎元洪"代行"总统职权所依据的是"约法二十九条"，这就等于告知世人，袁世凯死后，"袁记约法"依然有效。当然，段祺瑞知道，按照袁记约法及修正大总统选举法规定，黎元洪代行总统职权的期限只有三天，在此期间要组织总统选举会，在袁世凯提名的三人中选举一人当总统。而在当时的情况下，根本不具备选举总统的条件，所以黎元洪的"代行"总统职权，实际上就是"继任"总统。而且在黎元洪就职典礼的当天，国务院又对外发出过三份关于黎元洪出任总统的通电，电文中都没有"代行"字眼，而是含糊其词地称黎元洪是"接受"或"接任"总统职务。如此行文并不能表示段祺瑞糊涂，恰恰相反，他是揣着明白装糊涂。他这样做实际上是要既维持袁记约法的法理地位，又要避免出现三日内无法选举总统所产生的矛盾。或者也可以说，段祺瑞宁可让官府文告漏洞百出，也要努力维持袁记约法的法理地位。

段祺瑞之所以对袁记约法情有独钟，是因为维护了袁记约法的法理地位，就等于维护了北洋政府的正统地位。在他看来，这对于团结北洋派将领至关重要。而且，民元约法与国会不可分割，恢复了民元约法，就意味着要恢复国会，这无疑与他"挟天子以令诸侯"，借助"责任内阁"推行个人独裁的计划直接冲突。这是段祺瑞执意维护袁记约法，反对恢复民元约法的根本原因。

段祺瑞的主张不仅遭到护国军方面的反对，在北洋派内部也未能获得一致支持。袁世凯在世时，北洋派内部虽然已有裂痕，但由于袁世凯的地位、权威，北洋将领即使心怀不满，也无人敢另立山头。如今袁世凯死了，北洋派内部的裂痕逐渐公开化。同为"北洋三杰"之一的冯国璋，自认为拥有问鼎北洋新首领的实力，不肯唯段祺瑞马首是瞻。冯国璋与黎元洪的关系比黎、段之间要融洽许多。还在袁世凯病重期间，冯国璋就在不少场合表达过袁死后由黎继任总统的意见。虽然他并不看好黎元洪能够做一个有职有权的大总统，但也不愿意看到黎元洪只是充当段祺瑞的傀儡。在冯国璋看来，恢复临时约法与国会没有什么不好，与其让段祺瑞一人在北京大权独揽，还不如让国会配合黎元洪限制一下段祺瑞的独断专行。还有，黎元洪继任总统后，副总统的位子就空了出来。副总统虽无实权，但地位崇高，总统缺位时还有继任总统的机会，对此，冯国璋不可能不动心。在多种因素的共同作用下，冯国璋于6月18日发表通电称："国家根本大法，不可无一，不能有二。新约法为总统制，今已不适用，当时制定又未按定程修改，在民国法系上为非正统。"他又说，"现在舍《临时约法》外，别无根本之法""约法既复旧，则由约法发生之国会，势不能不相因而复"。他的这份通电，简单说就是三条：废止新约法，恢复旧约法，恢复国会。这些主张与护国军及其他反袁势力的要求基本一致。冯国璋是北洋系中手握重兵的实力派，他的这番表态在北洋派系中引起了不小反响，一些北洋派将领公开表示支持冯国璋的主张。比如，我们前面提到的曾经将冯国璋等人的"五将军密电"呈送给袁世凯的那位直隶巡按使朱家宝，此时就公开声明赞同恢复临时约法。此外，河南将军赵倜、河南巡按使田文烈等北洋将领也发表了类似声明。

对于西南护国军方面的呼声，段祺瑞可以置之不理，但对于来自北洋派系内部的不同声音，段祺瑞就不能等闲视之了。6月22日，段祺瑞向各省通电，表示他本人对新、旧约法本无成见，然后话锋一转又辩称："三年约法履行已久，历经依据，以为行政之准，一语抹杀，则国中一切法令，皆将动摇，不惟国际条约关系至重，不容不再三审慎，而内国家公债以及法庭判决，将无不可一翻前案，如之何其可也。"意思是说，袁记约法作为国家根本大法已实行多年，贸然废止影响甚广。他还做出一副尊重法律，主张依法办事的姿态，强调要维护法律稳定，不能变来变去，用他的话说："甲氏命令复之，乙氏又何不可命令废之？可施之约法者，又何不可施之于宪法？如是则元首每有更代，法律随为转移，人民将何所遵循乎？"在这里，段祺瑞故意将袁世凯践踏临时约法、搞个人独裁乃至复辟帝制的行径与社会各界要求正本清源、恢复临时约法的要求混为一谈。为了证明自己对于新、旧约法并无成见，精于算计的段祺瑞还提出一个折中办法：每省派三名代表赴京组成"修正约法委员会"，取新、旧约法可以适从者，再搞一个新的"修正约法"。这个办法说穿了，就是要在"袁记约法"之外，再搞一个"段记约法"。

段祺瑞的辩解与主张，招致了反袁护国军方面更加激烈的反对。唐绍仪、梁启超等人通电驳斥段祺瑞说："三年约法绝对不能视为法律。此次宣言恢复，绝对不能视为变更。今大总统之继任及国务院之成立，均根据元年约法。一法不能两容，三年约法若为法，则元年约法为非法，然三年约法不特国人均不认其为法，即今大总统及国务院之地位，皆必先不认为法，而始能存在也。"这话说得很有分量，不仅讲明了"一法不能两容"的道理，也就是一个国家不能有两部根本大法，而且明确指出，如果段祺瑞仍固执于袁记约法，不但黎元洪的总统职务没有法律根据，连段祺瑞的国务院也将成为非法机关。因为在袁记约法中，设"政事堂"，不设国务院，当然也就没有国务总理这样的职务。在袁记约法中，类似的职务叫"国务卿"。

如果说以上的还都属于口舌之争的话，那么接下来的发展就更让段祺瑞感到事态严重了。6月25日，北京政府方面的驻沪海军总司令李鼎新、第一舰队司令林葆怿和练习舰队司令曾兆麟联合发表宣言，宣布："率海军将士于六月二十五日加入护国军，以拥护今大总统，保障共和为目的。非俟恪遵元年约法、国会开会、正式内阁成立后，北京海军部之命令，概不接受。"

李鼎新等人的宣言，等于给了段祺瑞重重一击。当时中国海军只有三支舰队，其中以第一舰队为主力，拥有两千吨以上的巡洋舰四艘，其他船只十艘。第二舰队仅有一些小型炮舰，巡防长江水域。因而第一舰队和练习舰队宣布独立，基本上就是整个海军脱离了北京政府管辖。当时的海军舰艇虽然不多，但与陆军相比，机动性强，运兵快捷，炮火威慑力大。在以往对付"二次革命"和护国战争中，袁世凯都曾利用海军运兵南下，威逼独立各省。如今海军宣布脱离北京政府，加入护国军，使护国军如虎添翼。有了海军支持，护国军不仅可能"饮马长江"，甚至可能将军舰驶抵天津、塘沽海岸，直接威胁北洋政府的心脏区域，对此，段祺瑞确实不能不有所顾忌。

处在内外交困中的段祺瑞被迫做出让步。6月29日，段祺瑞通过黎元洪发表申令。申令在讲了一番宪法为国家之本的道理后宣布："宪法未定以前，仍遵行中华民国元年三月十一日公布之临时约法，至宪法成立为止。其二年十月五日宣布之大总统选举法，系宪法之一部，应仍有效。"

僵持了二十余日的"继任"与"代行"之争终于告一段落。同一天，黎元洪以大总统的身份另外"申令"：于8月1日续行召集国会，所有袁世凯时期之立法院、国民议会发布之法令概行撤销，任命段祺瑞为国务总理，组织责任内阁。半个多月后，护国军抚军长唐继尧通电宣布取消军务院，护国运动宣告结束，中国南北又归统一。国会恢复后，迅速举行了副总统选举，冯国璋如愿以偿地当选为副总统。至此，黎元洪、冯国璋、段祺瑞大体都获得了各自希望得到的东西，但又都不大满意。黎元洪的大总统有职无权，不甘心；冯国璋的副总统有名无实，不满足；段祺瑞把持了北京政权，但有黎元洪、冯国璋掣肘，又受国会牵制，不满意。所有这些都预示着北洋政坛争权夺利的斗争不仅没有结束，还会更加尖锐与激烈。

第五集
跋扈"军师"受重用

北洋政局在袁世凯死后发生了巨大变化。副总统黎元洪继任当了总统，冯国璋填补黎元洪空出的位置做了副总统，段祺瑞任责任内阁体制下的国务总理。特别是恢复民元约法，恢复被袁世凯强行解散了的国会，使北京政坛呈现出新格局。本来段祺瑞"提拔"黎元洪做总统，是想让黎元洪做"汉献帝"，他可以"挟天子以令诸侯"。但恢复临时约法、重开国会以后，黎元洪不甘心做傀儡了，而是想做一个有职有权的真总统。这便使得黎元洪的总统府与段祺瑞的国务院之间时常出现些矛盾与冲突，时人称为"府院之争"。

第一次"府院之争"发生在国务院秘书长的人选问题上。当时的国务院下设外交、内务、财政、陆军、海军、司法、教育、农商、交通九个部，九个部的总长是内阁阁员。国务院秘书长不是内阁成员，但可以列席内阁会议，并协助总理处理国务院日常事务，其中最重要的工作就是将内阁会议议决的公文呈交总统盖印发表。因此，国务院秘书长既是国务总理的心腹，又是国务院联系总统府的纽带。

既然是国务总理的心腹，当然要由国务总理提名。段祺瑞提名徐树铮任国务院秘书长，并通过已任总统府秘书长的张国淦提请黎元洪总统盖印发表。但黎元洪对此人选极为不满，说什么也不肯盖印。

徐树铮，人称"小扇子军师"，是段祺瑞亲信中的亲信。他是安徽萧县（当时属江苏）人，秀才出身，22岁时到济南从军，原本是想投奔袁世凯，但没被袁世凯相中，却意外遇到段祺瑞，获得段祺瑞的赏识。清光绪三十一年（1905）由段祺瑞保送到日本士官学校学习。宣统二年（1910）回国，被段祺瑞委任为总参谋，成为段祺瑞的心腹爱将。民国三年（1914），段祺瑞任陆军部总长，徐树铮任次长，是陆军部的第二号人物。陆军部是内阁第一部，掌管全国兵马，段祺瑞经常不到部上班，部务由徐树铮代理，徐树铮可谓权倾天下。袁世凯复辟帝制，徐树铮劝段祺瑞消极抵制，后来段祺瑞称病请假，就是采纳了徐树铮的建议。段祺瑞称病辞职后，徐树铮也离开了陆军部。后来袁世凯被迫取消帝制，重新起用段祺瑞，让他做国务总理，段祺瑞随即要求任命徐树铮做国务院秘书长。当时奉命代段祺瑞向袁世凯表示此项提名的也是张国淦。袁世凯本来就看着徐树铮不顺眼，又听说段祺瑞疏远自己是听了徐树铮的谗言，因此，尽管他有求于段祺瑞，对段祺瑞的各类要求大多迁就，但在徐树铮的任命上却不松口。据说袁世凯非常恼火地对身边人讲："真正太不成话，军人总理、军人秘书长！这里是东洋刀，那里也是东洋刀！"由于袁世凯的否决，徐树铮没有做成秘书长，只能暗中帮段祺瑞出力。

如今总统换了人，段祺瑞又一次提出要这位"小扇子军师"当国务院秘书长，而代他向总统转述此项提名的还是张国淦。

对于徐树铮其人，张国淦还是有些了解的。此人有谋略，办事干练，有文采，但行为张扬，恃才傲物，料定黎元洪不会喜欢这样的人。但他又以为既然段祺瑞组织的是责任内阁，而且秘书长并非内阁正式成员，对于段祺瑞的提名，黎元洪或许不会有什么异议。没想到，他刚将段祺瑞的意见转述出来，黎元洪就一个劲儿地摇头，并且语气坚定地说："请你告诉总理，一万件事我都依从他，只有这一件办不到。"张国淦听后一脸茫然。黎元洪又说："我不能与徐树铮共事，且怕见他，我见了他，就如芒刺在背。"原来在这一年的 5 月，冯国璋发表解决时局办法的八条意见，徐世昌和段祺瑞想拉黎元洪联名复电表示赞成。段祺瑞将此事交徐树铮办。这本来是段祺瑞有求于黎元洪的事，但徐树铮进了黎宅却是一副盛气凌人的蛮横做派，硬逼着让黎元洪签名，黎元洪不情愿，徐树铮便绷着面孔，声色俱厉，还说了些威胁性的话。这件事让黎元洪十分反感，事后想来仍心有余悸。张国淦听了黎元洪的诉说后还做了番解释，大意是：彼虽倔强，究属军人爽直一派，总统何不包涵？但黎元洪态度坚定，甚至说："我总统可以不做，徐树铮绝对不能与他共事。"

张国淦在黎元洪那里碰了一鼻子灰，又不好将这些话回复给段祺瑞，便找到徐世昌，请他帮着说说话。徐世昌听了张国淦的诉说，认为徐树铮的任命事关责任内阁的组成与运作，便亲自出面劝说黎元洪。徐世昌来到总统府对黎元洪说："总理用人，总统并非不可驳回，惟秘书长不当驳回。"为什么说秘书长不当驳回呢？因为当年的国务总理与各部总长通称"国务员"，国务员在国务会议上有发言权和表决权，秘书长不是国务员，虽然列席国务会议，但没有发言权和表决权。秘书长的职责是处理总理交办的事务，属于总理的办事官员，这类官员理当由总理挑选中意的人。特别是在实行"责任内阁制"的当下，对于总理提名的秘书长，总统不应当驳回。

徐世昌是北洋元老，袁世凯死后，他在北洋系中资格最老，他的话，黎元洪不得不格外重视。徐世昌又说："不要怕又铮跋扈，芝泉已经够跋扈的了，多一个跋扈的不见得更坏些。"他的这个说法很奇怪，有点像是哄黎元洪开心。但不管怎么说，徐世昌的意思黎元洪是明白的。到了这个份儿上，黎元洪只得勉强答应批准徐树铮为国务院秘书长，但有个附加条件："以后院秘书长因公到府，必须与府秘书长偕同来见。"意思是，今后徐树铮来总统府办事，必须由张国淦陪同，黎元洪不单独与他见面。这个条件让张国淦觉得有点好笑，也有些为难，但徐世昌一边满口答应，连说"这是自然"，一边给张国淦使眼色，让他不要再多说什么了。于是，张国淦勉强答应，徐世昌随之告辞，张国淦将其送至总统府门外。对于今后总统府与国务院的关系，徐世昌颇为悲观，叹气道："做一段算一段，尽心而已。"

6月13日，黎元洪正式发表以徐树铮为国务院秘书长的命令。在此之前，段祺瑞不等总统令颁发，已安排徐树铮主持国务院秘书厅的日常事务。

徐树铮上任后，立刻显现出飞扬跋扈作风。他自恃有段祺瑞做后台，根本不把黎元洪放在眼里。秘书长负责府院之间的沟通，本应将国务院议决的重大事项形成公文与命令呈报总统，说明理由，征得总统同意，请总统用印发布，但徐树铮根本不向黎元洪说明理由，进门就催着黎元洪盖印。黎元洪如有询问，徐树铮就会显得很不耐烦，甚至肆意顶撞。

有一次，山西省一天更换调动三名厅长，徐树铮持命令要黎元洪盖印。黎元洪见到命令条文后询问，为何三个厅长同日更换调动，徐树铮傲慢地说："总统但在后页年月上盖印，何必管前面是何事情。"这就明摆着将黎元洪当成了盖印机器，弄得黎元洪十分难堪。

徐树铮依仗着段祺瑞的支持，不仅对黎元洪颐指气使，在国务院内部更是飞扬跋扈，根本不把各部总长放在眼里。

在护国战争期间，广东是个多方用兵之地。护国战争结束后，广东军阀龙济光与滇军李烈钧部冲突不断。龙济光自袁世凯执政时期就是北洋政府的重臣，而李烈钧在"二次革命"中任讨袁军总司令，护国运动中任护国军第二军总司令，被北洋派视为眼中钉。在龙济光部与李烈钧部的冲突中，北洋政府明显支持龙济光，打压李烈钧。

7月29日，段祺瑞以国务院的名义密电各省北洋军将领，征求解决广东问题的意见，同时将广东境内的军事冲突提交国务会议讨论。徐树铮在会上建议发表一道讨伐李烈钧的命令，并主张江西、福建两省的北洋军进入广东、帮助龙济光夹击滇军。我们前面讲过，根据国务院职权规定，秘书长仅能列席国务会议而无发言权和表决权。如今，徐树铮越权在国务会议上首先发言，而且所提建议完全站在北洋系一边，意在扩大冲突。内务总长孙洪伊率先反对徐树铮这种扩大军事冲突的建议，认为中央政府对于地方冲突应当采取调和办法，不宜左右袒护。多数阁员赞同孙洪伊的主张，徐树铮的"越权建议"未能通过。会后，徐树铮竟私下拟就了一份讨伐李烈钧的命令送到总统府让黎元洪盖印。黎元洪已经从孙洪伊那里获知了国务会议的讨论过程，不肯在徐送交的命令上盖印。徐树铮在总统府碰了钉子，不甘心放弃，竟然自作主张以国务院的名义将命令发往江西、福建两省。后来由于江西督军李纯回电说，江西兵力单薄，只能派兵防守赣、粤边境，不能越境进攻。各位内阁总长看了这份回电，才知道徐树铮没有取得国务员的同意，擅自发出有关重要军事行动部署的命令。孙洪伊本来就反对北洋军进广东，在讨论相关问题的国务会议上带头反对徐树铮越权所提建议，今见徐树铮竟然在多数国务员不知情的情况下，擅自以国务院名义对外发布命令，便找到徐树铮当面指责他侵越职权。徐树铮听后满不在乎，两个人当场大吵起来。

在这里，我们要简单介绍一下这位与徐树铮争吵的内务总长孙洪伊。

孙洪伊，原名孙洪仪，因避清末皇帝溥仪之讳，改名孙洪伊，直隶天津人。清光绪三十三年（1907）当选为试办的县议会议员，次年当选为直隶省咨议局议员，是清末宪政运动的活跃人物。中华民国成立后，当选为众议院议员，后因反对袁世凯搞个人独裁遭通缉逃往上海。袁世凯死后，黎元洪继任大总统，段祺瑞组织责任内阁。起初，段祺瑞拟定了一份内阁成员名单。但名单交上后一连几天没有消息，段祺瑞心急，便对已任总统府秘书长的张国淦讲，内阁当从速组织，希望总统早些盖印发表。张国淦将段祺瑞的话转给黎元洪，黎元洪提出，名单要增加两个人，去掉三个人。黎元洪说要增加的两个人，一个是曾担任首届责任内阁总理的唐绍仪，另一个就是孙洪伊。对黎元洪提出的这两个人，段祺瑞都不想用，但为了尽快组阁，又不得不应付一下。据张国淦回忆，段祺瑞最初想让孙洪伊出任教育总长，张国淦知道孙洪伊心气高，担心他不肯就职，段祺瑞却说："此人捣乱，仅是敷衍总统。"可见段祺瑞对孙洪伊入阁非常不情愿。

当时孙洪伊正在上海，听说黎元洪强力推荐他入阁，很痛快地答应了。进京后听说要他做教育总长，便有些不高兴。恰巧已被提名为交通总长的汪大燮不肯就职，经人调停，由被提名为内务总长的许世英改任交通总长，将内务总长的职位让给了孙洪伊，于是，孙洪伊走马上任内务总长。

孙洪伊原本秉持反袁立场，此番又经黎元洪强力推荐入阁，所以人虽在国务院，但立场却每每站在总统府一边，与段祺瑞，特别是与徐树铮几乎天天有争吵，事事有冲突。

围绕着龙济光与李烈钧的风波尚未平息，关于福建省省长胡瑞霖的案件又起风波。8月下旬，湖南议员郭人漳等对时任福建省省长的胡瑞霖提出查办提案，揭发胡瑞霖担任湖南财政厅厅长时徇私贪贿的种种不法行为。国会接到提案后给国务院行文，要求查实。胡瑞霖与皖系一派关系比较密切，徐树铮未将此事提交国务会议讨论，也未经主管国务员审核，就以国务院名义回复国会，为胡瑞霖辩护开脱。各省民政长官处分属内务部职权范围，孙洪伊知晓此事后，认为事关重大，便向段祺瑞提出质问：凡与各省民政长官有关的问题，内务总长是否无权过问？院秘书长是否有权擅自处理？段祺瑞自知理亏，只得骂了一句："又铮荒唐！""又铮"是徐树铮的字，段祺瑞平时在阁员面前竭力袒护徐树铮，这次当着孙洪伊的面骂徐树铮"荒唐"，算是很破例的事。段祺瑞还命人去国会取回徐树铮擅发之咨文，但国会已将咨文印发了出去，无法追回。孙洪伊一气之下提出辞职，并公开讲："苟无正确办法，无返任理。"黎元洪听说此事后也气愤地说："现在哪里是责任内阁制，简直是责任院秘书长制。"他特意召见孙洪伊，诚恳挽留。段祺瑞等于被将了一军，对孙洪伊的辞职也只能表示慰留。

在黎元洪和段祺瑞的共同挽留下，孙洪伊答应可以不辞职，但提出须对院秘书长的职权作出规定，以示限制。段祺瑞也因徐树铮屡屡违法越权，常使他处于被动尴尬境地，同意做出让步。经过激烈的交锋辩驳，在国务院秘书厅的职权章程中，专门对院秘书长职权作出如下限制：一、承总理之命，掌管秘书厅事务；二、经国务会议决定之案，不得擅自更改；三、公文命令，非得总理及负责总长之副署，不得发行；四、凡政府答复国会的质问案，均须由主管部起草；五、政府命令，须由国务员副署后送总统府盖印发表。以上五条，大多不是什么新规定，但由于徐树铮自恃有段祺瑞撑腰，在国务院屡屡越权擅权，所以这些规定出台后，给人的感觉就是为徐秘书长"量身定做"。这也使得徐树铮对孙洪伊恨之入骨。

孙洪伊对徐树铮斗争的胜利，对总统府也是一个不小的鼓舞。此前，总统府秘书长张国淦辞职，经孙洪伊推荐，黎元洪任命丁世峄接任总统府秘书长。丁世峄是著名书法家，也是当年政坛上的活跃人物。他早年留学日本，回国后创立山东保矿会，反对德国侵占山东矿区。中华民国成立后，任国会议员。袁世凯称帝期间，他在上海积极投身反袁运动。与张国淦有所不同，张国淦与黎元洪、段祺瑞都保持了较为融洽的关系，而丁世峄则属于反段一派。接任总统府秘书长后，丁世峄目睹了徐树铮的所作所为，也目睹了孙洪伊与徐树铮的针锋相对。在国务院作出对秘书长职权的五条规定后，他以"府院职权极不明确"为由，提出要搞一个总统府与国务院之间的办事规程，使府院关系"有法可依"。

丁世峄说办就办，很快一个"府院办事手续草案"起草完成了。其要点是：总统可以出席国务会议，也可发表意见，但不参与表决；总统如对官吏任免及国务院议决事项有不同意见，可拒绝盖印，发回国务院再议；国务会议开始前，要将议事日程呈报总统，会后须将议事记录呈阅；国务会议议决的事项，先由阁员副署，然后再呈总统盖印。

丁世峄的这份办事手续草案，明眼人一看便知是要提高总统权威，抑制段祺瑞及其责任内阁的权力。草案完成后，黎元洪颇感满意，段祺瑞则大为恼火。段祺瑞也学着孙洪伊的样子，来了个以退为进。他先是请假不出，让手下人制造黎元洪企图大权独揽、迫使总理辞职的舆论，以此向黎元洪施加压力。后经人劝说调停，才于8月26日销假视事。对于府方攻势，段祺瑞采取两手策略：一方面指示徐树铮，凡应交大总统核阅的文件，应亲自呈递以示尊重，对待总统的态度也要有所收敛；另一方面又呈报黎元洪，称徐树铮"伉直自爱，不屑妄语，其于面对时，凡有声明为祺瑞之言者，祺瑞概负全责"，摆出誓做徐树铮后盾的架势。经过段祺瑞的一番示威，总统府方面也有所退缩。最后，府院双方达成五条折中办法：一、总统不出席国务会议，但须将国务会议议事日程先呈总统；二、国务会议议事记录总统可随时阅看；三、紧要军政事件，国务员得直接向总统报告；四、总统如认为国务会议议决事项有不合者，可命总理及该管国务员说明理由，如说明后仍有不合之处，可交回复议一次；五、每日呈阅的文件及呈请用印，由院秘书长亲送到府。

对于这样一个折中办法，我们该怎样评价？它对于缓和府院矛盾能有作用吗？

第六集
罢免风波

新上任的总统府秘书长丁世峄，以"府院职权极不明确"为由，搞了一个以抬高黎元洪、打压段祺瑞为目的的"府院办事手续草案"。黎元洪很满意，但段祺瑞不赞成，后经双方妥协，达成一份包含五个要点的折中办法。这样一份折中办法的达成，虽然是府院双方各自让步的结果，但总的来看，府方所获者多，院方所失者多。因为在此之前，段祺瑞和徐树铮只是把黎元洪视为盖印机器，徐树铮拿着文件请黎元洪盖印时，连文件内容都不肯对黎元洪解释。如今按照这份折中办法，黎元洪不仅可以随时阅看国务会议议事记录，而且对于认为国务会议议决事项有不合者，可命总理及主管总长说明理由。说明理由之后仍认为不合者，还可以交回复议一次。如此一来，总统的权威无形中提高了不少。

总统的权威提高了，就意味着责任内阁权势受到了挤压。对此，段祺瑞心有不甘，并在寻找新的反扑机会。

机会很快就找到了，而且就是在徐树铮的冤家对头孙洪伊身上找到的。

9月上旬，孙洪伊整顿内务部，裁减了一批高级部员。这些被裁减的人自然对孙洪伊大为不满。徐树铮见有机可乘，便鼓动这些人去平政院上诉，称孙洪伊违法裁员。平政院是一个类似于行政法院性质的机构，主管行政诉讼，负责察理行政官吏之违法不正行为，就行政诉讼及纠弹事件行使审判权。平政院受理上诉后很快作出裁定：撤销内务部原令，仍准被裁人员回部供职。孙洪伊拒绝接受平政院裁定，理由是："平政院编制令与行政诉讼法，系根据袁氏之新约法、总统制而来，非由正当之法定机关发生，则该院是否依法设立，尚属疑问，安有受理诉讼之余地。"意思是说，平政院设立的法律依据是"袁氏之新约法"，是总统制的产物，自身的合法性尚属疑问，哪有资格受理诉讼？因此，平政院的裁定为非法。

为了讲清这个案件，我们来梳理一下平政院设立的法律依据。

关于设立平政院，在《中华民国临时约法》，也就是人们常说的"民元约法"中有所规定。该约法第十条规定："人民对于官吏违法损害权利之行为，有陈诉于平政院之权。"但这只是个粗线条的、原则性的规定。由于中华民国初建，千头万绪，所以在"民元约法"公布后，平政院并未即时成立。直到民国三年（1914）3月，北洋政府颁布《平政院编制令》，明确了平政院的法律地位并具体规定了平政院的机构设置等具体内容，平政院才正式宣告成立。在同年5月公布的"民三约法"，也就是被后人称为"袁记约法"中，又对平政院作出了与"民元约法"大体相同的规定。从以上梳理中可以发现，孙洪伊将平政院设立的法律依据说成是"袁氏之新约法"并不准确。但说平政院是总统制的产物也并非完全没有道理，因为在北洋政府颁布的《平政院编制令》中，在诸多方面都体现出总统制的色彩。总之，从法理上讲，这是一个公说公有理、婆说婆有理的问题，就看谁掌握着更多的"话语权"了。

面对平政院的不利裁定，孙洪伊提出将此案交国会审议。孙洪伊入阁前是国会议员，在国会人脉颇广，加上国会中不少人对段祺瑞的独断专行很反感，更看不惯徐树铮那种飞扬跋扈的作风，所以，如果真能将此案交国会审议的话，很可能最后审议出对孙洪伊有利的结果。但段祺瑞根本不买孙洪伊的账，他以国务院名义拟定了一道执行平政院裁决的命令，由徐树铮送总统府盖印。

我们前面曾讲到过，孙洪伊等人为限制徐树铮越权擅权，在国务院推动制定了一个"国务院秘书厅的职权章程"，其中有这样一条规定：政府命令，须由国务员副署后送总统府盖印发表。如今徐树铮送总统府盖印的这道政府命令，事涉内务部，应由内务总长孙洪伊副署，但孙洪伊拒绝副署，并正式呈请总统将此案提交国会。黎元洪以徐树铮送交的政府命令未经主管国务员副署为由不予盖印，并在孙洪伊的呈文上批示："准咨国会解决。"

这又是一个公说公有理、婆说婆有理的官司。首先，孙洪伊关于将此案交国会审议的呈文于法无依，因为无论是"民元约法"，还是"民三约法"，都没有对平政院裁定不满可以上诉的规定，也就是说，平政院作出的裁定属最终裁定，没有上诉通道；其次，段祺瑞拟定的执行平政院裁决的命令，由于得不到主管总长的副署，也不具有法律效力。再说黎元洪的那道批示，虽然在府院双方刚刚达成的折中办法里有一条"紧要军政事件，国务员得直接向总统报告"，但在实行责任内阁制的政府架构中，法律并未赋予总统可以绕过总理直接处理内阁事务的权力。因此，黎元洪的这道批示，说到底无非是向段祺瑞施加一点压力。

此后，府、院之间公文送来退去多次，由于彼此分歧严重，多次往返均无结果。段祺瑞非常恼火，坚持要黎元洪盖印，说不盖印就是不信任内阁，或者再说严重些干脆就是破坏责任内阁制。黎元洪则声称，自己是尊重法律，不肯向段祺瑞低头。这样，原本是徐树铮与孙洪伊之争，上升为黎元洪与段祺瑞之争。

鉴于孙洪伊不让步，黎元洪不妥协，段祺瑞再出狠招。10月18日，徐树铮拿着一份国务院人事任免命令要黎元洪盖印。黎元洪接过来一看，大吃一惊，只见上面写着"孙洪伊着即免职"，并已经由段祺瑞副署。黎元洪当时的心情是既惊骇又愤怒，当场向徐树铮嚷道："你们说的算话，我说的便不是话吗?!"徐树铮也不甘示弱，两人在总统府争吵起来。黎元洪拒不盖印，徐树铮愤愤而回。此后，徐树铮又几次入府催促，甚至威胁说，如果孙洪伊不肯去职，就不许他进国务院大门。孙洪伊则指斥段祺瑞此举不合法规，用他的话说："内阁可以总辞职，不能单独免一个阁员的职。"黎元洪支持孙洪伊的说法，府院双方形成僵持局面。

这里又涉及内阁成员的任免制度。按照当年的法律规定，内阁成员去职有两条通道，一是个人提出辞呈，经总统盖印同意，报国会批准；二是国会通过弹劾案，经总统盖印生效。国务总理与国务会议均不具有免除国务员职务的权力。因此，段祺瑞提出免除孙洪伊内务总长职务，与法律规定不符。

这场府院冲突搞得国会也不平静。国会议员中，有人支持黎元洪和孙洪伊，也有人支持段祺瑞与徐树铮。段祺瑞提出对孙洪伊的免职令后，众议员王玉树和参议员龚焕辰于 10 月 24 日向段内阁提出质问，认为国务总理无权直接呈请罢免国务员，只有国会弹劾才能将国务员免职。拥护段祺瑞的部分议员则提出对孙洪伊不肯辞职的质问案。

10 月 24 日，原本很少光顾总统府的段祺瑞忽然来到总统府，亲自请黎元洪在免孙洪伊的命令上盖印。黎元洪仍然拒绝。此时段祺瑞一改往日的沉寂，气势汹汹地说："总统不肯免孙伯兰的职，就请免我的职吧！"段祺瑞所说的"孙伯兰"，就是指孙洪伊，伯兰是孙洪伊的字。段祺瑞此言一出，黎元洪有点心慌，因为段祺瑞以辞职相威胁，就相当于要与他公开决裂。就实力而言，黎元洪毕竟不是段祺瑞的对手。但他又不肯就此服输，便退了一步说："可以让伯兰自动辞职，免职令还是不下的好。"

黎元洪想让孙洪伊自动辞职，但孙洪伊却不答应，他说，除非总统下令免职，自己决不自动辞职。黎元洪无奈，请王士珍出面做孙洪伊的工作，让孙洪伊主动辞职以化解当前危机。王士珍其人我们以前讲到过，他与段祺瑞、冯国璋合称"北洋三杰"，此时担任参谋总长。王士珍给孙洪伊出了个主意，让他以专使的名义出洋考察，不开去内务总长的职，由次长代理部务。这本来算是一个既满足段祺瑞去除孙洪伊的要求，又让孙洪伊保住体面的办法，黎元洪表示赞成，但孙洪伊一根筋，表示自己不想出洋。

11月初，吕复、褚辅成等议员联名提出弹劾国务院秘书长徐树铮案，列举了徐树铮蒙蔽总理、侮蔑元首、伪造文书、擅发院令等七大罪状，联署者六十余人，而且有人还想进一步弹劾国务总理段祺瑞。徐树铮有些胆虚，便对外放风说，只要伯兰辞去内务总长职，维持总理的威信，可以调任为全国水利总裁或者外放省长。徐树铮说的两个职务均属实职，"级别"与内务总长差不多。但孙洪伊毫不妥协，表示什么官我都不要，只要维持我的人格。

孙洪伊表示决不辞职，徐树铮说不把孙逐出内阁就不能维持总理威信；而如果维持了总理的威信，势必又会影响到总统的威信。这个问题纠缠不清，始终找不出一个适当的解决办法。此时，黎元洪身边的一些"策士"出主意，说要电召隐居河南卫辉的徐世昌到北京组织内阁以取代段祺瑞。他们认为，段祺瑞的政治资本是北洋派，而徐世昌在北洋派中的资望远超段祺瑞，以徐世昌取代段祺瑞应当不会引起太大的乱子。黎元洪听了有些心动，因为他也觉得段祺瑞、徐树铮过于霸道，自己这个总统当得窝囊，不如痛痛快快地干一场。于是，他采纳了策士们的建议，请王士珍到河南卫辉迎接徐世昌来京。

从10月下旬到11月，隐居卫辉的徐世昌俨然成为解决时局的关键人物。在京城关于他的消息异常混乱，一会儿说徐世昌即将来京，一会儿又说他不肯来。后来，还是王士珍带来了确切消息，说徐世昌可以进京，前提是黎元洪要答应三个条件：拥护元首，维持合肥，不入政界。他所说的"拥护元首"，是指黎元洪，"维持合肥"是指段祺瑞，段祺瑞是合肥人，人称段合肥。至于"不入政界"，无疑就是说他自己了。他的这三个条件与黎元洪之期许差距太大。黎元洪原本是想请徐世昌出山取代段祺瑞，但徐世冒的表态却是维持段祺瑞，自己不入政界。这三个条件说穿了就是只调停，不出山。这倒不是说他不想当内阁总理，是因为他知道手握实权的段祺瑞没那么容易被排挤走。

事已至此，黎元洪只有答应徐世昌的条件，请他进京在府院之间居中调停。因为除此之外，他实在没有其他办法收拾眼前的局面了。

徐世昌于 11 月 16 日到达北京，第二天黎元洪亲自到五条胡同去拜访。两人见面后，徐世昌除了寒暄与问候之外，又说了些海阔天空、漫无边际的话，没有一句是黎元洪想听的，黎元洪扫兴而归。总统府秘书长丁世峄劝他不要太过灰心，因为在丁世峄看来，"半推半就是人之常情"，徐世昌不会爽快地表示自己愿意做总理。丁世峄还说，段祺瑞是个心胸狭小之人，如果先发表委任徐世昌组阁的命令，段祺瑞必然负气出走，徐世昌就可以从容上台了。黎元洪觉得这个办法过于冒险，没敢采纳。又有人建议电召冯国璋进京，然后下令免段祺瑞的职，黎元洪认为此法更为冒险，也没有采纳。策士们不满于黎元洪这种畏首畏尾的态度，便未经黎元洪同意，打电报给冯国璋，假造"菊老已允出山"的消息，请冯国璋回电为菊老捧场。我们前面讲过，所谓"菊老"，是指徐世昌。黎元洪身边的策士们是想以徐世昌已应允组阁的假消息，骗取冯国璋的回电支持，从而造成一种既成事实，逼走段祺瑞。但冯国璋哪有这么好骗？他的消息很灵通，早知道徐世昌不敢取代段祺瑞。既然如此，冯国璋有什么道理帮着黎元洪火中取栗？果然，冯国璋接到总统府的来电后回复说，内阁仍以维持现状为宜。如此一来，黎元洪驱逐段祺瑞的计划又增加了一层阻力。

11 月 19 日，徐世昌进总统府拜见黎元洪，对于府院冲突，提出一个两方威信均须兼顾的办法，就是孙洪伊和徐树铮两人同时免职，并推荐张国淦继任国务院秘书长。徐世昌认为，张国淦以前做过总统府秘书长，又做过内阁阁员，是一个与府院双方都有良好关系的人，由张国淦继任国务院秘书长，有利于融洽府院关系。到了这个时候，黎元洪既然不能免段祺瑞的职，就只能接受徐世昌的办法了。第二天，黎元洪签发总统令，罢免了孙洪伊的内务总长。又过了两天，徐树铮拿着免除自己国务院秘书长职务的命令交黎元洪盖印。黎元洪此时反倒觉得有些忐忑不安，他一边盖印，一边说要聘徐树铮做总统府军事顾问，还说了不少安慰话。但徐树铮并不领情，拿着盖了印的免职令怒冲冲地走了。

徐世昌提出的孙洪伊与徐树铮"双免职"的办法落实了，包括黎元洪、徐世昌在内的许多人都认为府院冲突大体化解了，然而段祺瑞却心有不平。他说，孙洪伊和徐树铮都是国务院的人，国务院免了两个人，总统府一个人不免，不公平，总统府秘书长丁世峄也要免职才行。黎元洪觉得这个要求过于得寸进尺，不合情理，但徐世昌、冯国璋都不愿站在他这边，他只好同意让丁世峄辞去总统府秘书长职，重新回国会当议员。

段祺瑞仍然不依不饶。徐树铮被免职两天后，段祺瑞向黎元洪提出三点质问：一、现在府方的一切措施，是否与责任内阁制的精神完全相符？二、府方经常延搁国务院的呈阅公文，倘有贻误，其责任谁属？三、经国务会议通过应当发布的命令，府方经常拒绝盖印，能否说明理由？对于段祺瑞的质问，黎元洪没有回复，给人的印象是，在这场府院冲突中，段祺瑞虽然做了点退让，但总的来看是占据上风，黎元洪明显处于劣势。这种局面也反映了双方的实力对比。

还有那个孙洪伊，解除内务总长职务后，仍与国会中的反段势力往来密切，不断提一些反段议案，令段祺瑞深感头痛。民国六年（1917）1月中旬的一天，步军统领江朝宗，也就是我们前面讲到奉袁世凯密令监视黎元洪的那位北洋将领，忽然派兵到羊肉胡同孙宅进行搜查，理由是听说孙宅藏有"危险分子"，还说孙洪伊有"阴蓄死士进行暗杀"之嫌疑。如此一来，孙洪伊为了自身安全，只得离京南下躲了起来。

段祺瑞占了上风但并不满足，因为黎元洪的表现离他期许的"汉献帝"相距甚远。黎元洪更不满意，因为自己的处境与有职有权的大总统简直是天上地下。两人都不满意，这就意味着双方的斗争还会继续下去。

黎元洪与段祺瑞的府院之争果然是一波未平，一波又起，这一次风波是由北洋政府宣布参加第一次世界大战引起的。

第一次世界大战的主战场在欧洲，战争爆发时中国正处在袁世凯执政时期，中国没有参战，一直保持中立。到1917年春，德、奥等同盟国在战争中已明显处于劣势，英、法等协约国似乎已经看到了胜利曙光。在一旁观战三年的美国以反对德国宣布施行"无限制潜艇封锁政策"为由，先是宣布对德绝交，继而参加对德作战。与此同时，美国还照会包括中国在内的中立国，希望能与美国采取一致行动。由此开始，刚刚平息下去的府院冲突再起波澜，这次冲突的主题就是参战还是不参战。

段祺瑞是积极主张参战的，这里面虽然也有复杂的国际背景，但主要还是国内因素起作用。在段祺瑞的如意算盘里，中国对德宣战，就要组建"参战军"，相应的就要集中财力，充实部队编制，买枪买炮，还要扩大政府权限，必要时可以宣布国家进入战争状态，实行战时管制，等等，所有这些都有利于段祺瑞在国内推行个人军事独裁。

那黎元洪呢？在凡是段祺瑞支持的，黎元洪就会反对的府院冲突中，黎元洪是与段祺瑞一道主张中国参战，还是站在段祺瑞的反面，反对中国参战呢？

第七集
围绕参战的较量

　　第一次世界大战在欧洲打响后的最初几年，中国没有参战。到民国六年（1917）春天，段祺瑞开始积极鼓动中国参战。那黎元洪呢？他会支持中国参战吗？

　　黎元洪一开始并不反对参战，因为当时协约国胜势已明，多数人都认识到，如果中国参战，在战后的和会上一定会得到不少回报。黎元洪所担心的是段祺瑞在参战名义下，会进一步扩大内阁权势，进一步架空总统，使自己彻底沦为段祺瑞的盖印机器。他手下的策士们也进言说：中国如果在此时参战，获益的必定是段祺瑞，只有先设法倒段，逼走段祺瑞再参战，获益的就是总统了。

　　可见，无论是段祺瑞还是黎元洪，表面上是主张参战与反对参战，实际上都不是为国家的前途与命运着想，而是在心里盘算着自己的"小九九"。在这个过程中，段祺瑞想进一步压黎元洪就范，而黎元洪则开始谋划自己的"倒段大计"。

　　民国六年（1917）3月3日，段祺瑞主持国务会议通过了准备咨送国会的对德绝交案和《加入协约国条件节略》，准备先宣布对德国断绝外交关系，然后宣布参加协约国对同盟国作战。次日，段祺瑞亲率全体阁员到总统府，请黎元洪在对德绝交咨文上盖印，以咨送国会。黎元洪略为浏览了下咨文便说："此事事关重大，不可草率行事。"他还说，这样的重大事项应先与国会协商，非先得国会同意不可。意思就是不能盖印。段祺瑞亲自带领全体阁员来总统府，本来有向总统施压的意思，当听到黎元洪说不同意盖印，脸色马上就变了。他强压住怒火对黎元洪说："宣战媾和当然应由国会议定，现在不过是与各国先通一通意见，宣战的时候，当然还要由国会决定。"黎元洪回答说："绝交就是宣战的先声，宣战与媾和，这是大总统的特权。"黎元洪所说确是实情，《临时约法》第三十五条规定："临时大总统经参议院之同意，得宣战媾和及缔结条约。"可见约法确实赋予了总统宣战与媾和的特权。但段祺瑞根本不听这一套，他站起来说道："约法规定是责任内阁制，大总统既然掌握着特权，认为我担不起责任，我只有辞职！"黎元洪也不甘示弱，回敬了一句："宣战时只有大元帅的命令，没有什么责任内阁！"段祺瑞气急败坏，拂袖而出。教育总长范源濂是段祺瑞的坚定支持者，起身为段祺瑞帮腔说："总统虽有特权，责任却是在内阁。总统既不对国会负责，又可推翻内阁的决议案，这样的总统与专制皇帝有什么不同！我也请求辞职。"其他阁员见总理与总统闹翻了，也陆续随之退出。当天下午段祺瑞即离开府学胡同，打算乘火车去天津住一段时间，把北京的烂摊子留给黎元洪。

当时，副总统冯国璋正在北京。他是以商讨对德外交问题的名义来北京的，下榻于京城的禁卫军司令部。他进京后，看到对德问题背后纷繁复杂的关系，特别是看到了黎、段二雄相争的激烈场面。他既不愿得罪段祺瑞，也不愿使黎元洪难堪，而且对于这件事与自己的利害关系还一时难以判断，便采取敷衍态度，表示："欲求对外一致，不可不先求内政刷新。"段祺瑞从府学胡同的宅院去往北京前门东站时，冯国璋正在出席陆军军官为他举行的欢迎会。听说段总理要出走天津，冯国璋急忙赶到车站。两人见面后，冯国璋劝段祺瑞不要意气用事。段祺瑞则恨恨地说："总统这个人无法与他共事，他口口声声说宣战媾和是大总统的特权，殊不知今天是责任内阁，总统有特权，内阁就无事可做，那我还守在这里干什么？这种局面我是决干不下去的！"说着便上了车。冯国璋见无法劝说段祺瑞回心转意，只得折回，听任段祺瑞出京。

段祺瑞的出走，使黎元洪的策士与幕僚们乐不可支。此时的总统府秘书长已经换为夏寿康。和前任丁世峄不同，夏寿康的为官之道可以概括为"多一事不如少一事"。总统府的事，黎元洪交代他办什么他就去办，此外再不多问一事。因此，总统府里的事务，几乎都是由哈汉章、金永炎、蒋作宾、黎澍等军事幕僚说了算。这四位幕僚被时人称为黎大总统手下的"四大金刚"，段祺瑞则视其为总统府"四凶"。他们每天都在鼓动黎元洪"倒段"，就是要推翻段祺瑞内阁，另换一个总统可以指挥得动的国务总理。如今段祺瑞负气辞职离京，正对了他们的心思。他们纷纷怂恿黎元洪趁机改组内阁。黎元洪也觉得自己当总统当得窝囊，但他知道段祺瑞身后站着一大批手握重兵的北洋派将领，段祺瑞出走天津后，各省督军中已有人致电要求挽留段祺瑞，对于这些耀武扬威的封疆大吏，黎元洪不能不审慎应付。

3月5日早上，黎元洪先后派汤化龙、靳云鹏等人从北京赶赴天津去劝说段祺瑞返京。汤化龙时任众议院议长，与段祺瑞关系融洽；靳云鹏是段祺瑞手下的红人，与徐树铮、吴光新、傅良佐一起，被人称为是段祺瑞的"四大金刚"。在府院冲突的紧要关头，黎元洪派这样的人物去天津劝驾，无疑是一种"示弱"的表态。而且，他还让汤化龙、靳云鹏转告段祺瑞，说他可以在对德绝交咨文上盖印，这实际上等于认输了。但段祺瑞却不想稀里糊涂地了却此事，坚持继续留在天津，拒绝返京任职。

当天晚上，黎元洪召集冯国璋、徐世昌、王士珍入总统府讨论政局，三个人都来了，这让黎元洪似乎又看到了希望，以为这三个"大腕"会帮他支撑危局。在会上，黎元洪提请徐世昌出面组阁并任国务总理，由王士珍接任原由段祺瑞兼任的陆军总长。但徐世昌、王士珍听了他的话，一个劲儿地摇头，谁都不肯出来替他蹚这摊浑水。冯国璋与军界联系最为密切，深知段祺瑞在北方势力强劲，他小心翼翼地劝黎元洪先让一步。他还告诉黎元洪，有人向他密报，段祺瑞已在天津拟就了一份请各省军民长官一评是非曲直的通电。冯国璋说这话并非故弄玄虚，那天他确实接到直隶省长朱家宝的密报，说段祺瑞已经拟就了辞职出京的通电，请各省军民长官一评曲直。这位向冯国璋告密的朱家宝，我们以前也曾提到过，袁世凯在世时，他的职务是直隶巡按使，如今官职改称直隶省长。

冯国璋所说的段祺瑞给各省军民长官的通电，是要把总统与总理之间的政争大白于天下，让北洋将领评说是非，这无疑是在向黎元洪示威。类似的手法袁世凯以前就曾用过。如民国二年（1913），袁世凯图谋解散国会，于10月25日通电各省，痛骂国会草拟的宪章"直是推翻行政权"，要求各省都督"各抒谠论"。各省都督接电后纷纷响应，一致发表通电向国会施压。时任副总统兼湖北都督的黎元洪也在电文中模仿袁世凯的语调，提出宪章的"四不可"，要求国会详加讨论，重行厘定。可见，对于北洋派的这套做法黎元洪并不陌生，对其杀伤力可谓心知肚明。所以，听到冯国璋传来的这个消息，黎元洪再也没有勇气与段祺瑞一争高下了。他转而请冯国璋去天津把段总理请回来。冯国璋认为空言无凭，必须答应三个条件：第一，段祺瑞内阁的外交方针总统不能反对；第二，总统不得对国务院拟发的命令拒绝盖印；第三，不得对国务院向各省及驻各国使节发出的电报横加干涉。这些条件无疑严重有违于黎元洪召集当晚会议的初衷，但事已至此，黎元洪除了全盘接受又别无他法。最后，黎元洪无可奈何地对冯国璋说："好吧，外交问题就让芝泉主持，我完全没有意见，不过总以服从多数为宜。"

有了黎元洪的这个表态，冯国璋便亲自乘车到天津找到了段祺瑞。他对段祺瑞说："只要国会能通过对德绝交案，总统当会依法执行，决不会加以干涉。"段祺瑞得到了他想要的东西，也要给足冯国璋面子。6日，冯国璋偕段祺瑞一同回到北京。冯国璋下车后直奔东厂胡同，向黎元洪报告任务达成，段祺瑞则径直回府学胡同私邸。

第二天，段祺瑞在冯国璋陪同下到总统府拜见黎大总统。一见面，段祺瑞先向黎元洪鞠躬行礼，然后坐下来严肃谈了一套对德绝交有利于中国的道理。黎元洪在一旁严肃地听着，一言不发。

9日，段祺瑞在迎宾馆招待参众两院议员，对政府的外交政策向议员作了说明。次日，段祺瑞出席众议院会议，提出对政府外交政策的信任案，众议院以331票支持、87票反对表决通过。又过了两天，该信任案在参议院以158票赞成、35票反对获得通过。

3月14日，北京政府正式照会德国公使，宣布与德国断绝外交关系，同时宣布收回天津和汉口的德国租界，解除中国境内的德军武装，停付对德国赔款和欠款。

对德绝交案公布后，段祺瑞开始积极准备下一步的行动，就是对德宣战。这就好像一套书的上、下册，上册是断交，下册是宣战。断交是宣战的准备，宣战是断交的延续。在段祺瑞的盘算中，之所以要力排众议坚持对德断交，就是要紧接着实施对德宣战。所以，在对德断绝外交关系后，段祺瑞马上开始通过各种渠道对外放风，说对德绝交之后就应当马上对德宣战。但让段祺瑞没有想到的是，全国各方面反对宣战的空气非常浓厚，不仅各地人民团体纷纷发表反对宣战声明，一些名流要员更是直接致电北京政府反对参战。其中，晚清时期的维新派领袖康有为反战情绪最为激烈。他在致北京政府的电报中甚至提出："请悬吾目于国门，以视德舰之入。"就是让人们把他的眼睛悬于国门，他将亲眼看到德国军舰攻入中国。意思是说，德军强大，中国参战必亡国。其他如张勋、王占元等北洋将领也在电报中表达了反对参战的意见。

特别值得一提的是副总统冯国璋，他曾积极参与调和黎元洪与段祺瑞的府院冲突，借助于北洋派的压力，成功逼迫黎元洪让步。但他做这件事并非发乎本心，只是刚进京就赶上黎、段二雄相争，他站在副总统的位置上，只能出面做个和事佬，帮助两边和稀泥。那件事让他很扫兴，也很头痛。所以，当段祺瑞回京，国会顺利投了对政府外交的信任票以后，他感到京城实在是个是非窝，还是远避为宜。于是，便于 3 月 11 日离京南返。

冯国璋前脚刚走，他的反对宣战电报随后就传到了北京。段祺瑞感到诧异，质问他为什么出京后与在京时的言论前后不一，他回答说，反对参战的电报不是他发的。谁发的呢？他说，业经查明，那份电报是由新聘秘书伍宪子拟稿发出的，不能代表他本人的意见。伍宪子是康有为的门徒，伍之行动可能是受了康有为的指使，在私下里怂恿冯国璋反对参战。但身为新聘秘书，如果没有长官命令，伍宪子怎么敢以副总统的名义对外发电？而且，事后也没听说伍宪子因此而受到过什么处分。

其实，冯国璋当时的反战态度还是较为明确的。3 月中旬，他刚返回南京便曾密电北洋各省解释对德绝交之必然："总理决心，加以外交趋势，绝德之举，非成事实。"对于参战问题却不置一词。在私下，他对周围官员表示，对德问题"以断绝国交为限"。4 月 8 日，冯国璋又致电黎元洪等人，表示在京时赞成对德绝交，系调停府院关系，非出本心。

黎元洪在对德绝交问题上被迫退让，接受了段祺瑞的主张。但他认为对德问题只应做到绝交为止，反对采取进一步的宣战步骤。有一天，段祺瑞邀请徐世昌、梁启超、王士珍等人同到总统府，与黎元洪讨论对德宣战问题，并请黎大总统宣示反对宣战的理由。黎元洪说："我对这个问题是没有成见的，但是我认为少数应服从多数，现在舆论界都反对宣战，我们不能不予以重视。"在场的梁启超接过话说："舆论？什么舆论？我就是舆论界之一人，但我就是坚决主张宣战的。"然后，滔滔不绝地说了一番参战的好处。黎元洪有点尴尬，他盯着王士珍说："军界也不赞成，聘老就是一个。"王士珍，字聘卿，时人称其为"聘老"。王士珍对于参战与否持慎重态度，提出所谓"德国不可轻辱"的主张，如今被黎元洪抵得毫无躲闪余地，只得含糊其词地说："德国陆军世界第一，如果德国战胜，事情就难办了。"徐世昌赶忙出来打圆场，说道："各人见解不同，不赞成的人也一定有不赞成的理由。"才算把局面缓和了下来。

此时的府院双方都在磨刀霍霍。黎元洪的策士们献计说："段如果使参战案通过，就是大获成功，占尽了上风，所以必须推倒段。段下台后，由后任者主持参战，功劳就是我们的。"段祺瑞的谋臣也出主意："总统方面一直不肯与我们合作，不但参战问题不倒黎不能通过，以后其他的问题也只有倒黎后才能顺利。"可见，黎元洪与段祺瑞的矛盾已经到了水火不能相容的地步，双方都在想着如何推倒对方。黎元洪的策士哈汉章在清朝末年曾与冯国璋在军咨府共过事，利用这层关系，便极力怂恿黎元洪采取联冯制段策略，并自告奋勇为联冯之使者。黎元洪还有一个策士叫蒋作宾，此人我们在上个专题中提到过，6月6日，就是袁世凯死去的当天夜里，有人半夜时分给黎元洪打电话，告诉他：外面的情况很不好。那个打电话的人，就是蒋作宾。他是黎元洪的湖北同乡，当时在段祺瑞内阁任陆军部次长，黎元洪任总统后，他离开段内阁，来到总统府当了黎元洪的幕僚。蒋作宾知道段祺瑞看不起土匪出身的张作霖，认为段、张间的矛盾可用，便密电劝诱张作霖反段拥黎，并许以厚利。不料电文被段祺瑞的亲信、陆军部次长傅良佐查出。傅良佐其人我们在前面也提到过，他是段祺瑞的铁杆亲信，与徐树铮、吴光新、靳云鹏并称为段的"四大金刚"。傅良佐将查出来的电文交段祺瑞过目，段祺瑞大为恼火，签发手令要将蒋作宾抓起来。已经接任国务院秘书长的张国淦认为事关总统府官员，而且是黎大总统的心腹，不宜如此处理。经过苦心劝阻，段祺瑞才心有不甘地收回成命。在这番府院双方的明争暗斗中，倒是那些中间摇摆的人物得了实惠。比如，张作霖，土匪出身，或者用他自己的话说，是"绿林大学毕业"，段祺瑞原本瞧不起他，但由于黎元洪拉拢他，段祺瑞也不甘人后，马上与张作霖拉起了关系。最后，得实惠的当然是张作霖了。

在府院冲突持续升级的背景下，中华民国六年4月18日，财政总长陈锦涛因有受贿嫌疑，被总统下令免职，并移送法院处理，于是，内阁中出了空缺。正常情况下，内阁出缺应由国务总理提名，总统盖印同意，经众议院通过发布。但这一次黎元洪却一反常态，坚持主张提名一个叫李经羲的官员出任此职。李经羲，安徽合肥人，李鸿章的侄子，晚清时曾官至云贵总督。中华民国成立后，被袁世凯任命为政治会议议长。袁世凯称帝期间，与徐世昌、赵尔巽、张謇一道被封为"嵩山四友"。袁世凯死后，闲居天津。用当年人们常用的"虚岁"来说，李经羲时年 58 岁，比黎元洪大 4 岁，比段祺瑞大 5 岁，属于名副其实的"老官僚"了。处于有名无实的总统地位的黎元洪，不惜违反官制，破例提名李经羲充任财长，当然不是没有原因的。什么原因呢？对于他的提名，段祺瑞会答应吗？

第八集
段祺瑞请来督军团

北洋政府内阁出现空缺后，黎元洪坚持提名晚清官僚李经羲入阁。黎元洪这样做，自有他心里的"小九九"。

黎元洪早有找人取代段祺瑞出任国务总理的想法，为此他找过徐世昌，找过王士珍，但这两人谁都不领情，不肯帮他挤走段祺瑞。李经羲的资历、地位，虽比不了徐、王，但他是李鸿章的侄子、晚清云贵总督、袁世凯的"嵩山四友"，以后自己再与段祺瑞闹翻了脸，李经羲的这些"金字招牌"没准能用来支撑下门面。

对于黎元洪的这点"小九九"，段祺瑞焉能不知，但却不以为然。一来李经羲是自己的合肥同乡，他是李合肥，自己是段合肥，一笔写不出两个"合肥"来，今后在内阁共事应该不会有大矛盾。二来李经羲虽曾位高权重，但那是在晚清。如今政权掌握在北洋系军人手里，一个在北洋军中无职无权的人，掀不起什么风浪。基于这样两层考虑，他对黎元洪的提名没有表达不同意见。4月27日，众议院通过了对李经羲的任命。5月1日，参议院也顺利通过。

真正让段祺瑞放心不下的还是北洋派内部的反战呼声。段祺瑞知道，北洋派将领之所以反对参战，实际上是不愿意出国与德军作战，更害怕参战后会失去已经占据的地盘。为了打消北洋系将领的顾虑，让他们明了参战的真谛及其好处，4 月中旬，段祺瑞用急电召集各省督军进京讨论外交问题，并且说如果督军不能亲自与会，请派全权代表参加。段祺瑞原本打算召集全国军事会议讨论裁兵节饷等问题，后来决定将裁兵节饷的会与讨论外交问题的会合并举行。但这个计划受到一些国会议员的质疑，有人提出质问：政府为什么要召集军事会议解决外交问题？为了防人之口，段祺瑞就不用军事会议的名称了，实际上开的就是军事会议。

为了使会议开得有声有色，段祺瑞想把外地的军界大腕都邀请来，其中，最重要的要算冯国璋了。为此他专门派手下"四大金刚"之一的靳云鹏到南京迎接冯副总统。可是，冯国璋前阵子到北京，已经领教了府院冲突和外交关系的复杂多变，觉得自己被人利用了。这次段祺瑞派靳云鹏来南京，请他再次进京，他自然很不情愿，便借口防务重要不能分身，改派代表参加会议。段祺瑞见靳云鹏没把事情办成，还不死心，又一再电报催促。段祺瑞越是热情相邀，冯国璋越是觉得北京乃是非之地，去不得。后来，段祺瑞电报催得急了，冯国璋就装病向北京政府请假。关键时刻装病请假本为段祺瑞的长项，如今冯国璋用起来也有模有样，段祺瑞虽知其诈，却也无可奈何。除了冯国璋，其他如长江巡阅使张勋、两广巡阅使陆荣廷也是段祺瑞重点邀请的对象，但这两位军界大佬见冯国璋不进京，也不肯屈身进京去给段祺瑞捧场。

在冯国璋、张勋、陆荣廷以下，各省的督军、省长大多是按通知要求，或亲自动身，或派全权代表赴京参会。

首先，应召赴京的是安徽省省长倪嗣冲。倪嗣冲是北洋系中的实权人物。他的父亲倪淑曾受聘为袁世凯的家庭教师，后为袁世凯的亲信幕府。倪嗣冲随父就读时，结识袁世凯。后追随袁世凯一路征战，至中华民国二年，被任命为安徽都督兼署民政长，成为镇守一方的封疆大吏。和许多手握地方实权的军界高官一样，倪嗣冲是坚定的反对参战派。此次奉召进京参会临行前，他在蚌埠发表了对德宣战一定会引起亡国之后果的"高论"。路过天津时，更是公开骂主张对德宣战的梁启超是"亡国文妖"。自袁世凯去世，总统府易主以来，倪嗣冲这是第一次进京，加之他原本就不是段祺瑞的嫡系，对于北京政坛的新格局心中无数。在他心目中还以为总统是最大的官。因此，进京后他没有见总理的面，就先到东厂胡同拜见了大总统。黎元洪在总统府接见了他，他当时态度恭顺，还不失时机地保举侄子倪毓棻为陆军中将，保举儿子倪幼忱为陆军少将。他知道，大总统虽然高高在上，但对于封疆大吏的要求一般是会照顾情面的。过去他在权威赫赫的袁大总统面前所提要求，几乎都能得到满意的回复。却不料黎元洪心里正不痛快，他对于段祺瑞以讨论外交为名招集军事将领进京极为不满，又听倪嗣冲提出这般无耻要求，便想用倪嗣冲开刀，借机立一立自己大总统的威风。因此，倪嗣冲的话刚说完，黎元洪马上沉下脸色大声训斥起来："什么！你到北京来是为你的侄儿、儿子谋功名富贵的吗？他们配当中将、少将吗？"倪嗣冲根本没想到黎元洪会发火，吓得不敢说话，只得诺诺退出。

倪嗣冲无端挨了总统的一顿抢白，十分懊恼。京城朋友听说后告诉他，军事会议是段总理召集的，段总理才是北京政府的实际当家人。倪嗣冲听后懊悔万分，恨不得扇自己两个大嘴巴。

倪嗣冲急忙又跑到府学胡同去谒见段总理。段祺瑞在自家客厅接见了他。就本心来讲，段祺瑞对倪嗣冲的为官、为人都没有好感，但如今正是需要这些封疆大吏出面捧场的时候，少不得违心赔个笑脸。段祺瑞对倪嗣冲态度和蔼，还就外交与参战问题向他讲了几句"私房话"。概括起来就是：对德宣战并不需要真正出兵作战，还可以利用外国贷款购买枪炮，编练参战军。将来北洋军兵强马壮了，就更有力量讨伐国内不听号令的势力。

古人有所谓"一语惊醒梦中人"的说法，段祺瑞在这里也可谓"一语惊醒梦中人"了。我们前面讲，段祺瑞不善言辞，是说他不擅长口若悬河地搞鼓动演说，他平日话不多，但说出来的话还是挺有分量的。比如，他对倪嗣冲讲的这番话，就很对北洋系将领的胃口。像倪嗣冲等地方军阀原来反对参战，无非有两怕：一怕出国打硬仗；二怕丢了国内地盘。如今段祺瑞给他们吃了定心丸，对德宣战后并不向外派兵，各地方军阀还可以借机组织"参战军"，讨伐异己势力。听了段总理的话，倪嗣冲心里有了底。于是，这个曾经的反战激进派瞬间变为主张参战的激进派，并且大声疾呼：应当无条件参战，越快越好！

继倪嗣冲之后，先后应召到北京参会的有山西督军阎锡山、河南督军赵倜、山东督军张怀芝、江西督军李纯、湖北督军王占元、福建督军李厚基、吉林督军孟恩远、直隶督军曹锟、察哈尔都统田中玉、绥远都统蒋雁行等。其余北方和西南各省督军都派代表列席。这些人在京城，被人称为"督军团"。"督军团"云集北京，京城的政治空气骤然紧张起来。

4月25日，军事会议开幕，段祺瑞亲自主持。他先是说明召集此次会议的目的，是要讨论军制和外交问题。督军团公推李纯代表大家发言。关于外交问题，本来督军们多为反战派，但由于会前段祺瑞已经将"参战真经"向他们交了底，所以，大家都不再反对参战。段祺瑞已命人准备好了一张签名单，上面写道"赞成总理外交政策"八个字，请各省督军和代表签名。与会者觉得这样挺省事，不用讨论，也不用写材料，只需签个字就行了。于是，大家一个个走到前台，当着段总理的面，在"赞成总理外交政策"八个字后面依次签名。随后，大家围绕着军制等问题聊了几句闲话，会议就结束了。

军事会议结束了，但参加会议的军官们却没有打道回府，段祺瑞还有用得着他们的地方。因为要实施对德宣战，从法律上讲，必须通过三道"关卡"：一是国务会议讨论通过；二是总统盖印；三是提交国会审议批准。段祺瑞深知，这三道关卡哪个也不容易过，必须借助督军团的力量才行。

5月1日，段祺瑞主持国务会议讨论对德宣战问题。会议刚开始不久，忽然闯进来二十几个督军和督军代表要求参加会议。这是中华民国成立以来从未有过的事情。那天外交总长伍廷芳因为已提出辞呈，因而没有参会；教育总长范源濂正请假，也没有出席；交通总长许世英因贿赂案被免职，失去了参会资格；李经羲尚未就职，也不能参会；孙洪伊免职后，新的内务总长尚未补充。实际参加会议的，除了国务总理兼陆军总长段祺瑞，就只有海军总长程璧光、农商总长谷钟秀和司法总长张耀曾三人，他们谁也没有经历过这样的事，不知该怎么办，都看着段祺瑞，等他拿主意。段祺瑞倒是很淡定，他看了眼三位在座的国务员，见他们不说话，便朝着刚进门的军官们点了下头。于是，督军团成员瞬间变成国务会议代表。由于他们发言踊跃，气势完全盖住在场的国务员，也让国务会议变成了军事会议。几天前在总统府遭到黎元洪抢白的倪嗣冲这次带头发言，他主张无条件对德宣战，而且要快。山东督军张怀芝接着说："地方上老百姓都是要打德国的，如果不尊重民意，就会闹出风潮来，咱们地方官负不起这个责任。"吉林督军孟恩远、福建督军李厚基随声附和，大家七嘴八舌，会场气氛热烈。段祺瑞对大家的发言频频点头，三位国务员根本没机会发表意见，对德宣战问题就这样定了下来。

段祺瑞借助督军团的力量，强行推动国务会议讨论通过对德宣战案后，接下来要做的，就是送总统府盖印，然后提交国会审议批准。鉴于当时府院双方的尖锐冲突，段祺瑞知道，黎元洪这次可能不会轻易盖印。因此，在将文件正式送交总统府之前，段祺瑞又一次动用他手中的法宝——督军团。

5月4日，一大批督军将领组团来到总统府。又是倪嗣冲首先开口，说："只有对德宣战，中国才能立足于国际舞台。"黎元洪知道这些人是受了段祺瑞的指使来威胁他，这让他满腔怒火实在没有方法按捺下来，当面痛斥各督军不应擅离职守跑到北京来开会，不应以军人身份闯入国务会议场所干预国政。他气愤地说："宣战媾和是本大总统的特权，不许你们侵犯！你们责在守土！以上一切，都是目无法纪的行为！"

倪嗣冲几天前已经被黎元洪训斥过一次了，对于挨训好像有了点抵抗力。他辩解说："各国公使都希望我们参战。"黎元洪一听火气更大了，怒吼道："你是省长，凭什么资格和外交团说话！"言下之意是说，你的职责在安徽境内，不应当干涉政府外交事务。倪又辩解说，我这次到北京来是奉召参加军事会议的，不能算是擅离职守。黎元洪怒斥说："你是省长，凭什么资格参加军事会议！"当时各省官员职责是：督军管军务，省长管民政，倪嗣冲身为安徽省省长，却来京参加军事会议确实不妥。当时的安徽督军是张勋，张勋还有另一个职务，叫作长江巡阅使，段祺瑞曾想邀请张勋进京参会，但张勋对于北京政局另有打算，不愿进京给段祺瑞当配角，这就使得段祺瑞只能邀请倪嗣冲进京开会。但不管怎么说，倪嗣冲身为民政长官来京参加军事会议，确实显得名不正、言不顺。

这是北洋系高官第一次受到总统的厉声呵斥。在袁世凯执政时，惯于用好言好语和高官厚爵安抚部下，这也让这帮封疆大吏养成了骄气傲气。而黎元洪素有"黎菩萨"之称，因为他生于清同治三年（1864）10月19日，民间传说这一天是观音菩萨的生日。加上他长得慈眉善目，待人和气，就被人称为"黎菩萨"。但没想到这位"黎菩萨"大总统，今天却当着众人的面发了这样大的火，让这班封疆大吏一时找不着北，不知该怎么办。

不管怎么说，黎元洪毕竟是国家元首，督军们受了气还不敢当面顶撞，只得诺诺连声退出。

当天晚上，黎元洪在总统府召集幕僚开了个小型秘密会议，讨论怎样对付专横跋扈的国务总理段祺瑞。军事幕僚们都说，今天总统的脾气发得真好，可使这些军界老粗们不敢再来欺负总统。黎元洪也觉得自己的脾气不能老闷在肚子里，发出来是有好处的。

与此同时，在府学胡同段宅也在举行一个小圈子的秘密会议。段祺瑞觉得局势很严重，对德宣战案，总统和国会两关都不容易打通。他认为，黎元洪让督军们难堪就是让他本人难堪，言下不胜愤慨。此时傅良佐站起来大声说道："没有大不了的事！总统不盖印，就驱逐总统！国会不通过，就解散国会!"国务院秘书长张国淦认为这不是办法,一切问题应当在轨道上进行。段祺瑞考虑了一下,接口说:"对,我们应当按轨道办事!"

5月6日,段祺瑞偕同所有在京阁员来到总统府,请黎元洪在已拟就了的关于对德宣战案的咨交国会呈文上盖印。黎元洪说:"这个问题关系不小,我们应当多加考虑。"段祺瑞在内阁中的心腹、教育总长范源濂猛地站起来,当面指斥黎元洪"优柔误国"。他抑制不住激动的情绪,在说完了这话后,竟然暴跳如雷地冲出门外。关门时因为用力过猛,竟把门上的玻璃震碎了。范源濂走后,屋子里安静了好一会儿。段祺瑞默不作声,黎元洪也不说一句话。段祺瑞悻悻地不辞而别,黎元洪想起自己曾有过不干涉内阁外交事务的承诺,便让工作人员在咨文上盖印,交张国淦带回国务院。

此事过后,黎元洪马上把司法总长张耀曾请到总统府单独谈话。张耀曾,云南大理人,生于清光绪十一年(1885),比黎元洪小近20岁。他是老同盟会员,武昌起义后,以西南代表资格当选为临时参议会议员。中华民国成立后,当选国会议员、众议院法制委员长。袁世凯死后,任司法总长,是内阁中与黎元洪关系较融洽的阁员。黎元洪问张耀曾:"国会不通过参战案,他们能不能解散国会?"这是黎元洪最为关心的问题,也是他心目中此番与段祺瑞搏斗胜负之关键。因为,按照经冯国璋调停他与段祺瑞达成的妥协方案,外交权归国务院,对于国务会议通过之外交决定,总统不得干涉。但是他明白,国会中反对参战的呼声很高,由国会叫停段祺瑞的对德宣战案,是他心中的最大期盼。他所担心的就是段祺瑞会依仗各省督军的支持而解散国会。张耀曾对黎元洪讲:"即使解散国会,也应召集新国会,通过宣战案后,才能公布执行。但是约法并无解散国会的规定。违反约法就等于谋叛。"黎元洪听了这话,感到很振奋。他神情旺盛地说:"对,谋叛就是造反!"

5月7日,国务院将对德宣战案提交国会。

为了这一天,段祺瑞做了不少功课。5月2日,他在迎宾馆邀请参、众两院议员举行茶会,茶叙间段祺瑞希望国会能够顺利通过对德宣战案。参议院议长王家襄表示，此案提到国会来，两院议员一定本良心上的主张，履行代表国民的神圣职责。段祺瑞请众议院议长汤化龙发表意见，汤化龙用手指搔着头皮，不知怎样回答才好。段祺瑞也不好太过勉强，请大家用过茶点便散会。

此番与国会议员的过招让段祺瑞有点心凉，他意识到要想推动国会顺利通过对德宣战案，不是件容易的事。根据当时人们的普遍看法，国会中反对参战的人不少，参战案提交国会通过尚无把握。为了保证议案能够在国会顺利通过，段祺瑞决定将议案暂缓提交国会，请各省督军于4日在迎宾馆举行宴会，招待并疏通各位议员。

5月4日，以湖北督军王占元、山东督军张怀芝、吉林督军孟恩远、福建督军李厚基、直隶督军曹锟、河南督军赵倜、山西督军阎锡山和安徽省省长倪嗣冲及各省督军代表的名义联合邀请参、众两院全体议员在迎宾馆举行招待会，到会议员400余人。当时在京两院议员总共不到500人。这次督军团在迎宾馆招待国会议员，到场了400余人，可见绝大多数议员都来了。

在国会即将讨论审议对德宣战案的背景下，各省督军和军事代表大规模宴请国会议员，目的何在呢？通过这个手段，他们能达成目的吗？

第九集
蹊跷的"公民团"

那一年的 5 月 4 日，进京参加军事会议的各省督军和军事代表在迎宾馆宴请参、众两院议员，有 400 多名议员应邀赴宴。

议员到齐后，督军团公推善于辞令的福建督军李厚基致辞。李厚基说："我本人当初就是一个反对对德宣战的。譬如，一个医生在没有了解病人的病情以前，做不出正确的诊断来。我们到北京后，经过'望、闻、问、切'，就知道中国对德宣战的必要，而且不应当先提条件然后决定参战。譬如，我们有朋友和仇人打架，我们先向朋友索取一笔报酬才肯助以一臂之力，这个道理是讲不通的。"

李厚基致辞后，众议院议长汤化龙代表两院议员致答词。答词说："李督军的话，可供同人参考。军人与国会接头，这还是民国成立以来的第一次。这是一种可喜的现象。现在军人也居然认识国会，并且重视国会了。当然，国会对军人的意见也应予以重视。关于外交方针，全国应当一致，不能像一条头向东尾向西的蛇一样，蛇尾没有眼睛，是会把蛇身导向火坑的。此案未经讨论，我不能代表同人发表意见，但是我可以代表同人感谢各位督军认识国会和重视国会的盛意。"

督军们招待议员，目的无非是让议员们投票赞成对德宣战案，汤化龙的这番话，根本不提投票的事，显然不是督军们希望听到的。

5月8日，段祺瑞在国务院邀请国会各党派主要人员108人举行谈话会，解释对德问题的几个疑点，无非是说参战好处极多，不参战害处极多。当天晚上，国会中各党派纷纷开会讨论对外交问题所应采取的态度。结果，多数党派不能形成明确而坚定的立场，没有一个党派能够拿出全体一致的意见。

在督军与议员相互较劲的当口，北京街头的形势也越发紧张。5月8日、9日两天，北京城忽然出现了从未有过的"五族公民""陆海军人代表"等光怪陆离的队伍。他们手持白布小旗，在象坊桥国会附近一带频繁活动，预示着北京政坛的雷电风雨。

10日下午，众议院举行全院委员会审查对德宣战案。前两天已经频频现身的"公民团"，顷刻从四面八方聚集而来，估计人数当在2000人以上。他们看见议员走过，就投以各种颜色的"请愿书"和带有"警告"字样的传单，如果有哪位议员拒不接受他们的"请愿书"或传单，就会被拉下车来拳打脚踢。那天受到殴打的有邹鲁、吕复、田桐、陈策等十余人。"公民团"还推举张尧卿、刘世均等人为代表，议员中有人认识他们，张尧卿是知名度很高的青帮大佬，刘世均是段祺瑞的学生及下属，时任陆军部咨议，其他"公民代表"也带有较为明显的段氏背景。这些代表闯进众议院楼上议长室会见汤化龙，要求允许他们旁听会议讨论，汤化龙以不合议场规则为由加以拒绝。他们听后公然威胁说，国会当天必须通过政府提交的对德宣战案，否则，"公民团"将对国会和议员采取激烈手段，请大家慎重考虑。

国会本是京城的重点警卫区域，众议院门外周边布满了武装警察，进入国会的东西南北四个门都有持枪警员把守，按说国会周边的秩序和议员的人身安全是有保障的。但那天的情况是，国会周边的警察与"公民团"互不侵犯，警员对于频频发生在眼前的议员遭打视而不见。在国会大楼，议员只能进不能出，但"公民代表"却可以自由出入。有人看见国务院参议陈绍唐乘坐汽车往来协调各处"公民团"行动，还有人看见段祺瑞的亲信靳云鹏、段芝贵也曾到场指挥。至于那些摇旗呐喊的"公民"，有的是身着便装的军人与警察，有的则是乞丐、杠夫和其他无业游民。

眼前发生的一切对于议员们来说并不陌生。因为在民国二年（1913）10月6日国会投票选举总统时就曾出现过。当时只有一个候选人，就是袁世凯，按说袁世凯当选本无悬念，但袁世凯不放心，生怕煮熟的鸭子再飞了。于是，在总统选举日当天，几千名由便衣军警、侦探、兵痞和流氓组成的所谓"公民团"，把国会包围得水泄不通，议员们只许进不许出。"公民团"还耀武扬威地大喊大叫，说："今天不选出我们中意的大总统，你们就休想出院！"结果，两院议员从上午八点进场投票，经过三轮投票，袁世凯才如愿当选总统，几百个议员午饭、晚饭都没吃，直到晚上十时才得以恢复自由。

眼前的景象与当年何其相似！只是今天的议员不复当年，他们见识过袁世凯的把戏后，对于段祺瑞的这类照猫画虎的恶作剧就更加厌恶与难以容忍。再说，段祺瑞的权势与手段也远不及袁世凯。

下午二时半，国会正式开会。与会议员无论来自何党何派都义愤填膺，一致表示不解决眼前的突发事件，就不能讨论对德宣战案。议员张伯烈提议请内阁总理、内务总长、司法总长三人到会，质问北京秩序是否还能维持。这个提议获得全场一致通过，议长然后分途打电话请段祺瑞等人出席，并宣告停会以等待段祺瑞等人。

议员们一直等到下午五点，教育总长范源濂来了，他是以代理内务总长的身份到会的。因为内务总长孙洪伊免职后，新总长一直没补上，内务部事务暂由范源濂代管。范总长一进大楼就被情绪激愤的议员们包围起来。范源濂意识到段祺瑞这次玩得过火了，连忙说自己是抱病而来，并说对"公民"请愿事前毫无所闻，还承诺会令警察驱散请愿"公民"，在"公民"未解散前他愿留在国会不走。随后，范源濂到议长室给段祺瑞打电话，催促段祺瑞赶紧到国会并责成军警解散包围国会的"公民团"。段祺瑞回答说："已经命令吴炳湘解散公民，俟公民解散后当即到院。"段祺瑞电话里提到的吴炳湘，时任京师警察厅总监，解散"公民团"这样的事应当归他管。其实所谓"公民团"，其中为数不少的一部分就是吴炳湘的部下，只是未穿警服而已。此时，国会外面叫骂声和拍掌声闹成一片，国会工友出外购买食物回来，被"公民团"围拢来抢夺一空。护卫国会的警察见状就把各扇大门都关起来，说是怕"公民团"冲进来对议员有所不利。但是议员们并不真害怕，有人还轻松地说，民国二年（1913）10月选举总统时，我们已领教过，现在是第二次，我们有了经验，就不怕什么了。

傍晚六时左右，警察总监吴炳湘来了，但"公民团"仍然包围着国会，吴总监并没有下令解散他们，只是派警官招请来"公民"代表数人，婉劝他们先行撤退，有话从长计议。"公民代表"要求面见汤议长或范总长，汤议长不肯见，范总长在警卫长室与他们见面。他们提出三项意见：一、要求国会当天通过对德宣战案；二、国会如不通过，要求政府解散国会；三、政府如不解散国会，公民将自动捣毁国会。显然，"公民代表"的三条意见，就是要压国会通过对德宣战案，并为武力解散国会制造舆论。

晚上七时半左右，门外"公民团"的喧哗声忽然静了下来，原来是段祺瑞的汽车到了。刚才还乱作一团的请愿"公民"，瞬间变得守秩序了。他们分列两侧，向段祺瑞摇旗欢呼。段祺瑞满脸挂着笑容，对"公民"们的表现感到满意。

国会因总理到场而得以继续开会。段祺瑞出席会议并发言说："人民到国会来进行和平请愿，不应当以武力强迫解散。如果这样做了，就会引起军民冲突和不幸流血事故。因此，我们只能采取和平劝导的方法。"段祺瑞发言后，议长宣布暂时休息，请总理于一小时之内解散门外"公民"，说完就引导段祺瑞、范源濂及随同段祺瑞到国会的陆军次长傅良佐等人，到楼内的国务员休息室休息，议员们则到议员休息室休息。

段祺瑞等人呆坐在国务员休息室里，谁也不说话，倒是议员们在休息室里谈笑风生，大家都说找到段总理为质，我们就更没有什么可怕的了。事实确实如此，当时的情况是，"公民"把议员包围在院内，议员又把总理包围在休息室内。还有几个被外面的"公民"打伤的议员攘臂而起，愤愤地说："公民打得我们议员，我们议员为什么打不得总理！"边说边要冲进国务员休息室去打段总理，经大家竭力劝阻而作罢。

到了晚间九时，外面的"公民"开始向国会院内投掷砖瓦，意在恫吓议员。不料一块飞石击中了前来国会采访新闻的日本联合通讯社记者。段祺瑞觉得再这样下去，有可能引起外交事件，只得命令吴炳湘打电话招来一队骑兵驱散了"公民团"。

国会于九时半继续开会。范源濂保证加强国会警卫等级，命令北京城内各区警察加意保护议员住宅安全，并保证以后不致发生同样事故，希望议员勿因今日意外之举而介介于怀。说完这些话，段祺瑞与范源濂等偕同退席。

早先张国淦曾对外放风说，对德宣战问题段总理主张"按照轨道办事"。段祺瑞确实说过这样的话。但从"公民团"闹剧来看，段祺瑞的所谓"按照轨道办事"，并不是按照法律轨道办事，而是要按照袁世凯的既有轨道办事。当年袁世凯靠"公民团"做打手当上了正式大总统，今天段祺瑞也要有样学样，利用"公民团"来强迫国会通过对德宣战案。看来北洋派的戏法，演来演去不外乎这点套路。但戏法总是容易被戳穿的，当年袁世凯的戏法被人戳穿了，段祺瑞的水平又在袁世凯之下。两天后，北京《醒华报》刊载了一个叫王合新的"公民"来函，函内讲："鄙人来京谋事未遂，前日由同乡合肥人陆军部秘书谭君毅甫介绍加入公民请愿团，当时言定自十二点钟起，随大家包围议院，每点钟给大洋五角，散时立付。并云，将名册造成具报总理以后，可派一差使。鄙人如时而往，站到八点半始去，并被军警击一枪托。当晚往寻谭先生领取公费大洋四元二角五分，乃谭吝而不予。今早又往索取，谭先生避不见面，由一少年出见，大言恐吓。并云，此事闹糟，总理不肯认账，恐怕要办凶手，嘱令闭门不出，不许再提此事。鄙人忿极，为此特请登出，俾知谭之欺人手段。"

王合新来函中所言，陆军部秘书谭君毅甫说"公民团"把事情闹糟了，确实反映了多数人对此事的看法，也反映了段祺瑞等人的实际感受。"公民团"事件发生后，全国舆论大哗。伍廷芳、程璧光、张耀曾、谷钟秀四位内阁成员建议内阁总辞职以明责任，段祺瑞不肯接受，这四人便以个人名义提出辞呈。当年的内阁共有九名总长，段祺瑞自兼陆军总长，实有八名总长。教育总长范源濂因病请假，"公民团"闹事时他是抱病救场。另有三人因各种原因被免职，如今又有四人辞职，到 5 月 12 日国务会议举行例会时，只有段祺瑞一人出席。此时段祺瑞对于自己玩弄那套"按照轨道办事"的小把戏肯定后悔不已。本来是想给国会议员施加压力，结果把压力弄到自己头上了。国务院秘书长张国淦觉得这一个人的国务会议实在不像个样子，劝段祺瑞暂时引退。段祺瑞却说："我不自动辞职，总统其奈我何！"根据段祺瑞的见解，如果总统下令免他的职，他本人拒绝副署，这道命令就不能发生效力。但张国淦援引了内务总长孙洪伊被免职的前例，那道命令也未经孙洪伊副署，事实上已经发生了效力。据此张国淦认为总统要免内阁总理的职，可以用同样的手续办理。段祺瑞觉得张国淦所言有理，便叫他赶快给自己备一份辞呈。当晚，刚回国不久的徐树铮忽然跑到张国淦家里大肆咆哮，说张国淦受了总统府的指使，压迫总理辞职，"将来北洋派瓦解，唯你是问！"随后，国务院秘书涂凤书拿着张国淦写好的辞呈到府学胡同交段祺瑞审核，被徐树铮抢到手里当面撕碎。通过这个细节也可看出，徐树铮作风之强悍。此事段祺瑞知晓后不但不怪罪徐树铮，反而更加信任他。此后，段祺瑞再也不提辞职的事。

段祺瑞每天照常到国务院办公，在"一人内阁"里安闲自若。他还向人表示，参战案在国会通过后，即着手组织国防内阁。他还一连用三道咨文催促众议院从速通过对德宣战案。

经过"公民团"冲击后的国会议员，对段祺瑞反感至极。他们的态度已由此前的各执己见而逐渐趋于意见一致，大多主张先解决内阁问题，后讨论外交问题。

黎元洪正以一种幸灾乐祸的心态关注着国务院的事态进展。他对段祺瑞仍每天照常到国务院办公感到惊奇，并不无得意地对幕僚们说："且看他的独角戏唱到几时。"前面讲到有四名阁员提出辞职，这些辞呈都须总统签署同意，国会批准方能生效。对这四份辞呈，黎元洪签署了三份，只有伍廷芳的辞呈被他"留中不发"，就是不签字，放一放再说。有人问他，为什么压下了伍总长的辞呈，他说是"为了外交的关系"。但了解他内心真实想法的人认为，这里根本不存在什么外交关系。伍廷芳在南京临时政府时期曾出任司法总长，在民国政坛颇有资望。黎元洪正在物色段祺瑞之后的国务总理，已经有了个李经羲，还尚未入阁，把伍廷芳的辞呈压在手里，必要时没准可以派上用场。当然，李经羲、伍廷芳都属备用人选。黎元洪还派亲信哈汉章到南京，想联合冯国璋作为倒段的同盟军。冯国璋也认为段祺瑞打了"督军团"和"公民团"两把臭牌，把自己搞成了孤家寡人，不适合再当总理，表示王士珍组阁最为适宜。16日，黎元洪请王士珍入府商讨组阁问题。但王士珍坚决拒绝组阁，这就使得内阁问题仍然僵持不下。

我们再说进京开会的督军团。5月12日，这批督军在倪嗣冲的京城宅院举行紧急会议，倪嗣冲建议要全力阻止总理辞职以免北洋派解体，在内外问题未解决之前，大家仍留在北京，继续对国会议员施加压力。13日，各督军或以同乡关系，或以地方长官的身份，分别设宴招待所能联系上的国会议员，请他们维持段内阁并通过对德宣战案。15日，各省督军全体联名在外交大楼招待全体国会议员，仍推善于辞令的李厚基致辞。李督军首先声明"公民团"事件乃是一种无意识的举动，希望各位议员以国家为重，不要因此牵动感情。李厚基在致辞时频频向各位议员叩首，以表达其"为民请命"之热忱。但议员席上却反应平平。那天到场了210多名议员，数量远不及十几天前的迎宾馆宴会，而且人员到场后没说没笑，场面冷冷清清。

5月19日众议院开会，再议对德宣战问题。经历了"公民团"事件后，众议院气氛大变。议员褚辅成动议："对德宣战一案原是以总统的名义咨交国会的，何以三次催请表决的咨文都用国务院的名义？国务院发出公文，应由国务会议决定，但是现在仅有总理一人而并未举行国务会议，因此本席认为此项来文不合手续。在内阁未改组前，本案应不予讨论。"这个动议以多数人的同意获得通过。段祺瑞试图压迫国会强行通过对德宣战案的种种努力，至此以失败告终。

国会与段祺瑞已势不两立，黎元洪与段祺瑞两人也进入短兵相接的对决中。

就在众议院决定推迟讨论外交案的同一天，督军团又在倪嗣冲宅邸举行紧急会议，会议决定对国会再施以压力迫使其通过对德宣战案；否则，便联名呈请总统解散国会。会后，督军团让手下的秀才用开快车的办法，写出一篇呈文，呈请黎大总统咨交国会改正宪法草案。呈文指斥国会宪法二读会中所通过的宪法草案条文，严重违反宪政精神，质疑国会议员的代表资格。恳请黎大总统毅然独断，严令国会改正错误，"如其不能改正，即将参、众两院，即日解散，另行组织。"

值得注意的是，这份呈文不讲对德宣战，而是讲宪法草案，甚至提出"将参、众两院，即日解散，另行组织"的要求。为什么会有这样的变化？黎元洪接到这样的呈文后，会做何种反应呢？

第十集
段祺瑞弄巧成拙遭免职

进京参加军事会议的各省督军和军事代表联名给黎元洪写了一道呈文，指斥国会二读通过的宪法草案，甚至提出"将参、众两院，即日解散，另行组织"。

据说这个写给黎元洪的呈文，是督军们听了京城某些熟悉法律条文的政客建议而形成的。这些人建议说，督军们原本以对德宣战案为由头要求总统解散国会是不妥当的，因为国会并未否决参战案，只是推迟了讨论时间，而推迟讨论是受了"公民团"的威胁，加上内阁残破不全，这些理由都是站得住脚的。此外，军人公开干涉外交并以此为借口来破坏国会，终究不是一件体面的事。因此，不如说国会宪法二读会中所通过的宪法草案条文，严重违反宪政精神，呈请总统解散国会。督军们采纳了政客的建议，这便有了上面的呈文。

督军们公推最为年长的吉林督军孟恩远领衔，各省督军和军事代表共计22人列名。大家签名后，倪嗣冲将呈文送到国务院，请国务院转呈总统。徐树铮看了呈文，在上面盖了枚将军府的大印，另外拟就了一道解散国会的命令，一并送往总统府。

徐树铮在各省督军及军事代表的呈文上加盖将军府大印，颇为耐人寻味。段祺瑞时任国务总理，属内阁首脑。但国务院的大印在秘书长张国淦手里，再说未经国务会议讨论加盖国务院大印也会被人挑毛病。自中华民国三年起，袁世凯曾颁令在北京设立将军府，段祺瑞被授予"建威上将军"称号。徐树铮在呈文上加盖将军府大印，意在表明段祺瑞与各省督军站在一起，与黎元洪及国会决战到底。

呈文递上去的当天，总统府就传来消息说，总统已经看了呈文。总统认为，各省督军以个人资格，以国民之一分子的资格，在宪法草案上提出某些意见，原无不可，但是联名提出来，并且要求解散国会，这就不是在轨道以内而是在轨道以外的一种行动了。总统为国家的最高行政首长，没有干涉国会制宪和解散国会的权力。他愿意以个人资格邀请国会议员谈话，代达各督军关于宪法草案的意见，以供议员参考，对这个呈文不拟批答。这个答复显然不是段祺瑞及督军团希望得到的。

5月20日，黎元洪果然邀请国会中各政团领袖到总统府举行谈话会。黎元洪提出各省督军所指责的关于宪法草案中的几处"错误"，希望国会自动加以改正。各政团领袖虽然觉得各省督军对制宪问题说三道四有些荒唐，但本着息事宁人的态度纷纷表示，他们对于督军所提"错误"并无成见，可以转达本团体议员重新加以考虑。这种表态显然是意在敷衍，也不是段祺瑞及督军团希望得到的。

当谈话会结束的时候，有人问黎元洪，如果督军团一定要解散国会，总统用什么方法对付他们。有人这样问，就表明他们一定是听到或者是感受到了什么。对此，黎元洪的回答是："我抱定了九个字的主意：不违法，不盖印，不怕死！"看来，对于将要到来的斗争的残酷性，黎元洪并非毫无思想准备。

21日，黎元洪召唤在督军团呈文上的领衔签名者、吉林督军孟恩远入总统府谈话。黎元洪明确告诉他，解散国会在约法上是没有根据的。当前的问题在内阁而不在国会，芝泉已经无法单独干下去。因此，解决时局的枢纽，唯有总理辞职，另外组织一个健全的内阁。现拟在徐世昌、王士珍、李经羲、赵尔巽四人中选择一人继任国务总理。黎元洪所说的"芝泉"是指段祺瑞，这个我们以前多次讲到过。至于黎元洪所说的四位国务总理继位人选，徐世昌、王士珍、李经羲我们前面都介绍过了，赵尔巽我们前面也提到过，他是袁世凯命名的"嵩山四友"之一。他于清代同治年间中进士，清末官拜奉天将军、东三省总督，属于朝廷的一品大员。这人有学问，我们平时讲历史有所谓"二十五史"之说，"二十五史"中的最后一史叫《清史稿》，就是赵尔巽主持编修的。在黎元洪准备用来代替段祺瑞的四人中，他最为年长。他生于清道光二十四年（1844），比徐世昌年长 11 岁，当时已年过七十，要算是"古稀之人"了。他名气很大，袁世凯在位时把他列为"嵩山四友"之一，无非是借用他的名气。如今黎元洪要让他出任国务总理，组织责任内阁，实在是有点"病急乱投医"。

孟恩远听了黎元洪的一番"宏论"，自然是心有不服，又不好当面顶撞，而且他也不晓得该怎样应答，便说了句"愿将总统的意见转达各督军"，即由总统府退出。

孟恩远离开总统府后直接去了曹锟的住宅，各位督军及军事代表都在那里等着他呢。孟恩远将刚刚在总统府与黎元洪所谈内容，特别是黎元洪关于当前问题的枢纽是总理辞职的说法，原原本本地向各位督军和军事代表讲了。大家又进行了一番紧急讨论，所得结论是：仍然主张维持段内阁。其实这样的结论无须讨论就能知晓，段祺瑞把他们从外地请到北京来，就是要利用他们向总统和国会施压的，这就决定了他们无论怎样讨论，结论是已经有的了。

督军团会议结束后，孟恩远又回到总统府，报告了各督军讨论的结果。对于这样的结果，黎元洪倒也不感到意外。

当天晚上，督军们又在府学胡同段祺瑞宅邸举行会议，进一步统一思想与步调。此前曾有人提议，如果总统拒绝解散国会，大家就一起辞职，让各省、各地乱一乱，给黎元洪和国会施压。但徐树铮不同意这么干，他说，诸位人在北京，万一总统批准了辞呈，任命地方上的其他长官行使督军职权，诸位岂不是自讨苦头？听了徐树铮的话，督军们打消了辞职的念头，决定"大伙儿离开北京"，回到各自驻地不惜与黎元洪及国会拼个鱼死网破。

段祺瑞也知道黎元洪已经打定主意，改派内阁总理的命令即将发布，便开始频繁召集有关方面举行秘密会议，讨论对策。到了这个时候，连最靠拢他的政界人士也劝他做必要的退却，以便积蓄力量，待机反攻。这次段祺瑞接受了别人的建议，决定来个以退为进。他先是派教育总长范源濂到天津，请徐世昌出面来组织新内阁，说段祺瑞本人愿意在新内阁中留任陆军总长。徐世昌何等老谋深算，怎会轻易被哄过。他知道段祺瑞并不是真心想下台，表示自己决不接受组阁使命。21 日，段祺瑞又亲访王士珍，请其权且代理内阁总理，意思是，自己现在遇到了麻烦，请王士珍先出面抵挡些日子，等风头过去了，他还要卷土重来。像这样的差使王士珍如何肯做？段祺瑞的话刚说完，王士珍就站起来一个劲儿地作揖打拱，口中连说："敬谢不敏！"

同一天，段祺瑞还出人意料地到总统府拜见黎元洪，表示迫切希望摆脱一切。他说："我已经找过徐菊老，找过了王聘卿，他们都不肯担任内阁总理。请总统从速为我找到替身，以便交卸。"黎元洪回答说，他一时还没有找到适当的人选。这就等于同意了段祺瑞的辞呈，只等找到合适的继任者就可办理交接了。段祺瑞见黎元洪已铁了心要免自己的职，从总统府出来，即命陆军部向路局接洽专车，宣称于当晚九时离开北京。

专车已经备好，段祺瑞还有些举棋不定，对于辞职他心有不甘；对于辞职后的政坛局面也不能说有十足把握，如果能够拖一拖，不辞职，当然是最稳妥的了。

眼下让段祺瑞陷入困境的最大难题是内阁成了空壳，自己成了光杆总理，连国务会议都开不成，无事可筹，无公可办，国务院成了摆设。要想留任不辞职，当务之急是重新任命各部总长，补齐阁员，把国务院的架子重新搭起来。为此，有人建议这次要用清一色的北洋系补充已辞职和已去职的阁员，以便与国会和总统作战到底。段祺瑞没有接受这个建议，因为他知道，那样的一份内阁名单黎元洪肯定不给盖印，国会也不会批准，而眼下最重要的是补齐阁员，其他的问题以后再说。基于这种考虑，他亲自拟就了一张补充阁员新名单，名单里没有一个段祺瑞的亲信，打头的三名是黎元洪所喜爱的湖北籍官员，其余的也是黎元洪有相当好感的人。很显然，段祺瑞意识到自己所处的困境，想通过对内阁成员任命上的让步，来维持自己的内阁总理宝座。

那天，段祺瑞没有动身去天津。第二天，他命国务院秘书长张国淦拿着他亲笔拟好的补充内阁成员名单征求黎元洪同意并请其盖印。头一天段祺瑞在黎元洪面前亲口讲要辞去总理，今天又来补充新阁员，想要继续留任。黎元洪对段祺瑞的厚颜与恋位很看不上眼，他接过张国淦递上的名单连看也未看就冷峭地说道："名单上都是一些安徽人吧！"可是，当他打开名单一看，见上面没有安徽人，倒是有不少湖北人，脸色就不像刚才那样冷峭了。

张国淦放下名单退出总统府，黎元洪立刻召集幕僚讨论段祺瑞拟就的名单。幕僚们都很乐观，说这是老段外强中干的一个实证。也有人说，这是段祺瑞的缓兵之计，我们切不可中他的计。幕僚们还对黎元洪讲，伍秩老已经答应代理内阁总理，王士珍答应在老段下台后尽力帮总统的忙，督军团已经离开北京，现在是罢免老段的最好时机，此时再不下手，更待何时！

幕僚们所说的伍秩老，是指伍廷芳，号秩庸，时年75周岁，人们尊称其为伍秩老。伍廷芳原为段祺瑞内阁中的外交总长，因不满段祺瑞指使"公民团"围攻国会，愤而辞职。与他同时辞职的还有海军总长程璧光、司法总长张耀曾和农商总长谷钟秀，黎元洪当即签发了三份辞呈，只是留下了伍廷芳的一份。如今这一着真管用了，伍廷芳答应帮他出来收拾局面，这事让黎元洪听了颇感振奋。再加上督军团已经离京，罢免段祺瑞的时机已经成熟。

黎元洪终于下定了决心。

5月23日，张国淦再到总统府，想取回昨天送来盖印的补充内阁成员名单。黎元洪告诉他，阁员不用补充了，本大总统已决定免去段祺瑞的国务总理职。张国淦吃惊不小，当下劝他再加考虑。话刚出口，站在黎元洪身边的金永炎突然拔出手枪，对着张国淦的胸膛晃了一晃，面目狰狞地说："不许开口！一开口我就一枪打死你！"

金永炎，湖北黄陂人，黎元洪的同乡，中华民国二年任鄂军都督府参谋长，成为黎元洪的幕僚与谋士，与哈汉章、蒋作宾、黎澍一道被称为黎元洪的"四大金刚"，又被段祺瑞一派称为总统府"四凶"。从那天的表现来看，其人的确很凶。

张国淦是黎元洪的湖北同乡，而且与黎元洪关系较为融洽，所以听到黎元洪要免去段祺瑞职务后，才会好言相劝。黎元洪此时虽然听不进张国淦的劝说，但知其为好意，便挥手叫金永炎退下去，同时向张国淦表示歉意，并派卫士护送张离开总统府。

送走了张国淦，黎元洪把印铸局局长吴笈孙叫来，交给他一份已签署的总统令，内容是免去段祺瑞的国务总理职。吴笈孙看了眼命令表示不肯接受。他说总统命令从来都是由国务院交到印铸局来的，没有由总统直接交下来的前例，请总统依例行事。说完，一鞠躬便退了下去。

黎元洪在吴笈孙那里碰了个软钉子，感到有点意外。难道发布总统令还要经国务院批准？法律没有这方面的规定，可不经过国务院，印铸局不给印发，总统令还是贯彻不下去。好在关键时刻伍廷芳自告奋勇，答应拿着总统的命令去国务院办理交涉。于是，这一天，伍廷芳出人意料地到了国务院总理办公室，将三道总统命令发交印铸局发表。第一道命令是免去国务总理段祺瑞职，特派外交总长伍廷芳暂代国务总理；第二道命令是派陆军部次长张士钰暂代陆军总长；第三道命令是派王士珍为京津一带警备总司令，江朝宗、陈光远为副总司令。据知情人士讲，原本还拟好了惩戒倪嗣冲和告诫督军团的两道命令，最后关头被黎元洪临时撤回，没有发表。

与三道总统命令发表的同时，黎元洪还通电各省报告处理内阁问题经过。电报说："段总理任事以来，劳苦功高，深资倚畀……乃日来阁员相继引退，政治莫由进行，该总理独力支持，贤劳可念。当国步阽危之日，未便令久任其难。本大总统特依约法第三十四条，免去该总理本职，由外交总长伍廷芳暂行代理，俾息仔肩，徐图大用。"

黎元洪接连出招，段祺瑞也不能没有应招。这一天，段祺瑞乘专列去往天津，黎元洪派总统府顾问丁槐赠以程仪一万元，并派侍从武官长荫昌代表送行。段祺瑞临行前发表通电说："查共和各国内阁制，非经在任内阁总理副署，不能发生命令效力。以上各件，未经祺瑞副署，将来地方及国家因此生何影响，祺瑞一概不能负责。"段祺瑞坚持认为，在实施责任内阁制的国家，未经国务总理副署，总统无权对外发布命令，因此，黎元洪关于免去他本兼各职的三道总统命令均无法律效力。在电报末尾，他还特意署名为"国务总理段祺瑞"，表示不接受黎元洪的免职令，他现在仍然是"国务总理"。

黎元洪认为，他有权免去已经不能履行职务的国务总理；段祺瑞坚持，免我的职必须经我同意，否则无效。两人都声称自己是在依法办事，那么当年的法律究竟是怎么规定的呢？一起来了解下。

《中华民国临时约法》第三十四条规定："临时大总统任免文武职员，但任命国务员及外交大使公使须得参议院之同意。"据此我们可以理解为，总统有权免除文武职员，但任命国务员须得国会同意。黎元洪就是依此发布命令免去了国务总理段祺瑞职，可谓于法有依。

但段祺瑞拒绝承认总统命令的有效性也并非于法无依。民国元年（1912）6月公布的《国务院组织法》规定：国务院由国务总理及各部总长组成，他们均为国务员，国务总理为国务员首领，保持行政之统一。临时大总统公布法律，发布教令及其他关于国务之文书，均须由国务总理副署。这就是说，总统发布的所有命令，必须经国务总理副署，才能产生法律效力。黎元洪免去段祺瑞本兼各职的三道命令，没有经过国务总理副署，因而不具备法律效力。

这就产生了两部法律"打架"的问题，按照"民元约法"规定，总统有权免除国务总理职务；按照《国务院组织法》的规定，总统的免职令未经国务总理副署，无法律效力。在此关头，被任命为暂代国务总理的伍廷芳发表通电，力挺黎元洪。伍廷芳是英国伦敦大学法学博士，又是中华民国首任司法总长，对法律问题无疑很有权威。他根据临时约法第三十四条，解释总统有任免文武官吏之全权，并且举出中华民国元年之先例，说中华民国元年，临时大总统袁世凯免除国务总理唐绍仪职，由陆征祥代理，同年又免除国务总理熊希龄职，由赵秉钧代理，两道免职令都未经国务总理副署，也没有人说命令非法，国会随后也批准了新的国务总理人选。伍廷芳的意思很明确，就是先例俱在，既然中华民国元年袁世凯的做法行得通，如今黎元洪的做法也无可厚非。这实在是有点"以子之矛，攻子之盾"的算计，可谓用北洋之矛，攻北洋之盾。

这种法理问题的唇枪舌剑是段祺瑞最不擅长，或者说，是他最不喜爱的斗争方式。他是行伍出身，战场靠武力，政坛拼实力。他离京前所发表的不承认总统免职令的通电，其实就是向各省督军下达了命令，这也是他在督军团离京前就已经部署好了的。果然，刚刚离京不久的督军们接到段祺瑞的通电后，立即群起攻击黎元洪免除段总理职务为非法，宣布在段祺瑞恢复行使国务总理职务前，他们所辖省份，脱离北京政府而独立。

黎元洪与段祺瑞的府院冲突至此已经完全公开化，黎元洪解除了段祺瑞的职务，而段祺瑞则坚持认为黎元洪解职命令为非法。段祺瑞自信手中掌握着北洋军实权，凭借这些完全可以随意摆布黎元洪。黎元洪则认为自己的行动得到了国会支持，有了国会，就不怕段祺瑞和北洋军人造反。双方都信心满满，都想凭此一役一决胜负。既然他们都已经做好了决战的准备，可以预见，双方总会分出个胜负来的。

第十一集
张勋趁乱搞复辟

民国六年（1917）5月23日，黎元洪发布免除段祺瑞国务总理职及其他兼职的总统令，段祺瑞拒绝接受黎元洪的免职令，继续以"国务总理"的名义对外发表文电，黎元洪与段祺瑞的"府院冲突"至此完全公开，双方关系彻底破裂。黎元洪自认背后有国会支持，段祺瑞则依仗背后的北洋系将领，双方都要竭尽全力，不惜拼个鱼死网破。

在这场生死较量中，双方都在拼命争取一些未表明态度的中间实力派的支持，双方的争夺渐渐聚焦于一人，此人就是安徽督军兼长江巡阅使张勋。

张勋在当年可谓出尽了风头的大人物。

张勋，生于清咸丰四年（1854），江西奉新人，光绪十年（1884）加入清军，十多年后归属袁世凯统领，任新建陆军工程营管带，后步步升迁，宣统元年（1909）升任江南提督，官秩从一品。武昌起义后，被清政府任命为江苏巡抚兼署两江总督、南洋大臣。中华民国成立后，张勋所部改称武卫前军，他本人被袁世凯授为定武上将军，任安徽督军，兼任长江巡阅使，驻兵徐州。

长江巡阅使是个颇为耐人寻味的职务，这个职务初设于民国元年（1912），首任长江巡阅使是谭人凤。谭人凤在同盟会中颇有资望，曾任同盟会中部总会总务部长，中华民国成立后，袁世凯授予谭人凤长江巡阅使这么个职务，实际是有名无实。首先，长江巡阅使是跨省行使职权，举凡长江沿线各省均有权去"巡阅"。其次，"巡阅"并不包含管辖权，这一点与明清时期的"巡抚"和袁世凯执政后期的"巡按使"不一样，巡抚与巡按使在自己的辖区内，既有巡视权，又有管辖权；而巡阅使则只有巡视权，没有管辖权，所以谭人凤做长江巡阅使属有职无权。民国二年（1913），国民党发动"二次革命"，谭人凤遭袁世凯通缉，长江巡阅使的职务自然也就免了。为了拉拢张勋，袁世凯便将长江巡阅使的头衔给了他，让张勋在安徽督军本职之外，兼任长江巡阅使。

与谭人凤不一样，张勋将长江巡阅使当成正职来做，还把自己的安徽督军署改称"巡阅使署"。他把这个职务看得很重，因为如果没有长江巡阅使这个兼职的话，张勋身为安徽督军，应当驻军安徽省城，当年的省城在安庆，张勋不愿在安庆驻军，他相中了徐州，可徐州地属江苏，归江苏督军冯国璋管辖。由于有了长江巡阅使这个兼职，他就可以理直气壮地将大本营设在徐州。徐州当年是津浦铁路中段的咽喉车站，又是正在动工修建的陇海铁路与津浦铁路的交会处，战略位置十分重要。当时，袁世凯最不放心的封疆大吏是手握重兵的冯国璋，冯国璋驻南京，徐州正是南京北上京津的必经要冲，让张勋驻兵徐州，就等于给冯国璋可能的北上设了个路障。所以，长江巡阅使更像是袁世凯为张勋量身定制的头衔。

张勋驻兵徐州，直接威胁到了冯国璋。冯国璋身为江苏督军，对张勋驻兵江苏境内却只能干瞪眼，敢怒不敢言。民国五年（1916）袁世凯死了，冯国璋首先发难，要求北京政府勒令张勋离开徐州，将安徽督军署迁往安庆。段祺瑞也觉得张勋身为安徽督军，却常驻江苏省境内有违法理，便善言劝张勋早日迁徙。但张勋怎肯离开徐州这块风水宝地？他以自己身兼长江巡阅使为由，说只要是在长江沿线省份，他都可以驻扎。其实，安庆就在长江沿岸，如果真要"巡阅"长江，安庆最为合适，张勋不肯离开徐州，还是看中了津浦铁路的交通大动脉。顺便说一下,当年的安徽省省长倪嗣冲也不住安庆,而是住在蚌埠,原因也是看中了蚌埠沿津浦铁路。这就苦了安徽省的各级官吏,督军、省长一个在邻省的徐州,一个在本省小镇蚌埠,在省城只有两位长官的"办事处"。地方官员有事向长官请示,需要通过办事处电报联络,如果有重要公文需要长官签署,那就更要命,鞍马劳顿不说,时间也不知要等多久。

我们接着讲张勋的事。冯国璋告状,段祺瑞支持,但张勋不肯走,冯国璋和段祺瑞也都没办法。张勋就是这样一个人,软硬不吃,谁都不怕。当年他确实是个很另类的人。自中华民国成立之后,全国城乡各界纷纷剪掉辫子以示与清廷决裂,但张勋仍一意维护大清,不仅自己留着辫子,也不准部下官兵剪辫子。这在当年是很另类的事情,他的部队因此被人称为"辫子军",他本人被人称为"辫帅"。

袁世凯在世时,张勋尽管留着辫子,但不敢公开主张大清复辟。袁世凯死后,张勋在6月9日召集奉天(今辽宁)、吉林、黑龙江、直隶(今河北)、河南、山西、安徽七个省的督军代表到徐州开会,由张勋的参谋长万绳栻宣布了所谓"会议要纲"十条,以"固结团体"相号召,实际上是想组织北洋军阀的各省军事攻守同盟,用以挟制北京政府,对抗西南护国军。派代表参加会议的各省督军正因袁世凯之死而感到前路茫茫,对北洋派的解体和西南护国军的声势感到忧虑,听了万绳栻代表张勋提出的十条"要纲",觉得各省督军可以联合起来抱团取暖,便接受了张勋的计划。此后,张勋又召集了第二次徐州会议和第三次徐州会议,参加会议的督军代表也由起初的八个省扩充为十三个省。在第二次徐州会议上,张勋被推举为十三省区"大盟主"。在会议通过的章程中明确规定:"本团体推张上将军为领袖,遇有重要事体发生,应行主持争执,来不及往返电商者,径由张上将军代为列名,但事后应将原电事由电告。"这就等于授予张勋一种特权,可以代其他督军列名发表通电。有了这项特权,张勋便以北洋军首领和各路督军"大盟主"

的身份，假借十三省督军的名义，对北京政府的内政外交说三道四、指手画脚，对各方面的反对势力谩骂恐吓乃至武力威胁。

前文讲过，段祺瑞将各省督军请到北京，给黎元洪和国会施加压力，其实就是用了张勋的套路，即利用督军手握兵权的特殊身份，向政治对手施加压力，段祺瑞所请的督军与张勋的徐州会议大致吻合，只是稍有扩大。督军团在北京胡作非为的时候，十三省大盟主张勋却躲在徐州冷眼相看。段祺瑞原本曾热情邀请张勋进京参加军事会议，徐树铮代表段祺瑞许诺，如果张勋来京，就推举他为"领袖"，但张勋看不起段祺瑞这种只喝了几天洋墨水就带兵打仗的年轻书生，也不赞成段祺瑞搞什么对德绝交、对德宣战，更不肯屈身进京给段祺瑞捧场。袁世凯临终前的"顾命大臣"之一张镇芳，对张勋推动大清复辟寄予厚望，他给张勋提出一项具体方案，建议张勋静观事态，利用黎元洪的窘境，诱其下令让张勋率武卫军入京"为之保护"。张勋依计而行，稳坐徐州，密切注视政局发展，同时加紧大清复辟的准备工作。

张勋虽然没有进京，却不断通过电报"指导"着督军团在北京的胡作非为。比如，当督军团发出电报报告他们威胁总统解散国会时，张勋随即回电说："议会不良，百政阻滞，改组更张，其何容缓。"在这封回电中，张勋除了表达了对督军团大闹国会行动的坚定支持，还催促他们加速推进，刻不容缓。此时张勋的作用都是在背后，从表面上看，他好像是个局外人。

张勋的老谋深算首先在黎元洪那边获得了正面反馈。由于张勋不赞成对德绝交、对外宣战，让黎元洪窥测出了张勋的"可资利用"。因此，当督军团把北京城闹得天翻地覆的时候，黎元洪派出张勋的同乡、江西籍国会议员郭同秘密到徐州。郭同与张勋见面后，张勋很豪迈地表示拥护总统。张勋说："咱们总统是一个老实人。如果总统用得着我，我一定替他老人家出力。"

张勋的这一表态，是促成黎元洪决心免除段祺瑞职务的一个重要因素。而且黎元洪对张勋还有一种错误的看法，以为张勋是一个不善于使用政治阴谋，不会玩弄两面手腕的爽直汉子，却不承想到这个"老粗"正是以爽直的伪装隐藏了狡狯的本质。

在黎元洪与段祺瑞的府院冲突已接近公开爆发的背景下，5月21日，张勋在他的巡阅使署召集第四次徐州会议。那天，进京参加军事会议的各省督军及代表正好离京，不少人便由北京挂专车直放徐州。这些人参加完北京的会就来参加徐州的会，中间一天不耽误，可见张勋对北京局势了如指掌。

督军团到徐州的第二天，在北京的黎元洪发表了免除段祺瑞本兼各职的总统令。消息传到徐州，督军们暴跳如雷，倪嗣冲首先跳起脚来痛骂黎元洪，主张推倒这个北洋派公敌。倪嗣冲、张怀芝还提出三路出兵北京，驱逐黎元洪下台。当然，这些来徐州开会的督军及代表们没有几个是真心拥护段祺瑞的，他们所关心的是北洋团体的利益，认为总统今天可以免除段总理的职，明天就可以选择另外一个人开刀，有黎元洪在位一天，北洋派的天下就难以安稳。此时的督军团除造反外别无主意，张勋乘机提出了自己的主张，他说："你们的主张我是无法办到的，师出必须有名。要维护北洋，必须另求更妥当的法子，这个法子就是将大政奉还给今上。"这是张勋一贯的主张，大家都是知道的。这样的主张在前几次徐州会议上，张勋也曾讲过，他讲后大家都不说话，他也觉得时机不成熟，不知从何处入手，所以复辟的话说过也就过去了，并没有付诸实施。现在不同了，段祺瑞已经被解职，责任内阁已经陷于瘫痪，北洋集团面临着解体的危机。听了张勋的话，倪嗣冲、张怀芝马上表示"誓从公后"，其他人也随声附和。张勋说："既然大家无异议，那就再好不过了。不过这件事可不是说说而已，同意了就要做到底，必须坚定不渝。"说罢让人取出一段黄绫，要督军及督军代表在上面签字。

还在徐州会议之前，张勋和他的手下亲信已经造了大量清室复辟的舆论，当时北京城里府院冲突正闹得不可开交，外间关于清室复辟的传言也一波高过一波。不过在多数人看来，这些只是谣传，不会当真的。因为人们对于袁世凯称帝的经历还记忆犹新，以袁世凯的权势与地位，一旦走上了弃共和而行帝制的路，还不是很快就弄得众叛亲离，一败涂地。既然有袁世凯这个反面教材摆在那里，谁还敢再干这种冒天下之大不韪的蠢事。

但张勋偏偏就是敢于冒天下之大不韪的人。

对于复辟帝制，张勋可谓痴迷得很。尽管中华民国已成立多年，他本人还做了民国将领，但他对大清的"仁德"却念念不忘。民国四年（1915），袁世凯搞帝制，他竭力赞成，但对于袁世凯帝制自为而不是还政大清却心存不满。后来袁世凯的帝制搞不下去了，他站在旁观者位置也认真总结过经验。他曾对身边的幕僚们讲："项城之所以失败，只是由于北冯南陆一个不肯支持帝制，一个公开反对帝制，而北冯南陆之所以不肯与项城合作，只是为了个人的利害关系。"

我们稍微解释下张勋这段话。张勋所说的"项城"是指袁世凯，他是河南项城人，时人称其为袁项城。张勋所说的"北冯南陆"是指两个人，一个是直隶河间人冯国璋，张勋称其为"北冯"；一个是广西南宁人陆荣廷，张勋称其为"南陆"。张勋的意思是说，袁世凯帝制自为之所以会失败，是因为冯国璋和陆荣廷两人一个不肯支持，一个公开反对。如果袁世凯能够得到冯国璋与陆荣廷的支持，帝制是可以搞成功的。这句话也可以换个说法，如今张勋要复辟帝制，关键是要获得北冯南陆的支持。为此，张勋确实动了很多心思，而且动手早，工作细致，并且自认为成功了。

张勋不通文墨，但喜欢附庸风雅、结交文人，和他常相往来的有不少文人墨客。其中，有个叫潘博的人是康有为的弟子，曾做过张勋的机要秘书。此人有些文采，但喜招摇，好显摆，说话办事不是很稳妥。这样的人本不适合做机要秘书，加上受人排挤，在机要秘书的位置上做不下去了。张勋喜其文才，又知道冯国璋也是个喜欢附庸风雅的人，便将潘博介绍给了冯国璋。冯国璋与潘博谈话之后，很高兴，留在身边，养为门客。潘博又经常在冯国璋面前称赞一个叫胡嗣瑗的文人，胡嗣瑗也是张勋"朋友圈"里的人，冯国璋听信潘博推荐，聘胡嗣瑗为江苏督军署秘书长。如此一来，张勋便在冯国璋身边安插了两条"眼线"。

民国五年（1916），陆荣廷的儿子陆裕勋被袁世凯毒死，冯国璋派潘博到南宁吊丧。潘博在陆荣廷面前说，冯国璋有一个意见："与其推戴项城称帝，毋宁拥立清帝复辟。"其实冯国璋根本没说过这样的话，潘博完全是无中生有、凭空想象。潘博"转述"了冯国璋的上述意见后，又就此侃侃而谈，说什么北方既有华帅、绍帅主张复辟，如果干帅也在南方响应，何愁大事不成！潘博所说的"华帅"，指冯国璋，冯国璋字华甫；"绍帅"指张勋，张勋字绍轩；"干帅"指陆荣廷，陆荣廷字干卿。潘博的意思是说，冯国璋、张勋都主张复辟，如果陆荣廷也在南方响应，大事必能成功。陆荣廷是个城府很深的人，对于此等大事怎肯轻易表态，只是静静地听着，并没有发表意见。陆荣廷的沉默在潘博看来就是默认了。因此，潘博从南宁回来后，专程赴徐州拜访张辫帅，说陆荣廷是极端赞成复辟帝制的。张辫帅听了兴奋不已。

袁世凯死后，民国六年（1917）3月，黎元洪和段祺瑞共邀陆荣廷进京。陆荣廷途中专门绕道走津浦铁路，在南京会见了副总统冯国璋。在蚌埠，会见了安徽省省长倪嗣冲。倪嗣冲又陪他到徐州，会见了张勋。陆荣廷到徐州时，张勋亲自到车站迎接。陆荣廷和张勋是老相识，晚清时两人曾同在广西提督苏元春部下供职，如今故人重逢，感慨万千。张勋很动感情地说："咱们弟兄俩多年不见面，当年的老同事只剩下咱们俩，而咱们俩也都是老头子了。"当年人们习惯讲"虚岁"，那年张勋虚岁六十四，陆荣廷虚岁五十九，在时人眼里，确实都是"老头子"了。陆荣廷听了张勋的话，也动了感情。两人手拉着手来到长江巡阅使署，刚走进大花厅，张勋就行起了跪拜大礼。这在清代的时候，叫"同寅大礼"，就是同在一处做官的人久别重逢时互行大礼。问题是眼下已经是中华民国了，很少还有人行这样的封建大礼。好在陆荣廷早知这位老朋友坚守旧礼，所以看到张勋的举动，并不太感意外，也随着跪下来，行礼如仪。

当晚，张勋举办盛大宴会为陆荣廷接风洗尘。席间，张勋有意吐露了一些"民国不如清朝、共和制度不如君主政体"的口风，以窥探陆荣廷对复辟问题的态度。诚如我们在前面所讲，陆荣廷是个城府很深的人，席间只是含笑倾听张勋的话，对于复辟的事却不置可否。张勋早先听过潘博的介绍，先入为主，认为宴会上人多，陆荣廷不便公开表示赞成，只能以不反对来表现其赞成的态度。

陆荣廷与张勋话别后，很快到了北京，从北京传来的消息让张勋更感兴奋。那么，是什么消息呢？

第十二集
张勋复辟设圈套

陆荣廷接受黎元洪与段祺瑞的邀请，北上进京，曾绕道徐州会见了张勋。

此时黎元洪、段祺瑞正因对德宣战的事闹得不可开交，两人对陆荣廷都表现出超乎寻常的热情。二人一致同意，任命陆荣廷为两广巡阅使，节制广东、广西两省军务与民政，还根据陆荣廷的提名，重新任命了广东督军和广西督军。这是继长江巡阅使之后，北京政府任命的又一个巡阅使。此前北京政府虽曾任命过"南洋巡阅使"和"粤闽巡阅使"，但时间都不长，很快就裁撤了，所以，陆荣廷也可以说是继张勋之后的第二个巡阅使。而且，张勋的长江巡阅使并不能节制长江沿线各省，陆荣廷的两广巡阅使却实打实地有权节制广东与广西，职权类似于清朝的"两广总督"。不过陆荣廷升迁，张勋也是获益者，因为既然陆荣廷的"巡阅使"相当于总督，张勋的巡阅使也应当是同等级别。特别是，陆荣廷在京期间，曾往清宫谒见溥仪，外间便传说陆荣廷要"献女为妃"，就是将自己的女儿献给溥仪做妃子。这本来只是一种传言，但张勋听说了却信以为真，由此更加坚信陆荣廷是赞成清帝复辟的。

张勋最不放心的要算冯国璋，因为他驻军徐州的问题，两人关系曾搞得很僵，所以，他才觉得有必要在冯国璋身边安插眼线。不久，从眼线那边传来了好消息。

前面讲过，段祺瑞把各省督军和军事代表召集到北京开会，督军团把京城闹得乌烟瘴气。冯国璋感到事态严重，便派潘博到徐州探听张勋对时局的态度。潘博在故主面前再次信口开河地说："河间是个胸无主宰的人。但他善于观望风色，善于为自身打算。如果大帅和北洋派一致主张复辟，他不会一个人反对复辟。"潘博所说的"河间"，是指冯国璋，他是直隶河间人。为了论证自己的判断有所根据，他还说，冯国璋在辛亥年攻下汉阳，受封男爵，就曾竭力主张反抗革命军，维持清室。这种说法很幼稚，连小儿科都够不上。当时是大清江山，冯国璋身为清军前方统帅，说几句反抗革命军、维持大清江山的话，实在是再普通不过了。但就是这样的鬼话，张勋居然也肯相信，真是鬼迷心窍了。当然，辫帅也不会只满足于听潘博的分析，他想从正面得到可靠些的保证。为此，他给冯国璋写了封信，说北京政局很乱，为了抵制西南，巩固北洋团体，不能不另筹解决时局的对策。张勋想用这封信来窥探冯国璋对复辟问题的态度。隔了些天，冯国璋有了复信。在复信中，冯国璋极口附和辫帅的意见，并且请辫帅大力主持对策，自己愿意追随其后。张勋得此复信，如饮甘泉，由此坚信冯国璋是不会反对清室复辟的。但张勋有所不知的是，那封所谓冯国璋的复信，是被人做了手脚的。原来，潘博从张勋的幕府中得知辫帅写信给冯国璋的事，就密电冯国璋的督军署秘书长胡嗣瑗。胡嗣瑗的官职是经潘博推荐的，对于潘博的要求自然没有不答应的道理。而且这些文人都希望辫帅能把事情做大，弄成了对自己的仕途有好处。于是便按照潘博的要求，以冯国璋的名义给张勋写了封回函，信函中的内容当然要投辫帅之所好了。这样的信辫帅看了没有不高兴的道理。通过这件事也可以看出冯国璋那边文电管理的混乱，秘书不经请示就用副总统或督军的名义对外发函、发电，此类事以前就曾发生过。

真正热心于清室复辟的只有张勋和他身边的那么几个人，不要说陆荣廷、冯国璋不会赞成清室复辟，就是那些参加徐州会议的督军及其代表对此也不热心。大家都知道辫帅对大清忠心耿耿，在他面前少不了对清室恭维几句，也附和着说几句他爱听的话。他在徐州会议上几次说起过清室复辟的主张，与会者谁也没有当真，再加上他以盟主自居，说话粗门大嗓，别人也就难以抗辩。张勋鬼迷心窍，别人不好反对，他便认为大家赞成。戴着一副有色眼镜看周边，看谁都觉得赞成复辟。这实在是他的悲哀！

张勋就是揣着这样的心态召集的第四次徐州会议。以前他提清室复辟，只是放口风，造舆论，并不打算真干，因为时机不成熟。如今北京乱成了一锅粥，再不复辟，更待何时？

已经离开北京去天津的段祺瑞也派代表参加了这次徐州会议。段祺瑞最瞧不起的北洋将领有两人，都姓张，一个我们前面讲过，叫张作霖，还有一个就是张勋。在段祺瑞眼里，这两个人根本就不是真正的北洋派。真正的北洋将领都是有文化，受过正规训练，有的还留过洋。而张作霖、张勋之流，根本就是大老粗，是半路混进来的"假北洋"。但正如我们在前面讲过的，段祺瑞瞧不起张作霖，却还要拉拢张作霖。对张勋也是这样，段祺瑞瞧他不起，但又不能不重视张勋的能量。张勋此前每次召集各省督军代表在徐州开会，身为国务总理的段祺瑞也会派代表参加。这一次情况特殊，段祺瑞为了表示对辫帅的重视，特派"小扇子军师"徐树铮参加会议。

前面讲过，张勋也是很瞧不起段祺瑞的，认为段祺瑞虽然喝了点洋墨水，手里却并不直接掌握兵权。但不管怎么说，段祺瑞毕竟是北洋派的一路领袖，这笔账张勋还是要认的。所以，他也很想知道段祺瑞对清室复辟问题的态度。对于辫帅的这点心思，徐树铮心里明镜一般，他对张勋说，芝老只求达到驱黎目的，一切手段在所不计。在张勋听来，徐树铮所说的"一切手段"，应当是包含了大清复辟的。徐树铮是段祺瑞手下第一红人，既然徐树铮说了这样的话，张勋认为段祺瑞肯定是不会反对复辟的。

徐州会议随后讨论了实行复辟的策略问题。其实所谓"讨论"，就是张勋一个人讲,大家坐着听,也有时是由秘书长万绳栻代表张勋讲,大家坐着听。历次徐州会议都是如此,此番也不例外。经过这样的"讨论",会议决定先由参加会议及有关各省的督军宣布与北京政府脱离关系,要挟黎元洪解散国会,辫帅张勋暂时不参加,并且要伪装成"调人",从旁做好做歹地引诱黎元洪接受督军团要求,使黎元洪的声誉受到严重打击,然后加以驱逐,迎接溥仪复位。

在张勋看来,所有的障碍都已经排除,清室复辟已是箭在弦上。

1917 年 5 月 24 日,张勋根据第四次徐州会议所决定的策略致电黎元洪,电报说:"各省督军及各省代表二十余人昨晚偕同到徐,以宪法问题就商。……咸以民国适用责任内阁制,凡任免官吏,向由国务院发出,非由国务总理副署,不能发生效力。秘书厅职司机要,对于此事,本无责任可言,今忽逾越职权,擅发通电,宣布命令,殊属创举,当然不能认为有效。共和国家首重法治,如果任意出入,人民将何适从?中央现既首先破坏法律,则各省惟有自由行动等语。事关法律问题,理由极为充分。如无持平办法,必将激生他变。谨飞电直陈,敬候钧裁。"

这封电报虽然也带有某些威胁,但大体看来,是以所谓"第三者"的口吻,以关怀黎大总统的口吻说出来的。从这个口吻中看得出来,张勋有意出面担任黎元洪与督军团之间的"调人"。

黎元洪自知势单力薄,他从来没有想过要与北洋派作对,他与段祺瑞的府院之争,说到底是不甘心做一个傀儡总统,不甘心做段祺瑞的盖印机器。他用总统令的形式免除段祺瑞的国务总理职务,也是不得已之举。而且,在此之前,他曾不止一次地请北洋派元老徐世昌顶替段祺瑞出面组阁,但徐世昌"杜门谢客",坚决不肯应命。黎元洪又请北洋派的另一块"金字招牌"王士珍组阁,并曾亲自到王宅苦口劝驾,但王士珍不为所动,说自己不能"卖友求荣"。只是看在黎元洪苦苦哀求的份儿上,王士珍多少有了点不忍之心,便建议黎元洪请李经羲出面组阁,承诺自己可以出任李内阁的陆军总长。到了这个份儿上，黎元洪实在是也没有别的办法了，再说李经羲也是他早已选中的"备胎"。于是，5月25日，黎元洪向国会提出以李经羲为国务总理的同意案。在随后发表的一份通电中，黎元洪首先为自己辩解，说明约法上并没有必须由总理、特别是前任总理副署才能任免文武官员的规定，并举了袁世凯时代唐绍仪、陆征祥等人免职时均由后任总理副署的例子，证明伍廷芳以外交总长代理总理副署免段令并不违法。为了使各省督军不至于因免段而误认自己是北洋派的对头，黎元洪还特别诉说了自己提出以李经羲为国务总理的无奈。他说："芝泉解职，初议请东海出山，未获允诺。遂坚请聘卿担任，专使络绎，继以亲往，再三敦劝。聘卿既推荐仲轩，自愿居陆军总长之职，时期急迫，不得不曲徇其请。"在这段话中，芝泉指段祺瑞，东海指徐世昌，聘卿指王士珍，仲轩指李经羲。把几人的字换成名之后，整段话的意思就是：段祺瑞解职后，自己最初是想请徐世昌出山，徐世昌不肯；又坚请王士珍组阁，王士珍也不肯；但王士珍推荐李经羲，答应可在李经羲内阁中出任陆军总长。时事急迫，万不得已。

黎元洪提议李经羲为国务总理的同意案5月26日送达国会，27日众议院讨论表决。这天是星期天，本是休息日，但议员们为了帮助总统渡过难关，破例开会并高票通过了总统提出的同意案。第二天，参议院同样以高票通过该案。当天，黎元洪便发表了任命李经羲为国务总理的命令。而王士珍也兑现承诺，致电北洋派各省督军，劝他们给北京发报，电贺李经羲内阁。在王士珍的劝说下，陆续有几个省的督军向李经羲内阁致贺。副总统冯国璋虽然没给李经羲内阁致电，但给黎大总统发了电报，表示同意李经羲组织内阁。在许多人看来，只等李经羲的内阁成员名单公布，各部总长走马上任，一场由免除段祺瑞国务总理职务所引起的政坛危机，似乎就要过去了。

然而，树欲静而风不止。就在黎元洪发表任命李经羲为国务总理的总统令的第二天，蚌埠方面突然传出安徽省省长倪嗣冲宣布独立的通电，随后，河南、浙江、山东、山西、福建、陕西、奉天等省份纷纷响应安徽省省长通电，宣布脱离北京政府而独立。这些宣布独立的都是手握重兵的大军阀，宣布独立后，他们就成了各自地盘上为所欲为的土皇帝，或驱逐不合己意的文武官员，或截留应上缴中央的税款，或扩充自己的人马，或扣押境内的火车。而且在做这些事的时候，还公开宣扬要运兵北上，直趋都门，为国民请命。这些都是在第四次徐州会议上决定了的事，督军们是在照着辫帅的剧本一丝不苟地表演。

督军们的独立，让黎元洪始料未及。面对摩拳擦掌的北洋督军，黎元洪无力抗衡，只好寄希望于对其尚有同情的王士珍和未与督军们一同行动的冯国璋出面主持公道。这两个人也确实帮助黎元洪说话了。在倪嗣冲宣布独立的当天，王士珍就致电张作霖、倪嗣冲和张怀芝，对他们善加劝慰。30日，王士珍又领衔发表调停通电。6月1日，冯国璋也通电调停时局。但王士珍也罢，冯国璋也罢，都无法约束这些手握重兵的督军，这就决定他们的通电只能是一种规劝，不仅口气平缓，没有谴责这些造反督军，而且把他们的行动说成是出自爱国至诚，说他们造反的理由都是正论，只是方式不当。如果督军们取消独立，就会大有商量的余地，等等。督军们都铁了心要让黎元洪做不成总统，王士珍、冯国璋的规劝自然不会有什么效果。

当时李经羲正在天津，黎元洪任命他出任国务总理的命令发表后，他原本想马上进京赴任，北方各省督军的行动把他给吓住了，他开始躲在天津的租界里不露面。黎元洪心里着急，派总统府秘书长夏寿康、军事顾问金永炎到天津专程迎接，要他们无论如何也要把国务总理李经羲接到北京。站在黎元洪的角度讲，李经羲已经走完了出面组阁的所有法律手续，只要他往国务总理的办公室一坐，再任命几名总长，那些闹独立的督军们就翻不了天。但问题是，到了这个时候，起先还眉开眼笑想当总理的李经羲，却一会儿说要去北戴河避暑，一会儿又说愿意让位于王士珍，反正是不肯进京赴任。

我们再说段祺瑞。段祺瑞离开北京到了天津，住在租界里，每天照样门庭若市，各色人物纷纷奔走其门。段祺瑞看到黎元洪在北京方寸已乱，有意在天津组织临时政府，推举徐世昌为陆海军大元帅，一俟独立各省会师北京逐走黎元洪，即召集临时国会推举徐世昌为临时大总统。各部总长的名单已经排好，段祺瑞已通电北方各省征求了意见，只等各省回电一到，就可登场挂牌。徐世昌的积极性也调动起来了，别看黎元洪几番请不动他，段祺瑞一个表态他就兴奋起来了。他写好了就任大元帅的电文，打算交段祺瑞审阅，只因张国淦等人主张静观一下，免得将来被动，他听后觉得有理，才没有即时交出去。

这时徐树铮从徐州开完会回到天津，向段祺瑞报告了徐州会议的决定，段祺瑞这才意识到张勋这次当真要搞复辟了。经过与幕僚们进一步商讨，段祺瑞决定暂停组织临时政府，也先不表态反对复辟。用徐树铮的话说："张勋是复辟脑袋，先让他去做，我们机会就来了。"意思是说，让张勋放心大胆地推动清室复辟，如果张勋真能得手，段祺瑞便可举起拥护共和的旗帜，起兵讨伐张勋，以"再造共和"的身份重新入主北京。

此时最受罪的人要数黎元洪了。督军们声称他们宣布独立是一种"兵谏"，并提出"兵谏"的四个条件：第一，解散国会；第二，改正宪法；第三，组织健全内阁；第四，摒斥公府佥壬。前三个条件都容易理解，第四条的摒斥公府佥壬，不仅包括总统府的一批军事幕僚，还有与黎元洪接近的政客和国会议员。他们编造出所谓"三策士""四凶""五鬼""十三暴徒"，把平时与黎元洪经常走动，给黎元洪出谋划策的人都称为"公府佥壬"，要求对他们一概"摒斥"。按照张勋的计划，督军们的"兵谏"不过是用以欺骗黎元洪的口号，如果黎元洪上钩屈服了，他们就可以借口总统威信已失，起而将其驱逐。这是早在第四次徐州会议上已经谋划好了的。

黎元洪此时的处境真可谓内外交困。内部自免除段祺瑞职务后，新任命的国务总理不肯就任，内阁处于瘫痪状态。在尖锐对立的府院冲突中，一些国会议员也程度不同地卷入其中，段祺瑞离京后，80多名原本支持段祺瑞的国会议员提出辞职，原本反对段祺瑞的议员，因担心督军拥兵入京，纷纷避难去了南方或者躲在北京的六国饭店里，国会不待解散已呈瓦解之势。对外则是各省督军威胁，北京城外围着不少宣布与中央政府脱离关系的军队，他们舞枪弄棒，摆出一副随时准备攻打京城的架势。在内忧外患的压力下，黎元洪的态度逐步软化。对于督军们提出的四项条件，他想采取避重就轻的方法，接受其中的一二条。他在审时度势之后认为，改正宪法和摒斥金壬两条可以商量，组织健全内阁这条他想做也做不到，至于解散国会，在他看来简直是大逆不道，没有商量余地。他身边的幕僚们也看出了他的心思，哈汉章、金永炎、黎澍等心腹幕僚相继辞职，黎元洪一概予以批准。连不在"金壬"之列的总统府秘书长夏寿康、副秘书长饶汉祥也通电自请处分。

那么，对于黎元洪的这些让步，各省督军及其背后的张勋能答应吗？

第十三集
黎元洪引狼入室

对于各省督军提出的四项要求，黎元洪拟采用避重就轻的方式，选择一二条无关紧要的接受下来。但黎元洪的这种示弱丝毫无助于挽救危局，反而更助长了督军们的气焰，认为"兵谏"是打击总统的有效方法。

被黎元洪寄予最大希望的还是李经羲，黎元洪更番不休地催促李经羲速到北京组织内阁。李经羲不肯往火坑里跳，却极力劝说黎元洪电召张勋进京调停时局。李经羲认为，张勋是各省督军大盟主，其力足以控制督军；张勋未向北京政府宣布独立，具有居间调停的良好条件。李经羲还说，张勋如肯进京调停，就能够加强责任内阁的地位，并能支援总统，澄清时局。他甚至明确表示，非有张勋北来调解，他决不就职，而且还必须与张"偕同到京"。李经羲的这番话，让黎元洪大为动心。也正在这时，张勋致电黎元洪，表示拥护总统，愿意居间调停。正处在焦头烂额、走投无路中的黎元洪，同日接到李经羲和张勋的两份电报，仿佛看到了走出困境的希望。

1917 年 6 月 1 日，黎元洪发布总统令，召唤张勋进京调停时局。同一天，还派专车前往徐州迎接辫帅北上。在召唤张勋进京调停的总统令中，黎元洪说："安徽督军张勋来电历陈时局，情词恳挚。本大总统德薄能鲜，诚信未孚，致为国家御侮之官，竟有藩镇联兵之祸，事与心左，慨歉交深。张勋功高望重，公诚爱国，盼即迅速来京，共商国是，必能匡济时艰，挽回大局。"可谓情真意切，寄予厚望。

张勋终于等来了黎元洪的邀请。经过短暂准备，6月7日，张勋带领辫子军步、马、炮兵共十营4300余人及随员148人由徐州动身。临行前，他通电独立各省："挈队入都，共规长策。盼坚持原旨，一致进行。各省出发军队，均望暂屯原处，勿再进扎。勋抵京后，当即驰电筹备。"意思就是告诉各省督军，他率军进京了，各省军队暂时原地驻扎，听候他的命令。

黎元洪觉得有点不对劲，因为张勋是奉令进京调停的，干吗还要带那么多荷枪实弹的军人？他马上致电在天津的徐世昌和李经羲，请二人劝告张勋"减从入京，以免京师人心恐慌"。徐、李二人接到电报都未答复。其实到了这个时候，不要说徐世昌、李经羲，换了谁都不可能阻挡张勋率领军队北上了。

张勋的辫子军是乘火车沿津浦铁路北上的。7日从徐州出发，8日就到了天津。黎元洪派总统府秘书长夏寿康到天津欢迎辫帅。张勋在天津住了下来，看样子并没有立即进京的打算，只是要夏寿康向黎元洪转达如下意见：请总统下令解散国会，自8日起至10日止，限于三天之内实行；否则，不负调停责任。夏寿康听后吓得面如土灰，慌忙将张勋的要求用电报转达黎元洪。黎元洪读了夏寿康的电报惊得目瞪口呆！意识到自己犯了引狼入室的错误，请来的"调人"比各省督军更凶更狠。解散国会本是独立各省所提条件，如果自己能够接受这个条件，就没有请"调人"的必要。而且，各省督军要求解散国会并没有时间限制，北京方面还可从容商议，张勋只给了三天期限，这种"调人"的出现，不是解除了总统困难，而是加深了时局危机。黎元洪立即拨通了张勋在天津住宅的电话，黎元洪说："条件尽有磋商余地，务请早日枉驾来京，藉聆教诲。"张勋回答说："国会解散之前，决不入京。"这就把解散国会当成了他进京调停的前提条件。李经羲则电劝黎元洪对张勋的条件"即日决断"。到了这个时候，黎元洪的肠子估计都要悔青了。

"后悔药"这种东西，世上有人求没人卖，而且"请神容易，送神难"。张勋给黎元洪的不是选择而是"最后通牒"，如果拒绝了这份"最后通牒"，时局会走向何方，黎元洪应当心里有数。面对着咄咄逼人的辫帅和他所率领的辫子军，黎元洪此前一再表示的"宁可牺牲总统，决不解散国会"的决心大受动摇。此时他所企求的只是一个既能满足辫帅要求，又能顾及总统面子的"两全之计"。可是，这个"两全之计"又是个什么模样呢？恐怕他自己也说不清楚。

在接到辫帅的"最后通牒"后，黎元洪下令裁撤了总统府军事幕僚处。8日晚11时，又将国会中各政团留京领袖吴景濂、王正廷等十余人请到总统府会谈，请他们劝告两院议员提出总辞职，政府承诺给每人发两千元，然后由国会自动宣布闭会，以免被迫解散。这个办法说穿了，就是政府出一笔钱，让国会议员自谋出路，国会自动关门，免得让总统下达解散国会的命令，以此来保存总统的所谓"脸面"。到场的议员领袖坚决反对解散国会，他们对黎元洪说："任各省军队围攻议院，或烧或杀，我辈绝无所谓，惟求总统勿下解散令。"黎元洪的劝说没有发挥效力。

随着张勋"最后通牒"时限临近，黎元洪急得团团转。9日，他召集外国顾问和法制局局长商议，想让这些人给自己解散国会找出一个说得过去的法律依据来。但这些人商量来议论去，最后还是说"法理上解散为违法"。又有人提议他可以"陆海军大元帅"的身份让王士珍以"京津警备司令"名义宣布戒严，这样就可以用"戒严期间不得集会"的理由解散国会，但马上有人指出，不仅戒严要由国会同意，而且戒严所禁止的集会与国会开会是风马牛不相及的两回事。这条路也走不通。

从天津传来的消息显示局势越发严峻。张勋对于解散国会一事绝无讨价还价之余地。同时，清室复辟问题在天津也成为半公开的秘密，不少复辟派人物大摇大摆地出入辫帅宅府。黎元洪已经意识到形势的急迫，他急急忙忙派总统府秘书瞿瀛持函到天津，请徐世昌协助张勋进行调停，并提出三项意见：第一，总统府幕僚业已解散；第二，改正宪法力求办到；第三，解散国会应当研究适当的手续。三项意见之后，他还附带了一个声明，说他决不留恋总统职位，万一调停无效，愿意辞职，由副总统依法继任，只求不发生变更国体的非常行为。通过这三项意见和附带声明不难看出，解散国会已经成为次要问题，黎元洪此时关注点已经集中到了国体问题上。只要维护共和，其他悉听尊便。

瞿瀛在天津碰见了张国淦，张国淦曾经担任过总统府秘书长，与瞿瀛很熟悉。张国淦对瞿瀛说，复辟问题已经不是一项计划而是一种行动了。此时只有阻止张勋带兵进京，才能阻止复辟。找徐世昌或李经羲没有用处，因为这两个人对张辫帅都说不出硬话来。能够阻止张勋带兵进京的只有段芝老。请你快回北京面劝总统，即日免去李经羲的国务总理职务，起用芝老为内阁总理，设法催促就职。这是解决时局的唯一办法。张国淦所说的"芝老"，是指段祺瑞。

瞿瀛承认如果利用段祺瑞抵制张勋的话，不失为一个救急的办法，但认为这个办法恐怕行不通，因为仅在半个月前，黎元洪刚刚罢免了段祺瑞，现在忽然起用，这个弯子转得太快，将使总统无地自容。张国淦态度严肃地说："今天的问题，不是争面子、闹意气的问题，而是民国存亡的问题。"这样一说，瞿瀛就无话可说了，只得匆忙告辞，赶回北京，向黎元洪报告。

黎元洪听过汇报后又摇摆不定起来，他找来几个幕僚研究对策，这些幕僚有的已经辞职，但还没走，便坐下来给总统出主意。有人十分气愤地说："张国淦是老段的说客！任何事情好办，只是不能再看老段的一副恶嘴脸！复辟可能是一种谣言，今天哪个公然敢于复辟！即使真有其事，我们宁可断送于张勋之手，不能让姓段的再来欺负总统！"黎元洪本来就是个遇事没主意的人，听了这番话又激动起来，说道："我们抱定宗旨，不要中别人的诡计！"

9日，张勋派辫子军先头部队开进北京，分驻天坛、先农坛两处。按照张勋 8 日发出的"最后通牒",给了黎元洪三天时间解散国会,但没等到三天期满,张勋就派兵进京,显然是在进一步向黎元洪施压。

面对张勋的施压,黎元洪急如星火地致电在天津的总统府秘书长夏寿康,令他去找李经羲,请李经羲劝告张勋切勿轻举妄动。但李经羲连句硬话都不敢对张勋说,反而请夏寿康转告黎元洪:"张绍轩想进行复辟是不可否认,也不必讳言的。但是,据我的观察,他还认为现在不是进行复辟的适当时期。现在他的目的在于解散国会。总统以礼貌接待他,同时接受他的意见。绍轩是一个血性男子,他一定会支持总统的。"李经羲的这番话实在是似是而非。他承认张勋一心想复辟,又说张勋认为当下时机不适当,为什么不适当呢?无非就是有国会,有总统。李经羲又建议黎元洪凡事依着张勋的意见办,这不就是为张勋搞复辟扫清障碍吗?但此时的黎元洪早已方寸大乱,接到李经羲的建议后,居然当真照着办了。他还吩咐属下把总统府的大礼堂粉饰一新,着意布置,准备提供给张勋进京后做行馆。

黎元洪又召集总统府的外国顾问研究解散国会是否违宪的问题。他的想法是,一定要为一件明知违宪的事找出一个不违宪的解释。总统府日籍法律顾问有贺长雄明白他的意思,便顺着他的心思说:"约法虽然没有解散国会的规定,但也没有不能解散国会的规定,这就足够说明解散国会并不违法。"稍微有点法律常识的人都知道,法无授权不可为,是对国家公权的基本规范。总统行使的是国家公权,必须严格依照法律授权行事。但此时的黎元洪早已顾不上区分什么公权、私权,听了有贺长雄的一番鬼话,反而觉得茅塞顿开。既然约法并无明文禁止总统下令解散国会,那他下令解散国会也并不违宪。

接下来又出现了新问题,黎元洪可以签发解散国会的总统令,但按照法律规定,总统命令必须经国务总理副署才能生效。但国务总理段祺瑞已经被免职,国会新批准的国务总理李经羲尚未就任,内阁总理一职由伍廷芳临时代理,黎元洪解散国会的总统令,必须由伍廷芳副署才行。

9 日下午，黎元洪拟就了解散国会的总统令，召代理国务总理伍廷芳入总统府。伍廷芳年老多病，由儿子伍朝枢搀扶着入府坐定。黎元洪请他在总统令上副署同意，并简单说明了原委。伍廷芳闭目沉思，良久不言。其子伍朝枢对黎元洪说："阿父已是七十余岁之人，尚复何求。但副署了这道命令，就会留下千古骂名，太不值得。"伍廷芳点点头说："我是学过法律的人，约法上没有规定总统可以解散国会，因此这道命令就是违法，我是不能参与此事的，宁肯死我也不能副署。"伍廷芳以前答应出来代理总理，是为了帮助黎元洪推翻段祺瑞，如今黎大总统竟然甘于向辫帅屈膝，图谋解散国会，伍廷芳当然不肯盲从。

张勋的最后期限已经届满，解散国会的命令还是没能发表，气得张勋在天津跺脚骂人，也让在北京的黎元洪心神不定。11 日，黎元洪再请伍廷芳来总统府，想哀求他以民国为重，在总统令上副署同意，但伍廷芳称病不来。此时夏寿康已由天津回到北京，他给黎元洪出主意说，可以任命伍廷芳的儿子伍朝枢做外交部次长，换取伍廷芳副署总统令。伍朝枢早年在英国伦敦大学专习法律，获法学学士学位，取得大律师资格。回国后当选第一届国会众议院议员，时任外交部参事。就水平与资历而言，任命其为外交部次长毫无问题，但黎元洪将其作为伍廷芳副署总统令的筹码，伍廷芳认为有侮人格，断然拒绝。

走投无路的黎元洪只得又派夏寿康到天津向张勋解释，说："不是我不肯解散国会，而是没有人肯副署这道命令。"张勋早听说伍廷芳不肯副署总统令，曾于 10 日派人前往恐吓。那人告诉伍廷芳："兵临近畿，且夕即可横决，设以一人之梗议，致大局全隳，责有专归，悔将何及？"但这位年老多病、两耳失聪的伍老博士软硬不吃，对于辫帅的威胁全当耳旁风。

张勋见吓不倒伍廷芳，便又转回来吓唬黎元洪，他对总统专使大发雷霆说："我不管副署的事情！没有人副署也得下命令，不得借词推托！"他显然忘记了仅仅在半个月前，督军团就是借口总统没有经过内阁总理副署直接发布命令是一件违法的事情，因而宣布独立的；而他自己也说过同样的话，认为违法的命令是不能发生效力的。真是利令智昏！

张勋的威胁在黎元洪这里很管用。黎元洪受到威胁，只得又去找王士珍和江朝宗，让两人再去会见伍廷芳，劝伍博士以私人感情为重，为了解除总统的困难，将就一点，副署了这道命令。伍廷芳对黎元洪的低三下四极为鄙视，他回答了一句斩钉截铁的话："职可辞而名不可署，头可断而法不可违！"江朝宗劝解说："即使不为总统，为个人安全，秩老也还是副署的好。"伍廷芳听了并不生气，他心平气和地向江朝宗讲了一番"灵魂学"的理论。他说："我研究灵魂学颇有心得。不副署这道命令，充其量不过是一死而已，但是死并不是一件可怕的事情。凡是没有做过坏事的人，死后的灵魂却比生前的躯壳快乐得多。"

江朝宗对伍廷芳的"灵魂学"毫无兴趣，他急得跪下来向伍廷芳磕头，哀求他副署这道总统令。伍廷芳最看不起这种软骨头的人，闭起眼睛不再说话。至此，由伍廷芳副署解散国会总统令的希望完全破灭。

黎元洪已经被逼到有病乱投医的地步。在天津，总统府秘书长夏寿康手里拿着一道空白"总统令"到处乱窜，想找一个"国务总理"副署签名。夏寿康找到李经羲，李经羲说："我没有就职，不算国务总理。"又找到段祺瑞，段祺瑞爱搭不理地说："我已经下了台，没有副署命令的职权。"在北京，黎元洪请王士珍以京津警备总司令的名义函劝国会自动休会。王士珍说："无此职权，无此先例。"黎元洪说："那么，你就帮我的忙，权且代理国务总理，副署这道命令吧。"王士珍说："如果总统一定要这样办，我就辞职出京，一切事情我都不管。"黎元洪说："不要再谈辞职出京的话了，要走我们大家走！"

12日晚间，天津传来消息说，张勋已经不能再等待，当天晚上如果命令不发表，他就带队回徐州，独立各省军队自由行动，他将采取不过问的态度。事实上，张勋正在因为解散国会的命令迟迟不能发表而陷于进退失据的境地，督军团讥笑他带领大队人马吓不倒一个赤手空拳的总统；如果他回到徐州，就是自动解除了对北京政府之围，下一步该怎么做，张勋心里一点底都没有。

竞技场上心理崩溃的一方一定会最先败下阵来，政坛博弈也是这样。心理早已崩溃的黎元洪 12 日夜间彻夜未眠。他既怕辫帅率军进京，又怕张勋撒手不管回到徐州；既怕辫子军舞枪弄棒，又怕督军团耀武扬威。12 日总统府的紧急会议一直讨论到 13 日凌晨 3 点半，眼看天就要亮了，与会者还是一筹莫展，而天亮之后辫子军就要采取行动了，怎么办呢？

第十四集
张勋进京后的组阁闹剧

　　眼看着张勋规定的最后期限已到，黎元洪要解散国会的总统令却因没有国务总理副署而不能发表。黎元洪急红了眼，总统府为此召开紧急会议，会议从傍晚一直开到次日凌晨，会上说来说去都是一些不着边际的话，对于应当怎么办却没有任何进展。有人建议让内阁各部次长来代总长，即刻造成一个"代理内阁"，由这批代理总长全体副署总统令。马上有人反驳说，这个建议根本行不通，眼下连一个肯副署总统令的人都没有，更不要说什么全体副署了。有人提出是否可请总统自行退位，黎元洪拂然而起说道："我如果其他一切不管，只想博得一个守法的虚名，忍心让民众受亡国之苦的话，我早就辞职了，何必等到今天！"于是，大家又默不作声。直到大家感觉到万分疲惫的时候，才看见一个人站起来貌似"大义凛然"地说了一句："好，我就来替总统解围，副署这道命令吧！"

　　说话的人是江朝宗，职务是步军统领，执掌京城警备。步军统领不是国务员，怎能以国务总理的名义副署总统令呢？这在平时肯定是件难以想象的事，但在那个特殊时刻，只要有人肯出面副署同意，所有问题都不难解决。黎元洪听了江朝宗的话，宛如绝处逢生。他马上命令秘书拟了免去伍廷芳代理总理之职和由江朝宗代理国务总理的两道命令，然后派人持命令找到伍廷芳家，将正在沉睡中的伍廷芳唤醒，请其在总统令上副署同意，再由江朝宗副署解散国会的总统令。三道命令都送到印铸局，派人专候，13日上午9时正式发出，但日期填的都是12日。

这实在是件荒诞不经的事。我们先说免去伍廷芳代理总理之职的总统令，由于伍廷芳不恋其位，肯于副署，虽然没有国会批准，也还马马虎虎说得过去。接下来，任命江朝宗代理总理的总统令就成问题了，伍廷芳已经被免职，还怎么能副署总统令呢？或者说伍廷芳先副署任命江朝宗的总统令，再副署免除自己职务的总统令，那也说不过去。身为代理国务总理，怎么能副署一道任命别人也来代理国务总理的总统令呢？这不很荒诞吗？而且《临时约法》明确规定，总统任命国务员，须经国会批准。国务总理为国务员之首领，怎么能不经国会批准，只由总统一纸令下就上任呢，这不也很荒诞吗？至于江朝宗刚一"上任"，立马副署解散国会的总统令，就更加荒诞，所以我们说，黎元洪的这些总统令是荒诞不经的。

对于总统令的荒诞不经，黎元洪自己也心知肚明。他在关于解散国会的命令中写道："查参众两院组织宪法会议，时将一载，迄未告成。现在时局艰难，千钧一发，两院议员纷纷辞职，以致迭次开会均不足法令人数，宪法审议之案，欲修正而无从，自非另筹办法，无以慰国人宪法期成之喁望。本大总统俯顺舆情，深维国本，应即准如该督军等所请，将参众两院即日解散，克日另行选举，以维法治。此次改组国会本旨，原以符速定宪法之成议，并非取消民国立法机关。邦人君子，咸喻此意！"

按照黎元洪在这道命令中的说法，他解散国会，并不是要取消国会，而是要"克日另行选举"。同一天，黎元洪还通电各省，解释他不得已解散国会的苦衷。在这份通电中，他承认解散国会是在"法律事实，势难兼顾"的情况下的无奈之举，表示："一俟秩序恢复，大局精安，定当引咎辞职，以谢国人。"在私下里，他说得更为直截了当。解散国会令发表后，他对身边人说："我也深知解散国会是违法举动，但为了挽救时局，不得不有所牺牲。"也是在这一天，那个像变戏法一样由非阁员的步军统领变成国务总理的江朝宗也发表通电说，自己权代总理，是不忍心让全国疑谤集于总统一身，意思就是挺身而出，为总统分担责任。他还承诺："一俟正式内阁成立，即行引退。违法之责，所不敢辞。知我罪我，听诸舆论。"

黎元洪承认解散国会为违法，但又辩解说之所以如此是为了保存共和政体，这种辩解并不能掩饰他屈从武力、自甘违法的懦弱。事实上，他之所以能坐在总统宝座上，就是因为《中华民国临时约法》有明确的规定；他手无兵权能与手握重兵的军阀抗衡，是因为他得到了国会多数议员的支持。如今，他用违法的手段解散了国会，就从根本上否定了自己的政治基础。此后，他在张勋等人眼里就成了一个无足轻重的角色。

张勋终于等到了渴望得到的东西。6月13日，辫帅在天津德租界寓所召开会议，他显得十分兴奋，会后发表了通电。他在通电中先是说了一番自己奉命入都调停的前因后果，然后说国会中多为不良分子，捣乱时局，所幸"大总统洞烛舆情，俯采众议，特颁明令，解散两院"，为国内和平扫清了障碍。为此，"勋拟即应命入都，共筹国是。俟调停就绪，即商请出师各省撤回军队。"

会后，张勋邀李经羲与自己同到段宅，请段祺瑞与自己同往北京"共筹国是"，段祺瑞婉辞拒绝。张勋又到徐世昌宅，两人进行了长时间密谈。据外界传闻，在密谈中徐世昌向张勋提出三个条件：第一，给他以摄政或类似摄政的名义，畀以全部政权；第二，把他的女儿许给溥仪为"皇后"；第三，实行君主立宪。张勋回寓所后，把会谈的情形告诉来访的一些复辟派人士，人们听后不无感慨地说徐世昌"真不愧为活曹操"。"活曹操"是袁世凯的长子袁克定评价徐世昌时常说的话，当时尽人皆知。因为徐世昌城府很深，办事沉稳，手腕灵活，时人有"不怕袁项城，单怕徐东海"的说法。张勋原本很敬重徐世昌，但经过这次密谈，识破徐世昌的底细，觉得徐世昌一会儿想做民国大元帅，一会儿又想做大清摄政王，还想做"当朝国丈"，天下的好事不能都给你徐东海吧？因此，张勋对徐世昌由敬重转而为鄙视。

当天下午三时，张勋以胜利者的姿态偕同李经羲、张镇芳、段芝贵、雷震春等人乘专车到达北京。黎元洪派丁槐、钮傅善、方枢为代表到车站欢迎。到车站欢迎的还有北京军警长官江朝宗、陈光远、吴炳湘等人。张勋的北京住宅在南河沿，由前门车站到南河沿张宅，沿途都用黄土铺路，军警夹道警戒，分段布置辫子军步哨、岗位，城楼和城墙上站着全副武装的士兵。张勋的汽车所经路线，先派马队驱赶行人，东城和西城的交通断绝达四个多小时。在警戒线内，行人不得通过。为了迎接张勋，黎元洪早已传令打开中华门。自中华民国成立以来，中华门为了迎接贵宾只打开过三次，第一次是袁世凯迎接南京政府派来的宋教仁等五位专使；第二次是迎接孙中山；这次迎接张勋是第三次。北京市民从路旁查看辫帅张勋模样，只见他头戴瓜皮小帽，帽子中央嵌有宝石一方，脑后垂有大辫，身穿纱袍，套以韦陀金力的玄色大马褂，脚穿乌缎鞋。大家看后不由得交头接耳，都说张勋是个不伦不类的"大怪物"。

那天总统府悬灯结彩等候张勋，黎元洪早已命人将大礼堂修饰一新专为招待辫帅之用，但辫帅架子很大，进京的当天并不去谒见黎大总统。第二天早上，黎元洪派夏寿康、钮傅善到南河沿张宅面邀，辫帅才答应去谒见总统。那天上午九时，张勋乘汽车出门，先访王士珍，后到总统府。黎元洪备下丰盛筵席与张勋共进午餐，并邀王士珍、李经羲、江朝宗等作陪。张勋在宴会上向黎元洪呈交了一份书面意见，提出解散国会以外的解决时局办法五条：第一，组织责任内阁；第二，召集宪法会议；第三，改良国会规则，减少议员名额；第四，赦免政治旧犯；第五，摒退公府金壬。此时黎元洪已经失去了与张勋讨价还价的本钱，只能在张勋所提书面条件上批示"交院分别办理"。

张勋实际上已经成为北京政权的新主人。与黎元洪见面后，张勋通电独立各省说，他入都后，折中各方意见，向总统提出组织责任内阁、召集宪法会议等五条意见，均蒙总统批准。"各省宣告脱离之始，所提条件虽有不同，而其大端要不外乎此数者。今者既经解决，则收束军事，亟应实践前言。电到之日，请即取消独立名义，其军队已出发者，即日调回原驻地点。勋俟布置稍定，亦当率队归徐。"

张勋的声势如日中天，但在强盛的外表下却难掩内里的脆弱。张勋的声势来自他的十三省督军大盟主身份，他背后站着一批手握重兵的军阀。这些军阀原本只听袁世凯一人调遣，袁世凯死后，强势如段祺瑞、冯国璋这样的大军阀，也只能指挥他们中的一部分而不能指挥全部，那张勋靠什么把他们管得服服帖帖呢？

张勋由一省督军变为十三省督军大盟主，靠的是徐州会议。根据徐州会议决定，对于一切有关国家大计的问题，得由大盟主全权处理，事后再以文电通告有关各省。张勋到北京后，正是以大盟主的资格对有关各省发号施令的。但问题是，以前无论是袁世凯或者是段祺瑞，都把各省督军当宠儿，遇事要和他们商量，不商量就行不通，因此，这些督军也就养成了目空一切的习性。袁世凯、段祺瑞都是北洋派的领袖，遇事尚且要迁就督军，张勋凭什么能在督军面前发号施令！督军里面有段派，也有冯派，却很少有张勋一派。以前或者是为了向黎元洪进攻，或者是为了解散国会，必须推出一个人来唱黑脸，大家都愿意让张勋出头当恶人，张勋这才得以一呼百应。如今，国会解散了，黎元洪成了稀泥软蛋，督军们觉得张勋的戏份差不多了，便不愿意再给他捧场。

为了控制北京政权，张勋不能一进京就让溥仪复辟，而必须让李经羲组织一个肯听摆布的"责任内阁"。李经羲在得到张勋支持后，对出面组阁也有了劲头，刚进京就拿出一份阁员名单，包括梁敦彦、袁乃宽、雷震春、张镇芳、杨士琦等，其中大部分为曾支持袁世凯称帝的"帝制派"和鼓吹还政大清的"复辟派"。有人说，这份阁员名单是李经羲揣摩着张勋的心思拟定的，所以他要组织的内阁与其说是"李内阁"，不如说是"张内阁"。

根据以往的惯例，每届新内阁产生，必须有各省督军来电致贺，表示对新内阁的承认与支持，这样的内阁才站得住脚。张勋为了让李经羲赶快走马上任，亲自为新内阁成立"预热"。在进京的第二天，张勋拉上王士珍、江朝宗联名致函徐世昌、段祺瑞，请他们劝告独立各省取消独立，并表示拥护李经羲内阁的态度。按照张勋的算盘，各省督军肯定会纷纷响应，李经羲内阁也就可以在一片赞扬声中"开张营业"了。但让他没想到的是，预期中的一呼百应没有出现，各省督军对李内阁反应冷淡。

最早做出反应的是"绿林大学毕业"的张作霖。14日，张作霖发表通电，说李经羲不肯副署解散国会的命令，是与南方的乱党有了勾结，建议仍推段祺瑞组织内阁。这位"草莽英雄"并非草包，他脑子很好使。我们前面讲过，张勋要求黎元洪解散国会，黎元洪曾派人找李经羲，请他以国务总理的身份在解散国会的总统令上副署同意，被李经羲拒绝了。如今张作霖抓住这件事，硬说李经羲对抗张大盟主，与南方乱党勾结，这样的人没有资格出面组阁。张作霖这一招，既要拆张勋的台，还要让张勋无话可说。紧接着，直隶督军曹锟通电敦劝王士珍担任组阁，山西督军阎锡山、山东督军兼省长张怀芝、浙江督军杨善德先后通电，表示支持王士珍组阁。安徽省省长倪嗣冲还致电李经羲，劝他"适性烟霞，优游自得"，不要出来组织什么责任内阁。

督军们的反对态度让张勋一时转不过弯来。他是个脾气暴躁、独断专行惯了的人，督军们的反对态度拐弯抹角，他的威胁则直截了当。他让手下人告诉那班督军："反对李内阁就是反对中央！反对中央就是造反！谁敢造反，我就打谁！"然而，听到威胁的督军并不真心害怕，反而是他自己开始心里发虚。为了压住阵脚，他又建议组织一个"元老院"以总揽国政，元老院由"六巨头"组成，分别为：徐世昌、段祺瑞、冯国璋、王士珍、张勋、陆荣廷。元老院为内阁之上的国家最高决策机关，元老受总统聘请。这个计划说穿了，就是想用"元老"帮助他控制全国。这个计划过于荒诞，也过于直白，除了他本人和已经身陷京城的王士珍外，其余四个"元老"无一人响应，张勋的元老院只能沦为"画饼"。

元老院胎死腹中，但对于手中已有的"元老"，张勋还是要充分发挥其作用。鉴于王士珍在北洋派中较有威信，张勋便和他联名通电各省，为李经羲内阁再作最后疏通。起先多数督军主张由王士珍出面组阁，既然王士珍出来帮李经羲说话，而且各省督军对于将来的内阁并不抱多大期望，所以，冯国璋、田中玉、杨善德、赵倜等回电，说对内阁问题无成见。张作霖回电说，不再坚持己见。王占元、郭宗熙表示赞成李经羲内阁。只有倪嗣冲、张怀芝仍然反对李经羲内阁。张怀芝还发表通电，促各省联名电劝李经羲"退避贤路"，但各省并无回音。而且，在府院冲突宣布独立的各省已相继宣布取消独立。24 日，李经羲又调整了拟定中的内阁名单，以王士珍为陆军总长兼参谋总长，借助王士珍在北洋军中的影响，25 日，李经羲通电宣布就职国务总理。一场由府院冲突导致的政坛危机，在解散国会之后，似乎又渐渐回复到既有轨道。

然而，事情并没有按照某些人的想象去发展。李经羲宣布就任内阁总理，但内阁仍是空的。鉴于前些天提出的阁员名单不受各方欢迎，他准备另外组成一个能够叫座的"第一流人才内阁"，即：内务总长赵尔巽，教育总长严修，农商总长张謇，交通总长汪大燮，司法总长汤化龙，等等，这些人名声很大，的确属于"第一流人才"。但李经羲只考虑其一，未考虑其二。他只想到这些人名气大，有了他们可以帮着支撑内阁门面，没考虑到的是，这些"第一流人才"愿不愿意加入他的内阁。结果名单公布后，这些一流人才谁都不肯响应。他去劝说，人家也不愿意搭理。他好说歹说，连"佛入地狱"这样的重话都说出来了，极力敦劝这班名流抱着"自我牺牲"精神，随他"出山救世"，然而人家还是不买他的账。张謇给他的答复是："果佛也然后可入地狱，公奈何预约短期作佛，而又强非佛者同入地狱？地狱沉沉，愿入者多。謇薄劣衰退，无此宏愿。"严修回复他说："山居八年，敬谢不敏。"

赵尔巽没有直接答复，只是由家人代为回复说："次帅往游泰山，电报无法代转。"赵尔巽，字次珊，曾任晚清总督，人称"次帅"。

为了尽快把架子搭起来，李经羲不得已而求其次，去找一些肯"跳火坑"的次等人物入阁。比如，由江庸代汤化龙"署理"司法总长，由李盛铎代张謇"署理"农商总长，由龙建章代汪大燮"署理"交通总长。但东拉西扯，阁员还是凑不齐。原先反对李经羲内阁的督军们，看到李经羲的种种窘态，又开始起劲地鼓噪请王士珍出山组阁的旧文章。值得注意的是，原本竭力支持李经羲组阁，甚至扬言谁反对李经羲内阁就是反对中央的辫帅张勋也不愿意再为李经羲站台。

张勋是李经羲内阁的主要靠山，如今张勋为什么不肯为李经羲站台了呢？

第十五集
张勋逆势复辟

张勋以调停府院冲突为名，率领辫子军进京，在逼黎元洪解散国会后，又开始竭力扶持李经羲组织所谓"责任内阁"。然而，当李经羲的组阁活动屡屡碰壁后，张勋对李经羲失去了耐心。张勋在一封回答各省督军的电报中说："诸公敦劝聘老，何啻再三，而匪石之诚，竟不可转。聘老不担任，勋不得而强之，犹之仲仙自欲担任，勋亦不得而阻之。仲仙今就职矣。此时无论推举何人，亦谁肯横身插入？"电文中将李经羲组阁，说成是李"自欲担任"，还说自己对于李内阁只是"亦不得而阻之"。意思就是说，李经羲非要当这个国务总理，我也不好阻拦。言外之意是，你们谁有办法不让他当，我也不反对。

这是一个很奇怪的变化。李经羲本来是张勋进入北京的一枚棋子，是他向黎元洪建议召张勋进京调停，这是张勋能够进入北京的直接原因。同时，李经羲内阁又曾经被张勋视为掌控北京政权的主要工具，因而，张勋不惜与督军团撕破脸皮，也要促成李经羲组阁。如今，李内阁尚未成型，辫帅却变卦了。为什么？

因为形势发生了变化，张勋认为"还政大清"的时机已经成熟。

张勋此番进京是要做一番他心目中的大事业，就是要让溥仪"复位"，搞所谓"还政大清"。6月16日，也就是在进京的第三天，张勋头戴红顶花翎，偕同定武军四个统领乘汽车到神武门，换乘肩舆进清宫，由清室内务府总管世续导入养心殿谒见逊帝溥仪。

在这里，我们简单介绍一下当年溥仪及清室宫禁的情况。按照《关于大清皇帝辞位之后优待之条件》的规定，中华民国成立后，大清皇帝仍暂居宫禁，尊号仍存不废，宫内各执事人员照常留用，中华民国政府每年拨发400万两白银供其支出。"逊帝"溥仪生于清光绪三十二年，即1906年，3岁登基做皇帝，6岁辞位，此番接受张勋谒见时，11岁。

按照溥仪后来回忆，自从"辞位"之后，身边的人就不断向他灌输有关复辟的道理，但由于他年纪尚幼，对于复辟的内涵并不真正了解。与张勋接触几次之后，他对于复辟才渐渐懂了一些。

据溥仪回忆，张勋进宫请安是紫禁城内的一件大事。在此之前，溥仪亲自召见请安的人不多，一般只限于满族人。这天要召见张勋，紫禁城里少不得要提前做些准备。那天，"太保"陈宝琛和"毓庆宫行走"梁鼎芬二人一起走进溥仪读书的毓庆宫，不落座就由陈宝琛开口说道："今天皇上不用念书了。有大臣来给皇上请安，一会儿奏事处太监会上来请示的。"陈宝琛每日负责督导、教授溥仪读书，溥仪对他很敬重，尊称其为"陈师傅"。陈师傅告诉他，今天来请安的是前两江总督兼摄江苏巡抚张勋。

对于张勋其人，溥仪曾听说过，知道自从中华民国成立以来，张勋和他的军队一直保留着辫子，这事宫里经常有人提起。张勋曾经说过的一句话也让溥仪记忆深刻，那句话是"凡我民国官吏莫非大清臣民"。总之，在溥仪的印象中，张勋是个"忠臣"。

经过必要的准备，溥仪在养心殿接见了张勋。张勋一进门便行着跪拜大礼，自称"奴才"，对皇上"恭叩圣安"。溥仪按照陈师傅的事先教导，问了问徐、兖地方和他的军队情况，问的目的无非是表示关心，并不是真想得到什么答案，张勋回答了些什么，溥仪也没用心去听。溥仪多年后回忆起当年的场景时说："我对这位'忠臣'的相貌多少有点失望,张勋穿一件纱袍褂,黑红脸,两道浓眉,胖乎乎的。"在这位"少年皇帝"眼里,张勋长得不像能成大事的样子。但宫里宫外的大事,此时还轮不到皇帝做主,溥仪只是按照陈师傅的事先指示,给张勋赐座,然后又赏赐了不少宫里的瓷器、名画。张勋的请安很快结束了。这是张勋进京后的第一次与清室直接接触。

张勋进京后,身边陆陆续续地聚集起了一批热心推动清室复辟的人。随着李经羲组阁受阻,张勋对李经羲内阁渐渐失去信心,复辟派乘机进言,要张勋干脆一做到底,打起龙旗。他们说,统一局面已经打破,迁就调停也万难息事宁人,只有断然复辟,才能镇服颠危。现在的做法种种自相矛盾之处,"推倒约法而仍以奉守约法为辞,逼迫总统而仍以拥护总统为名,破坏共和而仍以保全共和为帜",无法自解,只有复辟,才师出有名,有立足之地。他们认为,张勋"进有万全,退无一是,进有不世之功,退有不测之祸"。这些荒唐见解居然打动了张勋,张勋决定孤注一掷。

促使张勋下定决心的还有一位神秘人物。6月28日,在京津火车三等客座中有一个怪模怪样的老人,一身农民打扮,用大蒲扇遮盖住面部,还有两个陪同的人,脑后垂着大辫子。此人在北京站下了车,出站时有四个辫子兵恭恭敬敬上前迎接,早停在车站的一辆豪华马车径直把他送到南河沿张宅。随着这位老人的进入,辫帅府加严了门禁,辫帅不再接见任何宾客。神秘老人与张勋密谈后,悄悄地搬往西砖胡同法源寺隐居起来。

很快,北京市民在私下里谈论着一则消息,说康有为进京了,就住在辫帅府里,大清皇帝要复辟了。又有人说,康有为只在辫帅府坐了一会儿就走了,过几天宣统皇帝肯定要封他做大官。这些民间小道消息很快得到了证实,康有为确实进了北京,前面我们讲到的那个坐三等车进京的怪模怪样的老人,就是大名鼎鼎的康有为。随他一道进京的两个人,一个叫沈曾植,一个叫王乃澂,都是著名的复辟派人士。

康有为,"戊戌变法"中的一面旗帜,中国近代思想变革的先驱,对于每个熟悉中国近代史的人来说，他的名字真可谓如雷贯耳。"戊戌变法"失败后，他避难海外。此后，以孙中山为代表的革命党人，举起共和革命的大旗，康有为则仍坚持君主立宪的旧主张，成为民主革命的反对派。辛亥革命后，他回到国内，住在上海，成为保皇党的领袖，积极参与谋划拥立溥仪复位。他的政治主张与张勋颇为接近，在张勋图谋拥立清室复辟的过程中，他与张勋的参谋长万绳栻早有密电往来。张勋进京后，他即在上海草拟宣统皇帝复位后的系列"诏书"，随后他接到万绳栻的电召，便剃须化装沿津浦铁路北上。

康有为进京与张勋密谈后，有关清室复辟的传言不仅甚嚣尘上，而且有关溥仪重新君临天下的各种行动也开始浮出水面。

6月30日，也就是康有为进京与张勋密谈的第三天晚间，辫帅在大清遗老刘廷琛的陪同下，悄悄进入紫禁城与陈宝琛密谈。双方详细部署了"还政大清"的步骤办法。

在辫帅与陈师傅密谈的时候，步军统领江朝宗接二连三地接到安定门和西直门守城部队打来的紧急电话，说有大批辫子兵要叫开城门，应当怎么办？

中华民国初期的北京城与今天有些不同，大体沿着今天北京二环路一线，当年是一圈城墙，开有九座城门，供行人、车辆出入京城，前面提到的安定门、西直门就是这九座城门中的两座，其他还有正阳门、崇文门、朝阳门、东直门、德胜门、阜成门和宣武门。如今这些城门都已拆除，但作为地名还在使用着。

我们接着讲江朝宗的事情。江朝宗听说有大批辫子兵要进安定门和西直门，感到事情有点蹊跷。因为"辫子兵"都是辫帅的部下，他们大多住在城外，为什么要在夜里进城呢？江朝宗吩咐守城部队暂时不得开放城门。放下电话，他想去找陆军总长王士珍汇报情况，请示方略，不料王士珍却慌慌张张地跑来找他了。这实在是件很不寻常的事，因为王士珍是北洋派元老，在下属眼里，其人城府深，派头足，架子大，今天却肯主动到下属江朝宗的住处，而且是一副慌慌张张的神态，显得格外不同寻常。王士珍进门后带着急促而低沉的声调对江朝宗说："复辟就在眼前，他们一切都准备好了！"王士珍没有具体说明"他们"究竟指谁，但江朝宗一听就明白，准备复辟的，肯定是张勋和他的部下。

江朝宗建议立刻报告总统，看黎元洪能有什么办法。可是，他们还没有来得及动身，就有一辆汽车停在门外，有个副官模样的人跳下车敲门进来，手里拿着雷震春、张镇芳两个人的大名片，请王士珍、江朝宗二人即刻到"大帅"公馆商量要紧的事。二人还未动身，近畿第十二师师长陈光远、第十三师师长李进才迈着慌乱的脚步走进来，无疑是有重要情况向江朝宗汇报。但两位师长还没来得及开口说话，就被那个副官模样的人邀请一同到大帅公馆商量要务。这时，又有四名军官乘坐另外一辆汽车赶来，催促王士珍、江朝宗等人马上动身。王士珍、江朝宗和两个师长像俘房一样跟着那些人上了车。

汽车开到南河沿辫帅公馆，就看见屋前屋后站满了全副武装、杀气腾腾的辫子兵。四人身不由己地走进辫帅府，看到张勋、万绳栻、雷震春、张镇芳等人坐在内室。张勋的脸色如同凶神恶煞一般，轻蔑地向江朝宗看了一眼，问他为什么不肯开门放城外的军队进来。江朝宗战栗着说："没有陆军总长的命令，不到时候不能开城。"他所说的陆军总长，是指王士珍，王士珍在李经羲内阁中任陆军总长。张勋又扫了王士珍一眼说："聘老怎样办呢？"王士珍立刻命令江朝宗用电话通知守城部队开放城门，于是，大批辫子军涌进城来。

此时，外面有人跑进来报告，说国务总理李经羲等着要见大帅。张勋摇着手说："没有工夫，不让他进来！"

接着，张勋站起身来大声说："今天马上就要迎接皇上复位。有不赞成的，都不许走！"

没有人说不赞成，也没有人说赞成，大家都不说话。张勋见没人说话，便把王士珍、江朝宗等人装进一辆汽车，令吴炳湘、陈光远、李进才、刘廷深、万绳栻等另外分乘汽车，汽车排成一列，鱼贯驶入紫禁城。此时已是7月1日破晓前3时左右。

我们再说紫禁城里面的情况。溥仪通常起床早，早起后在陈师傅督导下读书、习字，但这天起得格外早，因为陈宝琛、梁鼎芬和朱益藩三位师傅早早将他唤起，说张勋一早就来了。溥仪不知发生了什么事，便问了一句："他又请安来啦？"陈师傅告诉他："不是请安，是万事俱备，一切妥帖，来拥戴皇上复位听政，大清复辟啦！"在溥仪心目中，陈师傅行事一贯稳重，但那天说话却格外激动。溥仪听了感到昏昏然，他虽然从三岁就开始当皇上，但从来没主过事，如今听说让他当"真皇上"，有点发蒙。陈师傅见他那副呆头呆脑的样子，赶紧提醒道："请皇上务必答应张勋，这是为民请命，天予人归。"看到溥仪那种似懂非懂的表情，陈师傅又说："用不着和张勋说多少话，答应他就是了。"稍停顿了一下，陈师傅又说："不过不要立刻答应，先推辞，最后再说：既然如此，就勉为其难吧。"

溥仪按照陈师傅的吩咐，准备了一番功课便到了养心殿。溥仪升殿，张勋跪在前面叽里咕噜地说了几句话，别人都没听清楚。溥仪虽然也没听懂，但知道是要让他复位做皇上。他突然问了一句："那个大总统怎么办呢？给他优待还是怎么？"

溥仪确实是个聪明孩子。他虽然不知道怎么当"真皇帝"，但"辞位"后一直享受着民国政府的优待。如今听说民国政府又要"还政大清"，很自然地想到了那个与自己情况类似的大总统。张勋听了他的提问倒没感到奇怪，只是简单说了一句："黎元洪奏请让他自家退位，皇上准他的奏就行了。"张勋这是信口胡说，黎元洪根本没有奏请退位这回事，但溥仪并不明白张勋说的是什么意思，想到反正陈师傅都安排好了，自己已经做得差不多了，便说道："既然如此，我就勉为其难吧！"

张勋听溥仪说完这话便起身退出养心殿，其余的人也跟着退出来。

凌晨4时，张勋指定王士珍、江朝宗为民国政府代表，梁鼎芬为清室代表，李庆璋为定武军代表，几个人一起到总统府逼迫黎元洪在已经拟好了的"奉还大政"的奏折上签名盖章。

我们再说总统府那边。复辟刚发动，黎元洪就得知了消息。凌晨3时，黎元洪在总统府召集夏寿康等人商议，众人虽愤慨激昂，却一筹莫展。黎元洪自知引狼入室，责任重大，此前解散国会，尚有"改选"为掩饰，以保存共和政体为理由，此次复辟，事关大是大非，无托词假借，倘再屈从，不仅信念上无法接受，人格上也难以立足。于是，他坚定地表示："愿以身殉民国，断不为所动。"

总统府的会议还没有结束，张勋派的使者已经到了。此时的黎元洪又恢复了昔日在袁世凯称帝时的态度。他像个木头人一样，既不动笔签名，也不开口说话。他轻蔑地瞥了王士珍一眼，王士珍大感惭愧，慌忙低下头。"毓庆宫行走"梁鼎芬对黎元洪说："共和现在是如此情形，要挽救时局，只有复辟一法。共和国政本是先朝旧物，应即归还皇上。"说罢拿出已拟好的"奉还大政"奏折要黎元洪签名盖印。黎元洪正颜厉色说道："民国是国民公有之物。我受国民之托担任总统，责任重大。退位与否，要遵从国民的意志，而非个人的行动。你忠于清室，应当为清室的安全考虑，不能侥幸一试。复辟以后，我就不能再对清室的安全负责。"

黎元洪的这番话还是很有分量的。溥仪在张勋的拥戴下再坐龙廷，包括梁鼎芬在内的一班前清大臣都很得意。但黎元洪告诉他们：你们这样做是冒了很大风险的。因为清帝颁布退位诏书和南京临时政府公布清帝辞位后的优待条件，是两个紧密相连的法律文件，相当于清室与民国政府之间的协议。基本要约为：清室交出政权，民国政府保障清室成员的人身与财产安全并给予若干优待。如今溥仪及身边大臣与部分叛军合谋复辟，等于单方面撕毁了与民国政府间的协议，民国政府也就不再承担保障清室成员安全并给予优待的责任。也就是从这样的角度出发，黎元洪警告梁鼎芬说："复辟以后，我就不能再对清室的安全负责。"

正处在复辟成功喜悦中的梁鼎芬根本听不进黎元洪的劝告，仍喋喋不休，软硬兼施，一直闹到6时才出总统府。下午，王士珍、江朝宗又到总统府劝告黎元洪为自己的生命安全计，在退位奏折上签名盖印，同样遭到黎元洪的严词拒绝。

我们再说紫禁城那边。上午9时，张勋和康有为由神武门进到清宫，拿出事先写好的一道道"圣旨"，盖上溥仪的"御玺"，并由张勋"副署"发表，一来宣布大清皇帝重新执政；二来对复辟有功人员封官赏职。这些封官赏职，既反映了张勋的个人喜好，也显现出复辟活动的种种败象。为什么这么说？从哪里看出复辟的败象呢？

第十六集
黎元洪身陷危局

张勋拥戴溥仪复辟，在以溥仪名义发布的一道道"圣旨"中，大行封赏，给复辟活动的有功人员和各类实权人物封官晋爵。

第一道"圣旨"是宣告复辟的。"圣旨"在述说了一番民国的不好之后，话锋一转说："据张勋、冯国璋、陆荣廷等以国本动摇，人心思归，合词奏请复辟以拯生灵；又据瞿鸿禨等合词奏请御极听政以顺天心；又据黎元洪奏请奉还大政嘉惠中国。""圣旨"中所说的黎元洪、冯国璋、陆荣廷等人的"奏请"，是彻头彻尾的伪造。这些"奏章"由张勋及其手下亲信捏造出来，用以虚张声势。随后，黎元洪、冯国璋、陆荣廷都有通电予以否认。

第二道"圣旨"是敕封黎元洪为"一等公"。

第三道"圣旨"是组织所谓内阁，主要是确定张勋的统帅位置。封张勋为政务总长兼议政大臣。所谓"政务总长"，职权相当于晚清时的"内阁总理大臣"；而"议政大臣"，相当于晚清时的"军机大臣"。在另外两道"圣旨"中，张勋还被封为"忠勇亲王"，任北洋大臣兼直隶总督。

后面还有若干道"圣旨"，都是对复辟有功人员的封官奖赏，也包括对各省实力派的拉拢。比如，王士珍、陈宝琛、梁敦彦、袁大化、张镇芳为"议政大臣"；冯国璋、陆荣廷为参预议政大臣，冯国璋获封一等公，领南洋大臣兼两江总督，陆荣廷封一等公，领两广总督；万绳栻、胡嗣瑗为内阁阁丞；徐世昌为弼德院院长，康有为为弼德院副院长，赏头品顶戴；岑春煊、赵尔巽等前清官员授弼德院顾问大臣；江朝宗为九门提督，各省督军大多授任所在省"巡抚"。

张勋这一连串的封赏耐人寻味。

袁世凯称帝时曾册封黎元洪为"武义亲王"，这次张勋只给黎元洪封了个"一等公"，显然是认为黎元洪已经没有了资本，不值得重视。张勋所重视的是两大实力派人物——北洋派直系首领冯国璋和桂系首领陆荣廷。张勋冒用冯、陆两人名义"合词奏请"复辟，主观上认为这两个人是可以将错就错而不会出面否认的。首先，他早就把这二人引为是倾向复辟的"同道"，现在木已成舟，不用说二人是不会起来反对的了；其次，除他自己立了非常之功，理当封为"亲王"之外，封"一等公"的只有黎元洪、冯国璋、陆荣廷三人，黎元洪的"一等公"是空头支票，冯国璋和陆荣廷除了一等公头衔，还与张勋一样被封为"总督"，而全国当"总督"的，只有张勋、冯国璋、陆荣廷三人。在张勋眼里，自己待冯、陆不薄，他们总该满足了。

复辟内幕主持者是张勋的参谋长万绳栻。从封赏名单上看，万绳栻虽然与胡嗣瑗一样，只列名"内阁阁丞"，看似无关紧要，但事实上他是整个事件的核心人物。

万绳栻与张勋的关系非比寻常。张勋幼年家贫，万绳栻的叔父曾接济过张勋母子生活费，张勋发迹后投桃报李，万绳栻成为张勋的督军署中最受信任的幕僚。张勋平日耽于酒色，不大问事。自徐州会议以来，万绳栻经常向张勋汇报"复辟时期业已成熟"的大趋势，关于进行复辟所采取的所有步骤，几乎都是由这位参谋长一手布置。复辟失败后，张勋曾说自己是"上了万公雨的当"。万绳栻，字公雨，时人称为"万公雨"。从张勋的这番话里也可以窥见，万绳栻在整个复辟活动中所起的作用。

在这场权力分配中，充分表现了张勋的个人喜好。比如，张勋对段祺瑞没有任何安排，就反映出张勋本来就看不起段祺瑞，如今自己"功成名就"，段祺瑞两手空空，他也就不肯与段分一杯羹。还有那个曾有心要当"摄政王"的徐世昌，张勋原本很推重他，但天津密谈后开始鄙视他。此番封官晋爵，张勋不仅没有封徐世昌做什么摄政王，而且连内阁都没让他进，只授了个摆样子、做花瓶的弼德院院长。

比徐世昌还不如的，是那个被称为复辟"文圣"的康有为。徐世昌好歹还被授予弼德院院长，康有为却只弄了个副院长，成了徐院长的副手，这让他情何以堪？康有为对复辟出谋出力颇多，"居功至伟"，以溥仪名义发表的一系列"圣旨"均出自他的手笔。他是作文高手，但张勋只看重兵马钱粮，对天下文章并不珍惜，这难免让康有为颇感失落。"圣旨"发表后，康有为多有怨言，说张勋是个老粗，什么东西都不懂，复辟早晚必归失败。

康有为这一次可谓有先见之明。

从宣统"圣旨"发表的第二天，也就是从 7 月 1 日起，北京城的中华门改称"大清门"，警察挨家挨户地传呼人们悬挂龙旗。假辫发和红顶花翎被人们从旧货摊上"淘宝"出来。在京津铁路上，从北京避难逃往天津的人很多，车上非常拥挤。张勋已经派出辫子兵监视电局、车站及通往紫禁城的各街道。到夜幕降临时，京城大街小巷行人稀少，全城只有总统府仍然飘扬着一面五色民国旗。它告诉人们，在北京，只有黎元洪和他的总统府还在与张勋唱着"对台戏"。

张勋对黎元洪的反抗能量明显估计不足。透过解散国会这件事，张勋认为黎元洪无勇无谋，是个一吓就倒的草包，不会有什么反抗性，所以在复辟之初没有对黎元洪及总统府人员实行限制和监视，而是在清宫里忙着伪造奏折、发布"圣谕"和加官晋爵，这就给黎元洪留下了活动空隙。

张勋拥兵入京调停前夕，在天津的张国淦曾建议黎元洪免去李经羲的总理职务，重新起用段祺瑞，借助段祺瑞的力量与地位抗衡张勋，防止帝制复辟。当时黎元洪没有采纳这一建议。现在复辟变真了，黎元洪颇为后悔。在梁鼎芬等人走后，他马上派总统府秘书长夏寿康去天津，求计于张国淦。张国淦说："民国是总统手创，现在复辟发生，民国中断，此种局面下，唯一的办法是请南京冯副总统代行总统职权。同时起用芝泉，责成他出师讨逆，一定能成功。如果总统这样办，那么芝泉是总统所任命，他讨逆成功，自然也是总统的功劳。不然的话，中断民国的是总统，恢复民国的却是芝泉，总统置身何地？又如何面对国人？总之，不必计较此前的是非恩怨，应认真思量此后的利害。"夏寿康认为事关重大，当天便回到北京，将张国淦的建议告诉黎元洪。黎元洪思量了一番，认为只有这一个办法，于是在 7 月 2 日拟就免了李经羲，任命段祺瑞为国务总理，并令段祺瑞兴师讨逆的命令和请冯国璋在南京代行总统职权的电报，秘密派总统府秘书覃寿衡把命令送到天津交与段祺瑞，将请冯国璋代行总统职权的电报在天津发出。

黎元洪在请副总统冯国璋代行总统职权的电报中说："元洪既不能执行职权，民国势将中断。我公同受国民重托，应请依照约法第四十二条暨大总统选举法第五条，暂在军府代行大总统职务。"

黎元洪在电报中所说的"约法第四十二条暨大总统选举法第五条"，我们在前面曾讲到过，内容是总统不能履行职务时由副总统代行职权。如今黎元洪已落入张勋和辫子军控制之中，无法行使总统职权，依法当由副总统冯国璋代行总统职权。

黎元洪这种相对自由的时日很快结束了。7 月 2 日下午，张勋派人通知黎元洪，限 24 小时之内迁出总统府，说是要把总统府改为内阁议政大臣的办公处。来催促黎元洪搬出总统府的又是那个叫梁鼎芬的人，他如今已经成了"议政大臣"，对黎元洪说话更不客气，黎元洪仍然不用正眼瞧他，对他说的搬出总统府的事一言不发。

在这里，我们要简单介绍一下黎元洪担任总统时期的总统府。前面讲过，黎元洪是在东厂胡同宅邸宣誓就任总统的，起初，他就在东厂胡同宅邸办公。总统府在中南海居仁堂，袁世凯的丧事处理完成后，黎元洪就开始正式在总统府办公。由于这里是总统办公的地方，所以又被称为"公府"。不过黎元洪仍住在东厂胡同，平时也喜欢在私宅处理公务。如今张勋命他迁出的，就是位于中南海居仁堂的公府。

黎元洪的不合作态度令梁鼎芬怒火中烧，梁鼎芬将自己在黎元洪面前碰壁的事告诉了陈宝琛。陈宝琛听了同样怒不可遏，他铁青着脸，用近乎失控的语调对溥仪说："梁鼎芬力劝黎元洪离开总统府，遭到拒绝，黎这样拒不受命，请皇上赐他自尽吧。"溥仪听了大吃一惊，本能地顶撞了一句："民国对我不是也优待过吗？我刚一复位，怎么能就赐黎元洪死，这是绝不应该的。"溥仪对陈宝琛一向敬重，这是第一次大声顶撞师傅。陈宝琛深感意外，只得耐心开导这位少年皇帝。陈说："他岂但不退，还公然拒绝梁鼎芬劝告，赖在总统府不走，乱臣贼子元凶大憝，焉能与天子同日而语。"溥仪这一次表现得很倔强，说什么也不肯"赐死"黎元洪。陈宝琛无奈，只得迁就他，让梁鼎芬再去给黎元洪施加压力。

当时，北京驻有各国外交使节，他们组成"外交团"，时不时对中国的内政外交说三道四。如今外交团听说张勋推动清室复辟，限期黎元洪离开总统府。于是，英、日、美、法、俄各国公使在荷兰公使馆开会，决定对清室复辟问题暂时采取不过问的态度，对中国总统的安全问题，公推荷兰公使以非正式手续警告张勋的"外交部"不得加以伤害，并须加以保护。张勋担心弄出外交纠纷，便不敢公然派兵驱逐黎元洪，只是在7月3日调换了总统府的卫队，加强了对黎元洪的监视。

在张勋命人调换总统府卫队的时候，黎元洪与留在总统府的少数幕僚召开紧急会议，决定在卫队交替的忙乱时期，乘乱离开总统府。经过一番密谋策划，他们决定搞个"调包计"，就是由总统府侍从武官唐仲寅化装成总统，乘坐总统专车出发，黎元洪则扮作普通职员，与秘书刘钟秀等人乘坐蒋作宾的汽车出发，两路人马约定在法国医院集合。结果外逃行动顺利，黎元洪等人平安逃出。但当他们到达法国医院时，另一辆车的人并没有及时赶到。黎元洪等人因为没有医生签字的入院证，医院拒绝收留。形势急迫，黎元洪只得转往附近的日本公使馆武官斋藤少将的官舍栖身。7月3日，日本公使馆对外发表通报称："7月2日午后九时半，黎大总统不预先通知，突至日本使馆区域内之武官斋藤少将官舍。日使馆认为系不得已之事，并为顾及国际通义，决定作相当之保护，即以使馆区域内之营房暂充黎总统居所。黎总统在日使馆时期内，绝对不许做政治活动。"

还有那个内阁总理李经羲，就职不到十天大清就复辟了，他的国务总理不用说是当不成了。他感到留在北京凶多吉少，便于7月2日化装成运煤工人逃往天津。

7月1日这天，张勋给各省"巡抚"，也就是原来的督军发了份通电，申明"凡我同袍，皆属前朝旧臣，受恩深重"，要求各省一律改用"正朔"，也就是使用大清宣统纪年，悬挂"龙旗"。电报除由张勋领衔外，列名者还有王士珍、江朝宗和京畿军警长官14人，这些人无疑是被硬拉上来的。电报文稿仍然出自康有为之手。康有为虽然对张勋的职权分配不满，但出于对皇上的忠诚，仍无怨无悔地为复辟出力。

在张勋看来，清室复辟是第四次徐州会议决定了的，与会者都在决定上签了名。所以，张勋认为他的电报发出后，参加徐州会议的督军们会群起响应大盟主号召，尊用正朔，悬挂龙旗。然而实际情况却并非如他预期。

大清复辟的消息传开后，各地反响颇不相同。有支持的，有反对的，但更多的是沉默观望。

复辟消息传到安庆后，因为安徽省省长倪嗣冲长期住在蚌埠，所以，政务厅长秋豫要打电报向蚌埠请示。倪嗣冲回电叫他即日张贴黄榜，宣布皇上"圣旨"，悬挂龙旗，改称"大清帝国"，改用"宣统正朔"，并说他本人马上到安庆来"接旨谢恩"。福建督军李厚基接到皇上"圣旨"后，打电报向溥仪"谢恩"，自称"福建巡抚臣李厚基百拜上言"。直隶省长朱家宝被授为"民政部大臣"，他写了一道"谢恩折"，声称"天道无往而不复，人心久乱而思平"，他所在的直隶省城天津也悬挂上了龙旗。在天津养病的吉林督军孟恩远被授予吉林"巡抚"后，除专折谢恩外，还派副官长初连甲赶回长春代他宣布接受朝廷"圣旨"。以上是反响积极的。总的来说，这类反响不够热烈，支持复辟的人没有张勋预期得多。

7月3日，副总统冯国璋在南京召集军事会议，随后发表通电反对张勋在北京的复辟活动。冯国璋在通电中指斥张勋"视京师为其营窟，挟幼帝以居奇，手握主权，口含天宪，名器由其假借，度支供其虚糜，化文明为野蛮，委法律于草莽，此而可忍，何以国为！"有人评论说，冯国璋的这份通电措辞有些怪异，但不管怎么说，他反对复辟的态度是明确的。同一天，曾任段祺瑞内阁海军总长的程璧光与淞沪护军使卢永祥在上海通电讨伐张勋。浙江督军杨善德也通电反对复辟。反对张勋复辟的，还有西南各省。

多数督军在复辟初期，既不表示支持也不表示反对，而是抱持着一种观望态度。比如，湖北督军王占元、河南督军赵倜在接到"圣旨"后，就吩咐电局暂勿公开，以免别人问及时难以置答。奉天督军兼省长张作霖接到"圣旨"后，借口"奉天地位特殊"，不便表示态度。

再说黎元洪派往天津的密使覃寿衡。覃寿衡到了天津，首先找到张国淦。7月2日，张国淦将黎元洪的总统令转达给段祺瑞。当时段祺瑞已经到了天津南郊一个叫马厂的地方，正在那里组织讨逆军，准备出师讨伐张勋。他看到黎元洪的命令，陡然沉下脸色破口大骂："他今天还能够算是总统！我今天还要接受他的命令！我难道不能叫几个军人通电推戴我举兵讨逆！"

张国淦劝他平心静气，不要意气用事。张国淦说："他今天当然还是总统。一切问题，应当在轨道上进行。接受总统的命令，就能够取得合法地位，行使合法职权。军人的推戴是不合法的。何况，一方面取得北方数省军人的推戴，另一方面也会引起西南数省军人的反对。西南数省仍然承认这个总统，这个总统的命令，他们是没有理由反对的。"张国淦的这番话见效了，段祺瑞沉思片刻，决定还是按轨道办事。他接见了黎元洪的密使，接受了大总统关于内阁总理的任命。

自从张勋在北京揭起复辟大旗，段祺瑞就在天津秘密组织讨逆军。他是北洋派军人的领袖，如果是在台上的话，调动几路兵马原本不成问题。但如今情况不同了，经过府院冲突，他被总统免了职，寓居在天津的外国租界里，而张勋在复辟后的新政府中实际操控着大权，在此情况下那些手握重兵的军阀们还肯不肯听他调遣，他心里没底。他曾派段芝贵去找直隶省长朱家宝和天津警察厅长杨以德协助讨逆，但朱家宝已经接受张勋任命，做了大清的"民政部大臣"，杨以德也因段祺瑞已经失势而不肯与之合作。段祺瑞又想到南京与冯国璋联手谋划讨逆军事，身边人提醒他说："冯是个野心很大的人，此时还没有表明对复辟问题的态度。如果冯是附和复辟的，此去就将成为他的政治俘虏。即使他反对复辟并且同意出兵讨伐叛逆，将来军事胜利结束，这件'再造共和'的伟大功勋将归冯一人占有，冯将成为北洋派的唯一领袖。"听了幕僚的意见，段祺瑞又打消了去南京联手冯国璋的计划。

既然不去南京与冯国璋联手，那么，段祺瑞依靠什么力量去组建他的讨逆军呢？

第十七集
讨逆之战

张勋在北京公开复辟帝制后，段祺瑞开始在天津秘密组织讨逆军。起初他曾想去南京与冯国璋联手行动，后经再三权衡还是放弃了。

经过段祺瑞与手下亲信幕僚的反复研究，最后决定以驻天津南郊马厂的第八师和驻天津以西廊坊的第十六混成旅作为主要策动对象，并与驻兵保定的直隶督军曹锟联络。这些军队都靠近北京，有把握打垮张勋的辫子军，并在短期内结束战斗。当然，困难也不少，主要是这些军队都不属于段祺瑞的皖系，而是接近于冯国璋的直系，段祺瑞不能以一纸命令把他们吸收到自己的旗帜下。后来还是通过一些特殊关系，花了不少银子，终于把这些部队归拢到了自己的麾下。

一切准备就绪，段祺瑞于7月1日晚偕同梁启超等行抵马厂。2日接见了黎元洪总统的密使，接受了国务总理任命。3日上午8时，第八师司令部召开军事会议，会议公举段祺瑞为讨逆军总司令。同一天，段祺瑞组成讨逆军总司令部，任命段芝贵为西路讨逆军总司令，曹锟为东路讨逆军总司令，以梁启超、汤化龙、徐树铮、李长泰为讨逆军总部参赞。当天，段祺瑞发表反对复辟通电，并以"讨逆军总司令"的名义发表布告。布告中特别提及："我大总统手创共和，誓与始终，两日以来虽在樊笼，尤叠以电话手书密达祺瑞，谓见幽决不从逆，责以速图光复，毋庸顾忌。"说明讨逆于情合理，于政合法。4日，段祺瑞以讨逆军总司令的名义发布讨逆檄文，历数张勋胁迫逊帝复位，扰乱共和民国的种种罪行。以上文件均出自随同段祺瑞身旁的梁启超手笔。

发生在北京与天津之间的这场文电交锋颇为耐人寻味，北京的文电均出自康有为手笔，而天津的文电则出自梁启超手笔。康有为、梁启超二人有师生之谊，两人同为"戊戌变法"运动的领袖，变法失败后身为"康梁乱党"首领同时遭到清政府通缉，辛亥革命后又几乎同时由海外回国，投身国内政坛，但所选择的路径已经有所不同。如今，二人站在相互对立的营垒中，各为其主，各写各的文章。

7月4日，冯国璋、段祺瑞发出联名通电，表示二人"已整率劲旅，南北策应，肃清畿甸，犁扫逆巢"。7月5日，段祺瑞由马厂回到天津，此前朱家宝已被赶出直隶省长公署，段祺瑞将省长公署作为自己的司令部，在那里部署讨逆军事。7日，冯国璋在南京宣布代理大总统职权。同一天，冯国璋、段祺瑞联名任命倪嗣冲为南路讨逆军总司令，所有沪、杭、赣讨逆各军，均归倪嗣冲节制指挥。倪嗣冲前几天还表示接受皇上授予的"巡抚"职务，并命人悬挂龙旗，改用"宣统正朔"，此时摇身一变成了讨逆英雄。对于前几天的所作所为，他解释说，他的防区和辫子军防区接近，为了争取时间，准备军事行动，他有临时应变的必要。同样摇身一变的还有前面提到的福建督军李厚基，他前几天不仅致电皇上接受福建"巡抚"任命，还定制了大批龙旗，准备遍插福州街头。7月3日，福州日本领事到督军署请李督军表达对复辟问题的态度，李厚基兴致勃勃地说："中国有采取君主制度的必要。从此老百姓可以过太平日子了。"他还说："关于这个问题，徐州会议早经决定，各省督军一致赞成，大事决无不成之理。"然而造化弄人，形势很快急转直下，第二天，又是那位日本领事在另一个场合遇到了李厚基，李督军的口吻来了个一百八十度大转弯，他大骂张勋不识时务，说他本人誓死拥护共和。还有那些曾在徐州会议签字同意复辟以及通电接受伪职、悬挂龙旗的地方军阀，此时纷纷变脸，由拥护复辟，变为拥护共和。以前那些骑墙观望的地方实权人物此时也争先恐后地发表通电，表示反对张勋复辟，拥护冯代总统、段总理联手讨逆。一些无法离开北京的"朝廷命官"也通过各种途径向冯、段阵营传话，表示自己虽"委身曹营，心乃向汉"。如被"朝廷"授予民政部左侍郎、京师巡警总厅厅丞的吴炳湘就多方托人给段祺瑞传话，说北京地方治安由他负责，保证不出问题，他是坚决反对帝制的，一有机会，他就起来反正。类似吴炳湘这样的人物很多，双方还未交兵，张勋已经处于众叛亲离之中。

段祺瑞的讨逆战事从 7 月 7 日开始，到当月 12 日结束，前后共打了 6 天，中间还有 4 天的屯兵不进，实际战事只有 2 天。

7 月 6 日，西路讨逆军由吴佩孚率领集中于卢沟桥，东路由段芝贵率领开进黄村，在丰台的辫子军陷于腹背受敌中。张勋只带了不到五千辫子军北上，这些兵有的进了城，有的在城外。用这些人在京城撒野，威胁总统和国会绰绰有余，用来作战就显得太少了。张勋原本认为各省督军站在自己一边，冯国璋、陆荣廷、段祺瑞至少不会反对，所以，压根没想到会有战事发生。如今战事真打起来了，他只能硬着头皮应战。

在以往的交战中，张勋一贯采取叫别人的军队打头阵，自己的军队留在后面督战的战法，如今他在北京又一次照搬这套老战法。当时，北京城除了他带来的不到五千辫子军，还有四个师的驻军，此外还有宪兵、警察和少量航空兵。而冯、段的讨逆军虽然说起来有所谓东、西、南三路大军，实际在前线作战的主要还是原驻马厂的第八师和驻廊坊的第十六混成旅。就前线实际交火的部队来讲，张勋这边的人数并不少。

7 月 7 日，张勋派吴长植的一旅和田有望的一团由京城开赴丰台，支援腹背受敌的丰台守军，并派辫子军二营督后。令张勋没想到的是，吴、田二人的部队刚出城便倒戈降了对方，驻南苑的第十一师李奎元旅和第十二师刘佩兰旅也随即倒戈，与讨逆军一道进攻辫子军营地，停在南苑机场的航空学校飞机也飞到丰台上空向辫子军阵地投掷炸弹，炸死、炸伤辫子兵数十人，还误中一个贸易市场，误死误伤十余人。当年的飞机所投炸弹较小，准确性不高，但给予参战双方官兵的心理影响甚大。辫子军何时见过这种阵势，一个个狼奔豕突地向后逃跑，讨逆军东西两路轻而易举地在丰台会师。

以上就是第一次"讨逆战争"。这次战争，双方在丰台阵地只有一小部分前哨发生了为时不久的接触。虽然互有交火，但战火不猛烈，京汉铁路和京津铁路的火车仍然能够安全通过丰台，说明战斗的破坏性并不大。辫子军的溃败，主要是由于北京驻军临阵倒戈，当然也证明辫子军的战斗力一般。

在南苑机场的飞机轰炸丰台辫子军阵地的同时，另有飞机还进入北京上空，在紫禁城里投了三颗炸弹。一颗落在隆宁门外，炸伤了一个抬二人肩舆的轿夫；一颗落在御花园水池里，炸死了几条小鱼；还有一颗落在西长街隆福门的瓦檐上没有炸，把聚在那里赌钱的太监们吓了个半死。这次突袭之后，刚刚热闹喧嚣了几天的紫禁城一下子安静了，磕头的不来了，上谕没有了，议政大臣们也不见了踪影，整个"朝廷"笼罩在恐慌的气氛中。

据考证，这是中国空军第一次实际参战，参战的是南苑机场的航空学校。张勋在北京策动复辟后，航空学校校长秦国镛一方面将校内人员眷属送往天津暂避；另一方面召集航校教员、学员、办事员等举行秘密会议，商讨对策。会上大家群情激愤，表示宁肯战死，决不附逆。会后，秦国镛校长又秘密联络驻南苑一带的十一师、十二师帅旅级各长官。此时，第十二师师长陈光远已经表明讨伐张勋的立场，并被段祺瑞任命为中路讨逆军总司令。7月5日，南苑航校得陈光远命令，正式参加讨逆战事。当天下午6时，学员张斌驾机飞往永定门一带侦察敌情。7日早晨，学员李士怡驾机飞入北京城内上空投掷传单，学员马毓芳驾机飞往黄村、卢沟桥、永定门一带侦察敌情，学员何士龙驾机飞往长辛店向西路讨逆军司令曹锟通报前方敌情。随后，航校飞机又参加了丰台的战斗，还对皇宫实施了突袭。他们直接炸死、炸伤的辫子兵数量并不多，但给予对方极大的心理震慑。

仅仅经过了一场小打小闹的交火，张勋的威风就大受挫折，复辟派惶惶然感到末日的到来。张勋致电参加徐州会议的各省督军，请他们实践诺言，赞成复辟。他在电报中说：前荷诸公莅临徐州会议，首先由张勋、赵倜、倪嗣冲、李厚基及诸代表揭出复辟宗旨，坚盟要约，各归独立。因此弟带队北上，经多方运筹，终于大功告成，奏请皇上复位。当下务恳诸公飞速赞成，以践前约。张勋在字里行间透着指责各省督军背弃前盟的意思，但到了这个时候，再说这样的话，还能有什么用？张勋还想再从徐州调些辫子军进京支援，但段祺瑞通知交通系统的人，将徐州车站附近的空车皮全部调走，徐州的辫子军根本动不了窝。

7月8日上午，原驻北京城外的第一师第一旅张锡元部攻进了朝阳门，接下来有可能发生巷战。北京警察总监吴炳湘匆匆忙跑去会见张锡元旅长，声明北京各城门已由"中立"的步军统领江朝宗接管，请该部退出朝阳门。原来，经过前一天的战事，张勋自知兵力单薄，故将辫子军集结于天坛、紫禁城及南河沿住宅三处，让步军统领江朝宗派"中立"部队防守各城门。张锡元旅长将这一新情况向上峰作了汇报，上峰同意撤兵，张锡元旅遂于中午退驻朝阳门外。于是，在北京城便出现了一种怪现象：驻守内城的辫子军悬挂着五爪黄龙旗，城外讨逆军悬挂五色旗，当中还有一个不挂旗的"中立区"，江朝宗仍用"九门提督"的名义发布各种"安民告示"，末尾既不称"大清帝国"，也不称中华民国，只是标出大清与民国两种日历的日期。

张勋自知他的辫子军难以抵挡讨逆军的进攻，便派所谓的"外交部大臣"梁敦彦央请各国驻华公使出面调停。梁敦彦到日本使馆的时候，还到黎元洪的住所表示谢罪。另外，段祺瑞也不希望在北京城里动枪动炮，便于8日派汪大燮、刘崇杰等外交人员入城与各国公使接洽，请他们转达张勋四项停战条件：（一）取消帝制；（二）解除辫子军武装；（三）保全张勋生命；（四）维持清室优待条件。同时，派军事人员傅良佐、曲同丰入城办理遣散辫子军的问题。

当时，各国驻华使节经常在一些纯属中国内政的问题上指手画脚，国内的一些军政官员遇事，也经常请外国公使出面表态支持，以显示自己背后有实力。这次事件又是如此。各国公使推荷兰公使为代表，将讨逆军的四项条件转达给张勋的"外交部"，并表示承认张勋为"国事犯"而加以保护。

"国事犯"是一个西方法律术语，是指侵害国家根本性政治制度、经济制度和国家安全的犯罪。按照西方法律制度，对于"国事犯"，别国有保护之例。

面对着巨大的军事压力，张勋知道大势已去，但他还想通过外交渠道的谈判，争取能率领辫子军安全退出北京，回到徐州，以图东山再起。他命梁敦彦向荷兰公使表达了这个愿望。

同一天，张勋、雷震春、张镇芳等人向溥仪提出辞表。溥仪批准解除他们的职务，并发表"圣谕"以徐世昌组织内阁，在徐世昌未到京前，由王士珍代行阁务。当然，这不过是张勋自弹自唱的一出闹剧。

当天，张勋又对外发表通电，重申当初策划复辟时，徐世昌、冯国璋等人都曾参与其谋，各省督军聚会徐州时，大家对复辟"尤深赞许"，所有这些"俱有可征"。言外之意就是告诉讨逆军，不要逼人太甚，否则弄到最后大家都下不了台。

张勋闯了大祸，到兵临城下的时候还想一走了之，确实把事情想得太简单了。他把北京的这个烂摊子一股脑儿地推给徐世昌和王士珍，也是看到这两人都是北洋派所推崇的元老。一直到这个时候，他仍认为北洋派并不是真心反对复辟，只是反对由他来包办复辟，如果换了徐世昌或者王士珍来辅政，那些反对复辟的人可能又会转变为赞成复辟。只要徐世昌或者王士珍肯出来收拾这个烂摊子，他就可以重回徐州，重整兵马，东山再起。为此，他一再打电报并且派人到天津迎接徐世昌进京"辅政"。但前些日子还与张勋密谈想当"摄政王"的徐世昌，此时却不愿再往火坑里跳。不过，徐世昌与

"内务府大臣"世续一直有信使往来，徐世昌请世续转告溥仪："切不可再见外臣，致生意外。"并说，关于中华民国初年约定的清室优待条款，他在外"已屡设法转商前途，仍当竭力维持"。

从7月9日起，北京城被讨逆军和近畿军四面包围，参与复辟的军政官员纷纷外逃，有人成功逃脱了，也有人在途中被捕。被称为复辟"文圣"的康有为仍然扮作农夫，躲过沿途军警搜捕成功逃脱。有些人就很不走运，如曾积极追随张勋谋划复辟的奉天第二十八师师长冯德麟在天津东站被捕，复辟派核心成员张镇芳、雷震春在丰台车站被抓获。

10日，在北京城里的王士珍、江朝宗劝告张勋接受解除武装的条件，张勋不服气，用歌谣式的言辞答道："我不离兵，兵不离城。我从何处来，我往何处去。"意思是仍然要带着辫子军回徐州。这一天，他又发表了一份通电，痛斥北洋派军人背信弃义、出卖朋友。他说，变更国体，事关重大，非张勋一人所独能主持。"去岁徐州历次会议，冯、段、徐、梁诸公及各督军无不有代表在场；即勋此次到津，徐东海、朱省长均极端赞助，其余各督军亦无违言。芝老虽面未表示，亦未拒绝。勋到京后，复派代表来商，谓只须推倒总统，复辟一事，自可商量。勋又密电征求各方面同意，亦皆许可，密电俱在，非可讳言。"第二天，张勋在自己的南河沿住宅接受一位西方记者采访。他态度镇静，说复辟一举是执行北方各省督军的共同意见，冯国璋有亲笔信，段芝贵、徐树铮参与鼓动，段祺瑞不是不知内情。他还信誓旦旦地说："我有他们的签名手折在此。我决不向他们投降！"

张勋直到复辟活动彻底失败，自己成了孤家寡人，仍觉得很冤枉，一直认为自己推动的复辟活动是经过徐州会议讨论，与会者都表示赞成甚至都签了名的。而且，他认为冯国璋、段祺瑞事先都预闻其事，而且都表示赞成，至少没有表示反对。后来他失势了，这些人一窝蜂地出来讨伐他，是背信弃义，是出卖朋友。他之所以会有这种受骗上当的感觉，有他自己的原因，也是受了身边幕僚蒙蔽的结果。

我们前面讲过，张勋为了推动复辟，先后召集过四次徐州会议，但这些会议并没有进行过认真讨论，都是张勋或者他的参谋长万绳栻一个人讲，大家在下边听。会议所形成的决定，其实只反映了张勋的个人意见，其他人只不过是随声附和而已。再说冯国璋和段祺瑞，当初袁世凯搞帝制他们都避之唯恐不及，如今怎么可能赞成张勋出来搞复辟？所谓冯国璋赞成复辟，是他身边幕僚故意伪造的假象；所谓段祺瑞赞成复辟，是徐树铮故意扯谎，骗他上当。而他之所以会屡屡上当，错误地理解了别人的心思，说到底还是他自己鬼迷心窍，一门心思地想复辟，看谁都像支持复辟的样子。

张勋兵败被围，自知大势已去，但就在那里硬撑着，不投降，不肯交出武装，那么，讨逆军怎么办呢？真的就拿他没办法了吗？

第十八集
复辟落幕谁主政

张勋兵败被围，复辟活动大势已去，但张勋在走投无路的情况下，仍态度强硬，坚持不让辫子军解除武装。

再说大清皇宫里面的事情。根据溥仪的回忆，讨逆战事开始以后，"大清帝国"前景堪忧，陈宝琛心急如焚。他与张勋商量后想出了"最后办法"，陈宝琛亲自拟了一道给张作霖的"上谕"，授张作霖为"东三省总督"，命他火速进京"勤王"。我们前面讲到，张勋复辟后在封疆大吏中，只授给了三人总督职务，除了张勋本人，另两位是两江总督冯国璋和两广总督陆荣廷。在第一批的任命诏书中，张作霖的职务是奉天巡抚，如今陈宝琛授予他"东三省总督"，确实属于破格提拔了。但问题是，先不说张作霖肯不肯带兵进京"勤王"，陈宝琛想要把这道"上谕"送到张作霖手里就不容易。"上谕"拟好后，盖上大清御玺，张勋派一个叫张海鹏的人火速送往奉天。结果，张海鹏刚出北京城，就被讨逆军拦住拿下，做了俘虏。

那些天紫禁城里面阴晴不定。给张作霖的"上谕"发出后，溥仪天天等着张作霖进京"勤王"的消息，但正如我们前面讲过的，送"上谕"的人已经做了俘虏，哪里会有什么"勤王"之兵？据溥仪回忆："正当宫中乱成了一团的时候，奏事处太监传来了'护军统领'毓逖禀报的消息：'奏上老爷子，张勋的军队打了胜仗，段祺瑞的军队全败下去了！'这个消息也传到太妃那里，这时，外边的枪炮声也真没有了，这一来，大家全眉开眼笑了。太妃们赶紧到钦安殿真武大帝和关帝像前烧香。"

其实宫中的消息完全不靠谱，段祺瑞的军队并没有被打败，只是投鼠忌器，没有一鼓作气打进皇宫来。

张勋在兵败被围的时候，还敢于对讨逆军说"不"，拒绝解除辫子军武装，一方面固然是认定讨逆军将领大多是复辟活动的参与者，这些人做贼心虚，不可能对他采取严厉处置；另一方面也是看到北京城里有各国外交使馆，估计讨逆军会"投鼠忌器"，不敢用炮火攻城，也不敢打激烈的巷战。因此，从7月9日到11日，不论是段祺瑞派人游说，还是王士珍在内部晓以利害，张勋仍然一口咬定要带辫子军回徐州，其他的一概免谈。

鉴于张勋的不屈服、不合作态度，11日晚间，段祺瑞决定武力攻城，具体计划是：以第一师进攻朝阳门，入城后继续向南河沿张宅进攻；第八、第十一、第十二师由永定门、庆安门进攻天坛，第三师由彰仪门进攻天坛及中华门。

12日拂晓，第三师开始进攻天坛。天坛是辫子军在北京城里最大的兵营，有三千辫子军驻守。在讨逆军并不很凌厉的攻势下，大部分辫子军挂起五色旗投降，一部分未投降的退往南河沿张宅。东路讨逆军由朝阳门攻进东单牌楼及东安市场，西路讨逆军由宣武门向北到西华门，残余的辫子军全部被压迫到南河沿一隅。此时，讨逆军从宣武门城楼上发出的一枚炮弹在张宅院中爆炸，张宅顿时火光冲天。讨逆军进入北京城后只用了这一发炮弹，而且命中了目标，引起辫子军的极大恐慌。张勋在两个荷兰人的保护下，坐上汽车逃往荷兰使馆躲避，残余的辫子军各奔东西，作鸟兽散，被剪掉的辫子扔得满街都是。

辫子军战败，张勋躲进荷兰使馆的消息很快传进紫禁城。这一天载沣来到养心殿，身后跟着陈宝琛。载沣是溥仪的父亲，晚清末期溥仪登基做皇帝时，载沣以摄政王身份主持朝政。辛亥革命后，载沣辞去摄政王职务，以醇亲王名义退归藩邸。中华民国成立后，载沣远离政治。这次溥仪复辟"亲政"，载沣一直未参与。如今复辟活动失败，他不得不出面帮着儿子收拾残局。跟在他身后的陈宝琛已经没有了几天前的亢奋，只是垂头丧气地递给溥仪一份《退位诏书》，溥仪看了眼诏书，又害怕又悲伤，不由得放声大哭。

讨逆军打败了辫子军，张勋躲进了荷兰使馆，"复位"没几天的溥仪再次"逊位"，但北京政坛却难以马上平静下来。因为旧的格局打破了，总统黎元洪躲进了日本使馆，冯国璋已经在南京宣誓代理总统，段祺瑞在天津建立了"临时国务院"，但内阁尚未及成立。而且国会已经被强行解散，下一步该怎么办呢？谁也说不清楚。

在讨逆战事尚在进行中的时候，参加讨逆的各派势力之间就已经纷争不断，最尖锐的斗争就发生在支持黎元洪的势力与支持段祺瑞的势力之间。冯国璋在其中也扮演了重要角色。

首先发生的是两场"总长风波"。

曾任段祺瑞内阁海军总长的程璧光与黎元洪交情颇深。程璧光是老资格的海军将领，黎元洪在晚清供职水师时，曾是程璧光的下属。黎元洪就任大总统后，极力推荐程璧光任海军总长。在黎元洪与段祺瑞的府院之争中，程璧光是"身在曹营心在汉"，他虽然身为内阁阁员，却站在黎元洪一边反段。段祺瑞指使"公民团"大闹国会的事件发生后，程璧光与伍廷芳、张耀曾、谷钟秀等阁员同时辞职，拆了国务院的台，使段祺瑞成了"光杆总理"。程璧光辞去海军总长职务后，即离京抵沪。张勋拥戴溥仪复辟的两天之后，也就是7月3日，程璧光与淞沪护军使卢永祥代表全体驻沪海陆军将士通电讨伐张勋。这以后，程璧光再也不提曾经辞职的事，重新以海军总长的身份在上海亮相发声。

程璧光和卢永祥讨张通电发表后的第二天，段祺瑞在天津以讨逆军总司令的名义发出讨伐张勋通电。程璧光坚持拥护黎元洪的总统地位，不承认段祺瑞讨逆军总司令身份。他下令让代理海军总司令林葆怿派出"海容""海琛"两艘军舰驶往北方，准备迎接黎元洪南下组织临时政府，反对敢于实行复辟政变的张勋和阴谋制造复辟政变的段祺瑞。程璧光为国民党籍内阁阁员，在上海的国民党人还曾致电日本公使，一方面感谢他们出面保护黎元洪大总统，另一方面告之已派军舰两艘赴秦皇岛，请日本公使"派人护送总统至秦皇岛，俾可登舰"。但日本公使并不买国民党人的账，回电答复说，京、津一带叛军很多，恐黎大总统出了使馆门，会遭遇外来暴力，难免会发生危险。说要等有了"万全之方，乃奉黎大总统出京"。如此一来，林葆怿的两艘军舰只能停在秦皇岛等候。据当时的报纸透露，日本公使曾向黎元洪说起过程璧光和林葆怿的计划，黎元洪对于日方的决定并未表示异议。就当时的情况而言，黎元洪虽然处处受北洋军阀挤压，但要让他到国民党人的地盘上去则有颇多顾虑。

程璧光以海军总长的名义在上海亮相发声，首先引起了段祺瑞的反感。因为段祺瑞已宣布就任国务总理，正在与手下亲信谋划组建新内阁的事。上次段祺瑞组阁，原本不打算让程璧光入阁做海军总长，后经黎元洪推荐，段祺瑞才做出让步。此番段祺瑞要自己做主，当然不肯再让程璧光染指内阁。不过当时正是讨逆初期，他主要的精力放在讨伐辫子军上；再说新内阁尚未成立，对于程璧光在上海的活动他还有些顾不上。

程璧光的电报及其在上海的亮相发声传到南京，冯国璋有些看不过去了。因为程璧光是代表驻沪海陆军将士对外发表通电，而且还要以上海作为讨逆基地，而当年上海属江苏省地面，冯国璋身兼江苏督军，对于程璧光在他的属地从事的军事活动，不能置之不理。于是，他去电质问程璧光：既然已经辞职，为什么还以海军总长的身份对外发声？程璧光马上给冯国璋发了份复电，电文说："海军直隶于大总统，本总长系奉大总统命令而来。"当时，黎元洪辞职并请冯国璋代理总统职务的电报已经见报，但程璧光只字不提黎元洪辞职、请冯国璋代理总统职务的事，甚至还说："大总统尚在，即大总统之号令未绝，不能认为全失自由。已派兵舰奉迎矣。"在言语之间，拥护黎元洪的立场十分明确。冯国璋不满意程璧光的答复，坚持认为程璧光已经不是海军总长，因为他已经提出辞呈并经黎元洪总统批准了，因此也就没有资格以海军总长的身份号令海军讨伐叛逆。

关于程璧光的海军总长资格问题，可谓仁者见仁，智者见智。拥护段祺瑞的一派认为，程璧光在"公民团"大闹国会事件后主动辞职，李经羲内阁成立后，任命萨镇冰为海军总长，程璧光为海军总司令。按照这项任命，程璧光当然没资格以海军总长的名义对外发表通电。而支持黎元洪的一派则根本不提程璧光辞职的事，只是说，自从6月14日张勋进京起，北京就在辫子军的控制之中，总统已失去自由，李经羲内阁只是张勋夹袋中的一个傀儡工具，并不具有合法性。再说，程璧光根本没有就任海军总司令，海军总司令职务由第一舰队司令林葆怿兼任。因此，程璧光的海军总长资格仍然存在。

程璧光在海军将士中较有威信，此次宣称"奉大总统之命而来"，又在上海这个北洋派势力控制下的城市宣言讨逆，当然不是北洋派所能容忍的。不过当时张勋正在北京导演复辟丑剧，全国群情激愤，程璧光此时通电讨伐张勋，北洋派纵使心怀不满，也不好大张讨伐。冯国璋只是与淞沪护军使卢永祥、浙江督军杨善德暗中联系，对程璧光和海军的行动给予密切监视。7月15日，段祺瑞在北京发表新的内阁成员名单，宣布刘冠雄任海军总长。22日，程璧光、林葆怿率所属舰队从上海南下广东，通电不承认北京政府。这场关于海军总长身份之争始告一段落。

程璧光的"总长风波"还未落幕，另一位段祺瑞内阁的阁员、外交总长伍廷芳也来到上海。伍廷芳曾以代理国务总理的身份副署命令免去段祺瑞的国务总理职务，随后又以代理国务总理的身份副署命令免去自己的代理国务总理职务。这也成为当时北京政坛的一个怪现象。6月14日，也就是在张勋进京的那一天，伍廷芳化装离开北京，去北戴河躲避，然后由北戴河乘太古洋行"奉天"号轮船于 7 月 6 日抵达上海。他乘坐的轮船尚航行在途中，上海一个叫"护国军后援会"的团体获知消息后，即在《申报》上刊登《欢迎伍博士旋沪之通告》，赞扬伍廷芳在代理国务总理期间保障共和、拒绝副署解散国会的总统令，号召上海各界届时前往码头迎接伍博士。7 月 6 日当天，伍廷芳乘坐的"奉天"号轮船驶抵上海码头时，欢迎者人山人海，场面盛大。

伍廷芳是以外交总长的身份来到上海，随身还带来了"外交总长"印信。他乘船抵达上海的那天，江苏省交涉员朱兆莘到码头迎接，伍廷芳与他见面交谈后，便以上海的江苏省交涉署为临时办公处，并于 7 月 7 日对外发表通电，不承认"大清帝国"外交部的合法性，通告各国驻华公使，"仍与本总长直接办理所有国际上一切外交事宜及应行商办事件"。

我们在这里要简单介绍一下"江苏省交涉署"。这是一个什么机构？为什么伍廷芳要选这里作为自己的临时办公处呢？

交涉署，又称交涉员公署，是民国时期在边境省份、外国人集中侨居的城市和有租界的行政区内设立的专门负责处理外事、侨务、海关、出入境工作的机构。上海外国侨民多，租界面积大，外事工作千头万绪，江苏省交涉署就设在上海。伍廷芳以外交总长身份来到上海，交涉员公署具有外事工作性质，交涉员朱兆莘又很热心，事先命人将公署前面一处带楼面的五大间房子腾出。伍廷芳看了觉得满意，便将自己在上海的临时办公处选在这里。

抵达上海的第二天，伍廷芳还致电冯国璋，告之自己已携带外交总长印信抵沪，如有外交上应行商办事件，请冯副总统"随时赐教"。此前一天，冯国璋已在南京宣布代理总统职务，但伍廷芳在电报中仍称冯国璋为"副总统"。次日，伍廷芳在接受《大陆报》记者采访时，预言张勋复辟必败，"不出数日将被逐出北京"。谈及讨逆后的北京政局，伍廷芳坚持认为："黎元洪当然仍为总统。"还说："黎总统之为人，除有时未能明察事理误听人言外，并无他错。"这些话，让冯国璋、段祺瑞听了，自然很不高兴。

伍廷芳以外交总长名义亮相发声的时候，段祺瑞已在天津就任国务总理，还在天津成立了"国务院临时办公处"，对于伍廷芳在上海以外交总长的名义亮相发声，段祺瑞感到惊异和愤怒。他立刻以国务院名义通电全国各界及各国驻华公使，否认伍廷芳的外交总长资格，声明伍廷芳在上海所办理的外交事务一概视为无效，并请冯国璋就近予以制止。

冯国璋当然也不愿意看到在自己管辖的地盘上出现一位谁都管不了的外交总长。他派副官何绍贤前往交涉，质疑伍廷芳的外交总长资格，但伍廷芳回答说，他本人的外交总长资格是无法否认的。在段祺瑞任总理期间，他虽提出辞呈，但被总统"留中不发"。后来李经羲组阁，还没有来得及任命外交总长，北京就出现了清室复辟。复辟后大清帝国设置的"外交部"及任命的"外交大臣"均属非法。所以伍廷芳讲，无论从哪个角度讲，他本人都是唯一合法的外交总长。在天津的段祺瑞也参与了这场辩驳，认为伍廷芳此前既然已经解除了自己代理国务总理的职务，同时也就解除了外交总长的本职。伍廷芳反驳说，自己的外交总长本职从来没有在官方文件上解除过。我们前面介绍过，伍廷芳早年留学海外，是中国近代第一个法学博士，又曾出任南京临时政府首任司法总长，是名副其实的法学权威，论起法理上的辩驳，冯国璋、段祺瑞自然不是他的对手。

冯国璋不愿意与伍廷芳打这种笔墨官司，他派副官何绍贤手持自己的亲笔信，请伍廷芳去南京"共商国是"，或者经由南京北上天津，因为段祺瑞已经在天津成立了"国务院临时办公处"。冯国璋的这个建议在法律上也是说得过去的，因为你既然是内阁阁员，就应当在国务院办公，应当参加国务会议。冯国璋在信函中称伍廷芳为"伍秩庸先生"而不称其为"伍总长"，明显带有不承认其为外交总长的意味。伍廷芳当然明白冯国璋的意思，他既不肯去南京，也不肯去天津，便敷衍说近日感冒，等身体好些了定当去南京当面聆听教诲。冯国璋说，你既然身体不好，就将印信交出来，外交总长由他人来做，伍廷芳也不肯交。

段祺瑞、冯国璋见伍廷芳既不肯北上天津，又不肯交出外交总长印信，便合演了一出"双簧"：段祺瑞以国务总理的身份提议，冯国璋以代理大总统的身份批准免去伍廷芳的外交总长职务。他们还通过淞沪护军使卢永祥给伍廷芳施加压力，想让伍廷芳离开上海；又通过江苏省省长齐耀林给江苏省交涉员朱兆莘下达指令，不准伍廷芳在他的交涉公署办公。所有这些，等于给伍廷芳来了个釜底抽薪。

面对着段祺瑞、冯国璋的釜底抽薪，伍廷芳该怎么办呢？

第十九集
追缴总统印信

伍廷芳以外交总长的身份在上海亮相发声，引起段祺瑞、冯国璋的极大不满。两人合作补行了免除伍廷芳外交总长的法律手续，又通过淞沪护军使卢永祥给伍廷芳施加压力，还逼朱兆莘不准伍廷芳借用江苏省交涉公署的场地办公，所有这些都相当于给伍廷芳来了个釜底抽薪。

其实，即使没有段祺瑞、冯国璋的釜底抽薪，伍廷芳也很难在上海办理真正的外交事务。因为在责任内阁制的政府运作中，重大外交事项需经国务会议讨论，议决事项由外交总长拟定文件，加盖印信，由国务总理签字，加盖国务院印章，再交总统签字盖印，最后由国会批准生效。而伍廷芳在上海只是借用交涉署的场地临时办公，根本没有国务会议，更不要说总统盖印、国会批准了。所以尽管他通电各国驻华公使，宣布一切外交事务均由他负责办理，但却没有收到任何回复，因为各驻华公使也知道，他一个"光杆外长"，拿什么来办理外交事务。

既办不成外交，又面临着段祺瑞、冯国璋的双重压力，伍廷芳无奈，只得致电江苏省省长齐耀林说：既然民国外交有人承办，自己正好"乐得卸肩"。随后即委托朱兆莘将外交总长印信送往天津。

程璧光、伍廷芳的"总长风波"至此告一段落。这场风波其实并非总长职务之争，而是有更深层次的原因。为什么这么说呢？

其实，程璧光、伍廷芳均非贪恋官位之人，当初段祺瑞主使"公民团"大闹国会后，二人愤然辞职就说明他们并不看重官位。他们以总长的名义在上海亮相发声，并不是在争总长的官位，而是在表明一种态度：支持由黎元洪继续担任总统。二人都声称是奉黎元洪总统之令来上海主持相关部务；都认为在张勋拥戴清室复辟、冯国璋代理总统职务后，黎元洪仍是合法的民国大总统；都主张平定叛逆后，仍应由黎元洪继续行使总统职权。而这也恰恰是当时国内各方势力博弈的焦点。

讨逆战事结束后，在国内千头万绪的混乱局面中，最急迫要解决的是由谁来做总统的问题：是由黎元洪继续做总统，还是将代总统"扶正"，让冯国璋担任总统。在这个问题上各派势力争吵激烈，西南各省和原国会、内阁中拥护黎元洪反对段祺瑞的人们主张应由黎元洪继续担任总统，程璧光、伍廷芳就是持这种主张的人；而北京政府中的北洋派代表和北方的各省督军则主张应由代总统冯国璋就任总统。

前面讲过，张勋拥戴溥仪复位后，黎元洪于7月2日派总统府秘书覃寿衡到天津发出由冯国璋代行总统职权的电报。电文讲，根据约法第四十二条及大总统选举法第五条的规定，请冯国璋以副总统代行大总统职务。为什么去天津发报呢？因为北京的电报局已经被张勋派兵看管住了，黎元洪的电报在北京发不出去，所以要派人去天津发。当年发电报，每天都有一个日期代码，7月2日的电报代码为"冬"字，所以黎元洪的这通电报又被称为"冬电"。主张由冯国璋就任总统的人据此认为，"冬电"出自黎元洪的自由意志，冯国璋取得总统地位既合法，又合情合理。但主张由黎元洪继续担任总统的人则提出另外一种说法。他们认为，冬电只是请冯副总统"暂在军署代行大总统职务"，并没有请他长期代行下去。意思是说，黎大总统在失去人身自由的时候，授权冯副总统暂代职权，一旦黎大总统恢复自由，当然要复任总统，冯副总统的代行资格也应随之消失。

在双方的激烈争执中，还有人对于冬电的真伪提出质疑，认为冬电是北洋派伪造的，因为在冬电发表不久，7月7日，上海《民国日报》《申报》等大报相继刊登出黎元洪的另一份电报。这份电报根本没有请冯国璋代理总统那样的话。电文先是扼要叙述了黎元洪为何请张勋进京调停，张勋如何逼迫解散国会乃至扶植清室复辟的过程，然后写道："元洪负国民付托之重，本拟一俟内阁成立，秩序稍复，即行辞职，以谢国人。今既枝节横生，张勋胆敢以一人之野心，破坏群力建设之邦基，及世界承认之国体，是果何事，敢卸仔肩。"意思是说，他原本有引咎辞职的打算，但不幸出了张勋复辟的事，他唯有起身捍卫共和国体，不敢懈怠。这份电报据说是黎元洪拟好文稿后，派亲信金永炎到上海发出的。之所以要到上海发，也是因为北京电报局被张勋的辫子兵把守发不出去。这与黎元洪拟好电文派覃寿衡到天津发报是一样的道理。但问题是，上海报纸登出的这份电报与天津的"冬电"有很大不同，最大的不同点就是没有提授权冯国璋代行总统职权，而是强调自己要起身捍卫共和国体。正是由于有了这个不同，所以有人就据此认定，"冬电"是假的，是北洋派伪造的，在上海发表的这份电报才是真正体现了黎元洪的本意。黎元洪根本没有授权冯国璋代行总统职权，打垮张勋的辫子军之后，由黎元洪继续做大总统是天经地义的事情。但马上有人提出反驳意见，说"冬电"的真实性毋庸置疑，金永炎在上海发出的电报才是伪造的。这些人还说，金永炎从来都是在黎元洪身边的一个搬弄是非、无中生有的阴谋家和说谎者。

两份电报，发报人是同一个人，但内容迥异，这种情况实在是不同寻常。于是人们认定，其中必定有一份真，一份假。但究竟哪个真哪个假，立场对立的人们，观点也就对立。

其实要弄清楚这个问题并不难，既然两份电报都声称是黎元洪所拟，黎元洪人在北京，一问就清楚了。再说，让覃寿衡、金永炎两人出示一下黎元洪所拟电文原稿也可以确定谁是谁非。但当时两派人物只热衷于争论，谁也不肯下功夫做这种求真求实的工作。

那么真实情况究竟是怎样的呢？两份电报究竟谁真谁假？

事情原本很简单。张勋拥戴清室复辟的头一天，也就是7月1日，黎元洪就清室复辟事件拟了三份电报稿，派金永炎去上海发出。金永炎这人我们以前多次讲到过，他是黎元洪的湖北黄陂同乡，是黎元洪的铁杆亲信，所以黎元洪要把重要的文电交他去上海发出。什么电报呢？第一通电报讲，张勋在北京实行复辟，自己身为总统严词拒绝，誓不承认；第二通电报讲，闻清帝上谕中有元洪奏请归政大清等语，完全是无中生有；第三通就是前面提到的由上海报纸刊登出的电报。当时黎元洪考虑的主要问题，是向全国表明自己反对清室复辟的态度，也包含着号召全国各界反对复辟的用意，但究竟该怎样处理此事，他还没有成熟想法，当然就不会有授权冯国璋代行总统职权的话。

在7月1日这一天，黎元洪除了派金永炎去上海，还派总统府秘书长夏寿康去天津。关于夏寿康去天津的事，我们以前讲过，夏寿康在天津见到了张国淦，张国淦建议黎元洪授权副总统冯国璋代行总统职务，任命段祺瑞为国务总理。夏寿康认为事关重大，当天便返回北京，将张国淦的建议对黎元洪讲了，黎元洪经过思索采纳了这个建议，并于次日派总统府秘书覃寿衡手持总统令及拟好的电文到天津发出。这便是"冬电"的由来。

由于天津距北京近，上海距北京远，那时的火车速度慢，由北京到上海要先走京津铁路，在天津换乘津浦铁路，再从浦口坐轮渡到南京换乘沪宁铁路，这才能到上海。所以金永炎虽然比覃寿衡早出发一天，到达目的地却比覃寿衡要晚几天。因此，金永炎的电报比覃寿衡的电报发出的时间晚几天也就不奇怪了。

7月13日，总统府秘书厅将"冬电"重新补发了一遍，并于次日发表一道通电，说明除前一天重新补发之冬电外，黎大总统在此期间"并无印电、手谕、任命状及特派专员之事"。按照总统府秘书厅的这个说法，"冬电"是真，其他电报是伪。但由于此时黎元洪尚在日本公使馆，总统府秘书厅实际控制在段祺瑞的手里，所以上述通电并不能平息争论。

除了两份电报的真假之争，在上海又发生了总统大印的争夺战，使得形势变得更加紧张，场面更加混乱。

总统大印不是在总统府吗？怎么上海还会发生争夺总统大印的事？请耐心听我讲。

前面讲了金永炎到了上海。几天后，黎元洪的总统府军事顾问丁槐也到了上海。金永炎是带了黎元洪亲拟的电报稿来上海，丁槐更厉害，他带了黎元洪交给的五枚大印！五枚大印分别是：中华民国之玺、荣典之玺、册封之玺、大总统印、海陆军大元帅印。这五枚大印象征着国家元首的权力与荣誉，其重要地位显而易见。黎元洪干吗把五枚这么重要的大印交给丁槐呢？主要还是因为黎元洪已经身陷辫子军掌控之中，他要让冯国璋副总统代行总统职务，就要将象征总统权力的大印交冯国璋使用。否则，冯国璋怎么代行总统职务呢？7月2日，黎元洪在亲拟的命冯国璋副总统代行大总统职务的电文中，就提到了这件事。黎元洪说："目前交通梗绝，印绶赍送深虞艰险。现已任命段芝泉为国务总理，并令暂行摄护，设法转呈。"从这个电文中可见，黎元洪原本是想命人将印绶送到天津段祺瑞处，由段祺瑞设法转交给冯国璋。在同一天，黎元洪还拟了以段祺瑞为国务总理的电文。电文中也说："所有印信文件，业经送津，请段总理暂行摄护，并设法转送副座。"这个电文的意思就更清楚了，黎元洪在拟定电文的时候，已经派人将总统印信送往天津。但不知为什么，丁槐却将总统的五枚大印带到了上海。合理的解释是，黎元洪命丁槐携大印秘密潜往天津，将大印交段祺瑞保管并相机转交冯国璋。但丁槐不赞成黎元洪任命段祺瑞为国务总理的决定，也不赞成让冯国璋代行总统职务，所以便自作主张将大印带到了上海。

丁槐，字衡三，云南鹤庆人，生于清咸丰四年（1854），比黎元洪大了整整10岁。他先在云南任职，后参加中法战争，作战勇敢，屡建奇功，人称"飞将军"。光绪二十九年（1903），任广西提督，成为广西的最高军事长官。中华民国成立后，获封陆军上将、奋威将军。蔡锷在京期间，他与蔡锷过从甚密。蔡锷逃离北京转赴云南的前夜，就是与丁槐、张绍曾等人在钱粮胡同聚寿堂通宵打牌，使袁世凯放松了警惕，从而在第二天成功逃离。丁槐是军界的老前辈，时人称其为"丁老前辈"。

丁老前辈此番携带五枚总统印信到达上海后，先是住在三洋泾桥一家叫"泰安栈"的旅馆里，旅馆不大，老板是黎元洪的湖北同乡。7月13日，丁槐对外发表谈话，否认黎大总统有"冬电"发表，说"冬电"是北洋派捏造的，并说黎大总统并未委托冯国璋代行总统职权，只是在7月1日发布过任命冯国璋为"匡复军"司令，丁槐为副司令，张绍曾为参谋长的三份命令，此外再无其他命令或通电发表。

丁老前辈的话显然不可信。7月2日，黎元洪在授权冯国璋代行总统职务的同时，还任命段祺瑞为国务总理。在电文中，黎元洪还特别声明："在副总统未经正式代理以前，一切机宜统由段总理便宜处理。"这就意味着，他已经将处理国务的所有权力都授予了冯国璋和段祺瑞，不可能再有任命冯国璋为"匡复军"司令的事，至于任命丁槐为"匡复军"副司令，张绍曾为参谋长，更是匪夷所思。甚至连所谓"匡复军"这样的名号，也没有在黎元洪的电文里出现过。

丁槐携带总统大印来到上海的消息，立刻传到冯国璋的耳中。冯国璋马上派副官长何绍贤到上海向丁老前辈索取总统印。丁老前辈与何副官长见面后，拒不交印，还给冯国璋写了封信，说印信是总统郑重托付保管，非亲见总统或总统的亲笔信函不能交还。丁槐还致电黎元洪说："槐昨日莅申，信物先以保险到此。河间代行职权，自应转赍，惟未奉有证状，未便率尔授受。"电报中还问黎大总统是否南下莅宁，这实际上是要请黎元洪南下，与程璧光等人唱的是一个调子。丁槐还特别对黎元洪讲，若有亲笔信函，请由"外邮妥寄"。电报发出后不久，淞沪护军使署即转来一份黎元洪的回电，要丁槐即日将印信送京，汇交段，再转呈冯国璋。丁槐住的客栈不便接收电报，黎元洪的复电发给了上海的最高军事机关——淞沪护军使署。按说问题总该解决了吧，但丁老前辈接电后表示怀疑，称仍要等候黎大总统的亲笔信函。

丁槐的答复让冯国璋大为不满，他认定这位丁老前辈存心不想交出总统印信。此后，丁槐住在泰安栈屡次接到匿名恐吓信，同时发觉有人在暗中监视他的行动。他感到事态严重，出于安全起见，乃谢绝湖北老板挽留，由泰安栈搬到公共租界里的客利饭店居住。客利饭店位于江西路上，是外国人开的，那时中国军警不能在租界里捕人，绑匪绑票的事也比华界少些，丁老前辈觉得住在这里安全较有保障。

丁老前辈住在租界的饭店里整日不外出，自以为安全了。但没想到，7月20日夜半时分，英国会审公廨忽然派巡捕把他捉了去，并在房中搜出了被他视为宝贝的五枚大印。所谓会审公廨，就是设在租界内的审判机关。那么，租界里的审判机关为什么要捕丁老前辈呢？原来，丁老前辈拿着五枚总统大印不肯交给冯国璋，冯国璋便命令淞沪护军使卢永祥与上海领事团交涉，说丁槐偷了中国政府的总统大印，正潜藏在公共租界里，请求引渡。上海领事团接受中国地方军政长官的要求，派巡捕将丁老前辈捉了起来，次日即引渡给淞沪护军使署，与人同时移交的还有那五枚总统大印。

丁老前辈被捕引渡后，被以盗印罪名押解北京候审，但抵京后并没有被起诉，因为说他盗窃总统大印并不准确，大印是总统亲手交给他的，他只是不肯交给冯国璋而已。所以，他被关了些天便释放了。当然，他藏匿的那五枚大印还是落入冯国璋之手。

我们再说段祺瑞这边的事。对于总统职务的安排，段祺瑞已经成竹在胸。他不善言辞，也不喜欢在政坛上与对手做口舌上的较量，他更喜欢靠实力说话。7月14日，段祺瑞以胜利者的姿态离开天津，回到北京。与他同车返京的还有汤化龙、张国淦等民国要员。当天在府学胡同段宅讨论关于由谁来做总统的问题，张国淦建议迎黎元洪复职。他只说了一句话，段祺瑞就沉下脸来咆哮着说："这是什么意思！我今天还能和他共事?!"张国淦劝他冷静些，并说："和他共事容易，换另一个人来当总统就很难了。他是一个赤手空拳，又受过挫折的人，今后当不会再闹意气。"张国淦的话委婉动听，段祺瑞倒是能听得进，不过他对于黎元洪免他总理职这一幕创痛甚深，并不肯接受张国淦的建议。这时，段祺瑞身后跑出一个拿手枪的人大声叫喊："哪个敢替黎某人做说客，就以军法从事！"

这位拿着手枪大喊大叫的人是谁？他真的敢在段祺瑞面前开枪结果了张国淦的性命吗？

第二十集
黎宅凶杀案

　　张国淦在府学胡同段宅当面劝说段祺瑞让黎元洪复职继续做总统，他话音刚落，一个人就拿着手枪从段祺瑞身后跑了出来，嘴里喊着："哪个敢替黎某人做说客，就以军法从事！"

　　说这话的是讨逆军总部的军法处长丁士源。他是段祺瑞的亲信，在刚刚结束的讨逆战争中出力不少，自以为立了功，便敢于在段祺瑞面前大喊大叫。当然，他能做的也只是喊叫而已，真要开枪把张国淦这样的民国要员杀了，他恐怕还没有那个胆量。段祺瑞见他喊得凶，朝他摆了摆手，他也就退回去了。

　　以前张国淦曾在黎元洪面前建议慎重罢免段祺瑞国务总理职，黎元洪的幕僚金永炎掏出手枪来，厉声骂他是段祺瑞的说客；现在段祺瑞的幕僚又骂他是黎元洪的说客，弄得他两边不能做人。对此，张国淦只能报以苦笑。

　　段祺瑞处在两难选择中，要么让黎元洪恢复总统职务，要么将冯国璋扶正做总统，二者都不是他理想的选择。从内心来讲，他并不主张迎接冯国璋到北京做总统。他深切了解到，冯国璋的野心大，手中有兵权，在北洋派中拥有不少喽啰。如果让冯国璋做了总统，肯定比手无寸铁的黎元洪更难对付。返京之前，他在天津曾与幕僚们秘密讨论过，拟于到达北京后，授意北方各省督军通电拥戴徐世昌为临时总统，由他本人出面组织一个临时政府，等过段时间召集新国会后再选举徐世昌为正式总统。他认为，徐世昌在北洋派中的地位超过冯国璋，容易得到北洋派的拥戴。而且徐世昌是个文人，容易控制。但他还没有来得及布置这套计划，一些没有摸到底细的督军就纷纷通电表示拥护冯代总统，吁请冯国璋到北京代行总统职权。在这种局面下，如果段祺瑞再出面阻止冯国璋出任总统，可能会引起北洋派的分裂而使西南各省有隙可乘。当然，如果让黎元洪复职就可以拒绝冯国璋进京做总统，可是段祺瑞对黎元洪已恨至极点，不愿再把黎元洪摆在自己的头顶上。段祺瑞又转过来一想，当下既然是采取责任内阁制，谁来做总统，都会处于没有实权的地位。把冯国璋调到北京来当总统，比让他在南方有兵权、有地盘，能够遣将调兵，反倒更容易对付些。这样一想，他便决定迎冯国璋进京做总统。由于有了这样的想法，所以当张国淦劝他让黎元洪复职做总统时，他就显得有些不耐烦。

段祺瑞决定由冯国璋进京做总统，无疑正中冯国璋的下怀。而黎元洪会心甘情愿地放弃总统职务吗？

当时黎元洪仍住在日本公使馆里，他是在张勋策动的复辟活动中以政治避难者的身份躲进日本公使馆的，如今张勋复辟已经平息，理当由中国政府派人到日本公使馆中接他出来。在此局面下，张国淦劝段祺瑞在礼貌上对黎元洪要有所表示。他的理由是："你今天的国务总理，仍是他所任命，他现在还在日本领事馆中，理应接他出来。"段祺瑞采纳了张国淦的建议，第二天上午即动身亲赴日本公使馆。他先是约见日本驻华公使林权助，对其在混乱局面中保护中国总统安全表示谢意，然后又上楼拜见黎元洪。段祺瑞向黎大总统略述了讨逆进军的情形，并称："今兹幸叨总统威福，得不数日即平大乱。"话说得很恭顺，但神色颇显傲慢，而且语含讥讽。对此黎元洪也不能过于计较。今非昔比，如今段祺瑞是以胜利者的身份重回北京，而黎元洪仿佛又成了高级俘虏。段祺瑞请黎元洪即日出日本公使馆回公府，也就是让他再回总统府继续做大总统。黎元洪知道这绝非段祺瑞之本意，连忙表示："我已打定了辞职的主意，今天决不能再回公府。"段祺瑞也不再坚持。当天下午，段祺瑞派江朝宗等人将黎元洪接出日本公使馆。黎元洪没有去总统府，而是径直回到东厂胡同私宅。据当时的报章报道："江朝宗以汽车一辆、卫兵数人，送至东厂胡同私宅。"场面很是清冷。

对于沸沸扬扬的总统权位之争，此时的黎元洪又是另有一番心态。从府院矛盾到宣战风波，从解散国会到张勋复辟，一次次的政潮恶浪让黎元洪吃尽了苦头，也使他感到心力交瘁。他算是真正领教了北洋军阀的厉害，懂得了无将无兵在政坛根本无法立足。他在与段祺瑞的政治斗争中步步失算，最后竟落到引狼入室、与虎谋皮的地步，乃至被迫解散国会，直接导致了清室复辟。这中间虽然每次事变都是由北洋军阀所促成，但每次又无不是借黎元洪之手，于情或有可原，于理则无以自解。在府院对峙、黎元洪尚有凭借的时候，段祺瑞就对他横眉冷对，黎元洪已经感到不堪忍受，如今黎元洪已经形同俘虏，而段祺瑞则挟讨平叛逆之余威，气焰不可一世。在这样的局面下，如果黎元洪仍厚着脸皮留任总统，将来在政坛上会出现怎样的局面，黎元洪想想都觉得不寒而栗。而且黎元洪也清楚地知道，不仅段祺瑞一派反对他留任总统，就是反段派也只是把他留任问题作为政治斗争的策略，如果他当真留任做了总统，这些人也未必真能给他以实际支持。由于有了这样的想法，所以对于外面关于"冬电"真伪，以及印信风波，他都装聋作哑，既不出面澄清，也不公开表态。

7月14日，黎元洪由日本公使馆返回东厂胡同的当天，便接连对外发表两通电报，表示决不复任总统。一通电报简短，只说自己已移居东厂胡同，"拟即赴津养疴，此次因故去职，负疚孔多，以后息影家园，不闻政治。"另一通长电用语沉痛，自责严切，而且很煽情。电报先是说外界近来颇有流言，说总统欲复职。然后亮明观点，说"此次因故去职，付托有人，按法既有复任之文，揆情岂有还辕之理"，表示自己绝无复职的道理。同时，他把下令解散国会、电召张勋进京以及自己逃往日本公使馆等"愆尤"列为引咎辞职的理由。这份长电由其"文胆"饶汉祥捉笔写成，措辞极为沉痛，对自己无一句开脱，对左右无一句怨言。他把讨伐叛逆、恢复民国归功于冯国璋和段祺瑞；对参与叛逆的北洋将领和地方军政官员则曲加原谅，称他们的行为系"爱国之忱"；对于西南各省，则劝其保持统一，勿为"兄弟阋墙之事"。黎元洪的这通长电发表后，人们普遍认为这是因为他身处困境不得不做出的一种姿态。当然，他没有为自己的过失辩护，也确曾博得不少人的同情。

黎元洪在电报中讲，他不打算复任总统了，而是想到天津去养病，但在当时的情况下，没有段祺瑞的同意，他事实上什么地方也去不了。而段祺瑞顾忌到南方各省正试图利用黎元洪的影响与北洋派对抗，而且程璧光、林葆怿派来的两艘军舰还停靠在秦皇岛码头等待迎接黎元洪去南方。鉴于现实的政治考量，段祺瑞既不同意让黎元洪复任总统，也不愿意放他去天津。所以，黎元洪只能待在东厂胡同的私宅，哪儿也去不了。

7月16日，也就是黎元洪由日本公使馆回到东厂胡同的第三天，黎宅还发生了一件骇人听闻的凶杀案。

那天早上6时左右，黎元洪早晨起床后在自家花园散步。他有早睡早起的习惯，每天很早起床，起床后在自家花园散步。这天正在散步的时候，忽然看见一个大汉手持一把明晃晃的大刀，东张西望地朝他走来。黎元洪意识到来者不善，便蹑足轻声躲进花厅里。那人好像没有看到黎元洪，径直朝另一间花房走去。此时，黎宅的卫士听到动静，纷纷冲出来捉拿刺客。那人舞动着大刀与卫士搏斗，一连砍死三人，砍伤两人，可见身手不一般。此时黎宅警铃大作，那人飞步向外逃跑，卫队紧紧追赶。那人逃到东口小巷，被一名卫士从身后开枪打死。

随后，京师军警到东厂胡同黎宅查勘凶杀案，很快就查出了结果。凶手叫王得禄，山东曹州人，现任黎宅卫队排长。警察厅对外发表公报称，此人"是一个精神病患者"。还说黎元洪的卫士曾在被火焚毁的张勋宅内抢东西，因分赃不匀，发生内讧，互相仇杀。公报又说，黎宅卫队共有三百余人，都是总统用私人名义招募来的。公报还特别强调，此案与政治无关。这份公报显然有许多不能自圆其说的地方，既然是精神病患者，怎么可能长期留在黎元洪的总统卫队中，而且还当上了排长？再说，与同伙到张勋宅府内抢东西，后又因分赃不匀而互相仇杀，也不像是一个"精神病患者"所为。至于公报中强调的"与政治无关"，更给人一种"此地无银三百两"的感觉。

发生在黎元洪私宅的凶杀案，使人们又一次想起了京城几年前发生在蔡锷宅院的一件事。

那是在民国四年，也就是1915年秋天的一天清晨，居住在北京棉花胡同的蔡锷刚刚起床。突然，门口人声嘈杂，一个操着天津口音自称"刘排长"的人推门闯入，厉声说："检查！"随后一伙人一拥而入，在每个房间倾箱倒柜地搜查了一番。结果是一无所获，一伙人带着失望的神情悻悻而去。后来执法处长雷震春向蔡锷解释说，这完全是一场误会。按照雷震春的说法，蔡锷的住宅原来是天津一位大盐商何仲璟的产业，交由一位姓福的亲戚代为管理。何仲璟还是袁世凯的亲家，即袁世凯的四儿媳是何仲璟的侄女。带人强行进院搜查的刘排长是何仲璟家的旧仆。宣统三年（1911），盐商何仲璟的姨太太曾派他携带一批珠宝细软寄存在此，托姓福的亲戚代为看管。事隔多年，何仲璟已死，何仲璟的姨太太也不知去向，刘某从军当了排长，心里一直惦记着那批珠宝细软。于是，便私自带兵前来搜查。没想到何仲璟的那位亲戚早不知去向，此处时为蔡锷将军所住。

雷震春的解释显然难以自圆其说。何仲璟既然是袁世凯的亲家，刘排长就没有不知晓的道理，知道与袁大总统沾亲，一个排长怎敢公然带兵搜查？对此，人们普遍的解释是，袁世凯对蔡锷不放心，想利用突然搜查的方式，看有没有"违禁"的东西。好在蔡锷处世谨慎，刘排长无功而返。段祺瑞掌权以来，一些鸡鸣狗盗的事情，比如，督军团、公民团之类，大多学着袁世凯的招数，如今黎元洪宅出了凶杀案，人们很自然地又想到了袁世凯曾经的做法，认定段祺瑞是这起凶杀案的幕后指使，一定是想通过此案达到什么不可告人的目的。

段祺瑞以"再造共和"的身份回到北京后，西南各省和全国的反段势力对于他的内阁总理身份提出质疑，认为他暗中怂恿张勋复辟，应当承担相应罪责。他们仍然拥戴黎元洪为合法总统，程璧光派出迎接黎元洪南下的两艘军舰还停泊在秦皇岛港口。在这样的局面下，段祺瑞即使已经把黎元洪控制在北京，仍然很不放心，担心黎元洪会与当年的蔡锷一样逃出北京。黎宅凶杀案就是在这样的背景下发生的。当时《字林报》所发电讯即认为："黎总统私邸之骚扰，含有阻止总统前往秦皇岛转赴南方之恶意。"外间还有人传说，这场凶杀案是由段祺瑞的亲信、陆军部次长傅良佐主使的。对此，黎元洪心里似乎也明白，但只能隐忍不发。

凶杀案发生后，黎元洪不敢留居东厂胡同私宅。他把张国淦找了来说："现在怎么办？我变成下台总统，可是又走不了，像今天这种情形，我这条命早迟要断送了的。"张国淦说："他们说凶手有精神病，是分赃不匀而互相杀戮，你就让他们这么说好了，既不能争辩，也不必声张，因为事情再闹僵了，你更没有出京的机会。"张国淦还劝黎元洪不妨先到法国医院住段时间。黎元洪听从了张国淦的劝说，在张国淦陪同下，来到法国医院办理了住院手续。

法国医院，本名叫圣米歇尔医院，因其为法国人开设，院内多为法国医生，北京人便称其为法国医院。医院位于北京东交民巷，院长贝熙业是法国驻北京公使馆医官。此人医术精湛，为人随和，与蔡元培、李石曾、梅兰芳等众多中国文化名人关系密切，也是京城军政高官信赖的医生。我们前面讲过，袁世凯临终前曾由一名法国医生给注射了一针强心剂，那名法国医生就是贝熙业。袁世凯死后，黎元洪、段祺瑞等高官也经常找"贝医生"给看病问诊，因此，贝熙业在北京又被人戏称为"皇帝的医生"。法国医院有六十多张病床，不仅医疗设施齐备，食宿条件也属一流，医院的西餐在京城就很有名气。加上医院的法国背景，地方军警及各类黑社会组织不敢到这里捣乱，因而这家医院也成为一些军政高官躲清静、调养身体的理想场所。张勋复辟期间，黎元洪从总统府逃出，起初也是来到这家医院，但由于形势特殊、紧张，医院以没有住院手续为由，没让他进门。如今，黎元洪的私宅出了凶杀案，他不敢再在家里住，便由张国淦居间活动，躲进来"住院"休养。

黎元洪前脚进了法国医院，段祺瑞紧接着就派江朝宗去整顿黎元洪的总统卫队。江朝宗以黎大总统的卫队分子复杂为理由，解散了整个卫队，另派军警保护东厂胡同黎宅。如此一来，人们终于算是看出了点门道：黎宅发生凶杀案，段祺瑞倒不一定真想结果了黎元洪的性命，但通过此事暴露出黎宅卫队分子复杂，予以解散，再换上自己信得过的军警，黎元洪便成为"笼中之雀"。

黎元洪住在法国医院里，他还看到了不少参与复辟活动的人也在此躲避，黎元洪不愿意与这班人为伍，他想去青岛"避暑"。但段祺瑞不答应，因为青岛就在海边，停泊在秦皇岛港口的两艘南方军舰很容易去青岛把黎元洪接走。段祺瑞提出请黎元洪住进团城以便进行周密的"保卫"，黎元洪又觉得难以接受。

北京的朋友可能都知道团城，位于北海南门西侧，是一个孤立、封闭的小城堡。诚如段祺瑞所言，团城确实易于进行周密保卫。不过黎元洪心里明白，自己如果住进团城，就如同住在瀛台的光绪皇帝一样，真的成了段祺瑞的俘虏，所以无论如何也不肯答应，只好在法国医院继续"养病"。

在黎元洪离开日本公使馆回到东厂胡同私宅的那天，冯国璋在南京发表通电，表示愿"以国璋代理之职奉还黎大总统"。黎元洪在法国医院居住期间，陆续收到各省要求他复职的通电，至 20 日，已有云南唐继尧、两广陆荣廷、湖北王占元、江西李纯、湖南谭延闿、吉林孟恩远、河南赵倜、新疆杨增新等十八位地方大员发表通电，热切要求黎元洪复职。

那么，面对着冯国璋的"谦让"和各省地方大员的劝进，黎元洪将如何答复呢？他会重新出山就任总统吗？

第二十一集
冯国璋进京

讨逆战争结束后，冯国璋在南京发表通电，表示愿将所代理之总统职权奉还黎大总统，云南、两广、江西、湖北等地方官员也发电促请黎元洪复职。对这些通电，黎元洪一概不予回复。因为在此期间，反对他复职的也大有人在。如 7 月 18 日，沪上报纸刊登了国会议员张大昕、张伯烈、刘成禺、胡祖舜等人发给黎元洪的一封电报，劝他："为国人留体面，勿复职，天下谓公尚知耻。"这几名议员以前曾是黎元洪的积极拥护者，如今对他给予如此不客气的指责，这就使黎元洪认识到，复任总统之路万不可行。23 日，黎元洪特对"某要人"发表谈话说："余今已决定，俟大局平定之后，或出洋游历，或归省倡办实业。无论如何，断难重行登台。"

黎元洪当时最关心的问题，就是他何时能够离开北京。住院期间，法国公使曾专程到医院对他表示慰问并问及复职之事，黎元洪坚决否认自己有复职的打算，表示："余决计避贤，不与国事。"但是即令如此，段祺瑞仍对其疑忌重重，不仅派人在医院里监视他的一举一动，对他的亲信也暗中密查，同时不吝金钱，千方百计地收买拉拢黎元洪身边的工作人员。如此一来，黎元洪真有度日如年之感。谈及出京事，几乎泣下沾襟。

为了早日离开北京脱离苦海，他多次向湖北同乡汤化龙和张国淦求助，这两人都与段祺瑞走动颇密，汤、张二人听过黎元洪的陈述后说，现在向段祺瑞提出离京请求没有用处，因为段祺瑞肯定不希望黎元洪脱离自己的控制。但是如果冯国璋将来进了北京，局面就会有所不同。假使冯国璋在北京做了总统，自然不喜欢旁边还住着一个前总统。到了那时，再去求助于冯国璋，问题或许就容易解决了。黎元洪听了二人的分析，觉得言之有理，心情渐渐安定下来。他先是派人到天津找好了房子，让家眷先离开北京去天津住下，自己则继续住在法国医院里，静待冯国璋进京。

再说冯国璋那边。冯国璋于 7 月 6 日在南京宣布就任代理大总统，同时下令免去李经羲的国务总理职，正式任命段祺瑞为国务总理。其实，此前黎元洪已经有了任命段祺瑞为国务总理的总统令，冯国璋等于给段祺瑞加了个"双保险"。冯国璋当时就任的是代理大总统职务，对于能够代理多长时间抑或长期代理下去，冯国璋自己也不是很有底。至于今后是否进京当总统，更是来不及多作考虑。

当时冯、段两派内部对此问题也看法不一。徐树铮、丁士源一派力主段祺瑞自行代摄总统，担心冯国璋手握兵权，再加上总统名义，比黎元洪更难对付。但张国淦等人却认为，从法理上讲，大总统因事故不能行使职权，方可由副总统代理。现在讨逆战争结束，黎元洪已经可以走出东交民巷行使职权。而且，即使黎元洪由于种种原因不能再干，也应由副总统冯国璋代理，无论如何总不能名不正言不顺地由段祺瑞自行代摄。段祺瑞本人也感到由自己代摄总统有些不合法理，但对黎元洪复职又有所顾虑，一时拿不定主意。就在此时，直隶督军曹锟等北洋将领已纷纷发出通电，呈请"代总统进京执行职权"，倪嗣冲在电报则直呼冯国璋为"我大总统"，称黎元洪为"前大总统"。这些地方军阀的瞎起哄弄得段祺瑞有些骑虎难下，担心因总统问题悬而不决在北洋派内部引起事端，便决心迎冯国璋北上。15 日，段祺瑞派司法总长林长民赴南京，敦促冯国璋迅速北上就职。

林长民，林徽因的父亲，梁启超的朋友。段祺瑞之所以派他赴南京，是因为他曾在冯国璋的副总统府里做过秘书长，与冯国璋过从密切，他的话冯国璋可能听得进去。林长民到南京后给冯国璋做了番工作。紧接着，段祺瑞又致电冯国璋，促其进京。

对于是否北上赴任，冯国璋尚在犹豫中。他知道北京是皖系的势力范围，他的势力范围在南京及长江下游。他身边的人对此意见也不统一。夫人周砥和女婿陈之骥等人认为，冯国璋不能离开经营多年的南京和自己的军队，去北京做空头大总统；而参谋长师景云等人则认为，目前中央无主，元首虚悬，正是冯国璋扩大权势的大好机会。两种意见都说得头头是道，冯国璋听了不断点头，但究竟该怎么办，他还是拿不定主意。

就是在这样的背景下，林长民来到南京，代表段祺瑞迎接冯国璋进京就职。紧接着，段祺瑞催促冯国璋进京的电报也到了。考虑到黎元洪坚拒复职在前，段祺瑞来人来电催促在后，冯国璋答应进京就职，并初步决定于7月26日启程北上。

再说段祺瑞那边。通过平定张勋复辟，段祺瑞便以所谓"再造共和"的英雄自居。而段祺瑞之所谓"再造共和"，并非要恢复原有的民国，而是要依据自己的意志"再造"一个民国。具体些讲，就是要"再造"一个国会。

在与黎元洪的府院之争中，段祺瑞把国会视为眼中钉，这次上台后便不肯恢复旧国会。他手下的人还替他编了一套理由，说国会在张勋复辟前已由时任大总统的黎元洪命令解散了，此时断无恢复之理。但是民国又不能没有国会，那怎么办呢？有人给他出主意，说在旧国会已经解散，新国会还没有成立的时候，可以召集一个临时参议院来代行国会的立法权。这是仿效民国初期的做法，即在南京临时政府期间，曾召集临时参议院作为过渡性的立法机关。按照段祺瑞这班谋士的说法，今天讨平张勋复辟，情况类似于民国刚成立时，已经解散的旧国会当然不该再召集，只能由临时参议院修改《国会组织法》与《参众两院议员选举法》，然后再根据这些新法召集新国会。段祺瑞觉得这个办法不错，既可以废弃他所憎恨的旧国会，又可以由他控制下的各省军政长官推选代表筹办临时参议院。在此基础上，组织一个他能够驾驭得了的"新国会"。这当然是段祺瑞求之不得的了。

7月20日，段氏内阁举行讨平复辟政变后的第一次国务会议，通过了召集临时参议院的决定，并推举梁启超起草通电征求各省当局对于召集临时参议院的意见。

段氏内阁的通电发出后，北洋派的封疆大吏纷纷复电随声附和，国民党人则坚决反对，孙中山在广东领导开展了"护法运动"，就是拥护《临时约法》，要求恢复被非法解散的国会。在护法运动中，西南各省陆续发表通电，表示拥护孙中山的主张。与此同时，西南各省还明确表示拥护黎元洪复职，反对冯国璋代理总统。

7月21日，冯国璋在南京接到了两广巡阅使陆荣廷的电报，劝他"暂缓就大总统职，仍请黄陂复位"。陆荣廷电报中所说的"黄陂"，就是指黎元洪，因为黎元洪是湖北黄陂人，时人便常称其为"黎黄陂"。陆荣廷其人我们在前面已多次讲到过，是当年政坛上举足轻重的大人物，他的这通电报让冯国璋对于北上就职一事又有些退缩。23日，也就是在接到陆荣廷电报的两天之后，冯国璋对外发表通电，宣布："予即日起，依法停止代行大总统职权，仍领江苏督军事。"至于去北京就职的事，当然也就不再提了。

冯国璋关于"依法停止代行大总统职权"的电报刚刚发出，段祺瑞派靳云鹏等人迎接冯代总统进京之专车已到达浦口。靳云鹏其人我们前面也多次讲到过，他是段祺瑞的铁杆亲信，带来了段祺瑞的"肺腑之言"。

靳云鹏在南京与冯国璋作了长时间密谈。他从北洋派团体的共同利益出发，力劝冯代总统进京就职。他还向冯国璋表示，段祺瑞此次组阁，一定服从冯代总统的命令，并以"二人同心，其利断金"的古语力促冯、段合作。靳云鹏还对冯国璋密语道，今日北洋派只可进，不可退，西南各省的反对，不过是一部分人的主张，"万一决裂，即采用段总理之主张，以兵力对付之"。冯国璋当年劳神费力地谋得副总统职务，就是希望有朝一日可以弃副归正，如今机会来了，从本心讲他是不肯放弃的，前一天电报里所说的"依法停止代行大总统职权"，其实是言不由衷，或者也包含有试探各方反应的意味。如今经过与靳云鹏的一番谋划，他又变了腔调，答应北上就职做总统。

冯国璋答应归答应，原有的顾虑并未消除。为了在北上后继续保住江苏的地盘，他向段祺瑞提了两个条件：一是调江西督军李纯接替他走后所遗的江苏督军职务；二是提升第十二师师长陈光远为江西督军，接替李纯在江西的职务。李纯、陈光远，再加上湖北督军王占元，在北洋系中都属于以冯国璋为首的直系。这是冯国璋在长江流域布置势力范围的一个重要步骤。段祺瑞原想以自己的心腹段芝贵接手冯国璋北上后所遗下的江苏督军空缺，但为了先稳住大局，只好答应了冯国璋的条件。当然，段祺瑞也提出自己的条件，一是任命亲信傅良佐为湖南督军；二是任命段芝贵为京畿警备总司令；三是任命吴光新为长江上游总司令兼四川查办使。这三个条件让冯国璋很不舒服，特别是段祺瑞让自己的亲信担任湖南督军、四川查办使，明显有对西南用兵的意味，这是冯国璋大不赞成的事。但在当时为了双方的合作大局，冯国璋也答应了段祺瑞的条件。为了防止自己进京后受制于人，冯国璋又将长期跟随自己的禁卫军扩大为两个师，以刘询任第十五师师长兼"总统拱卫军"总司令移驻北京，以王廷桢任第十六师师长留守南京，与江西调至南京的齐燮元师作为巩固江苏地盘的两支主力军。

7月29日，冯国璋对外发表通电，宣称："兹定于三十一日早自宁出发，至京后亲造黄陂寓邸，固请复位，使国璋卸去代理职权，不胜大幸。"这道电文很有意思，他明明是要进京做总统了，却说什么要亲自进京劝说黎元洪复职，这文字游戏也真算是做到家了。

7月31日，冯国璋率第十五师师部及随从人员参谋长师景云、军务处长熊炳奇、军需总监张燮元等人北上。动身前，他特别安排继任江苏督军李纯及南京交涉署交涉员温世珍与英国驻南京领事和西南桂滇等省保持密切联系。这说明，冯国璋是怀着对段氏集团的重重戒心离开南京的。

8月1日中午，冯国璋乘坐的专车驶进北京。由于他此前曾在电报中讲，至京后要亲造黄陂寓邸，当天上午10时，新任内务总长、黎元洪的湖北同乡汤化龙打电话通知黎元洪，说冯国璋代总统的专车将于中午12时抵京，建议黎元洪回东厂胡同私宅等待与冯国璋会面。黎元洪接电后即回到东厂胡同私宅。

8月1日12时，冯国璋的专车驶抵北京，受到段祺瑞等军政要人及各国驻华使节的热烈欢迎。冯国璋接见文武官员及外国使节后，即在总统府侍从武官荫昌陪同下面谒黎元洪。下午1时，冯国璋来到黎宅。由于黎元洪的家眷都去了天津，整个宅院里只有黎元洪一人。为招待冯国璋，黎元洪于室内点燃一个小火炉，亲自烹茶待客。二人秘密谈话约25分钟。据黎元洪的亲信事后转述，冯国璋首先陈明自己此前不得已代行总统职权之苦衷，并说段总理主持国务，大局渐定，"务请黎公速行复职，以孚海内之望"。黎元洪当然知道冯国璋是在演戏说官腔，便诚意表示国事至此，方深自引咎，前既再三声明，断无再行复职之理。冯国璋得到了满意回复，算是吃了定心丸。两人又聊了几句闲话，冯国璋便起身告辞。

冯国璋从黎宅告辞后，即入公府大堂接受觐贺。当晚，又发表长篇通电，通告黎元洪坚不复职，自己"不得已准据约法，代行大总统职权"。此前他虽曾通电宣布就任代理总统职务，但那时的通电只是表明"国家不可一日无元首"，象征意义大于实际意义。当时他在南京，讨逆军事都是段祺瑞一人在调度指挥，他只是一个国家元首的象征。如今，他进了北京城，占据了总统府，可以正常行使总统职权了。之所以还要称"代理"，是因为总统需要经国会选举产生，副总统"扶正"也要经国会确认，而国会在张勋进京前已经被黎元洪强令解散了，在新的国会产生之前，冯国璋的总统职务只能称为"代理"。

冯国璋告辞后，黎元洪仍回到法国医院继续"养病"。住院期间，财政总长梁启超曾由部提款 10 万元，亲送医院，作为黎元洪的医药费。黎元洪仍在做离京赴津的种种努力，段祺瑞仍是百般反对。8 月 4 日，也就是在冯国璋通电宣布行使代理总统职务的同一天，段祺瑞通过内务总长汤化龙给黎元洪传话说：现南方党人仍欲拥戴阁下，以抗北京，"故请一时暂勿出京，以期避嫌"。段祺瑞还说，黎元洪倘若觉得医院久居不适，可回东厂胡同，或到西山疗养，政府负保护责任。黎元洪自然不肯接受段祺瑞的保护，便请汤化龙转告段祺瑞，说自己"尚有微疾正在医治，须俟告痊后再行移出"。他还托汤化龙向冯国璋转述自己欲离开北京，远离政坛的想法。冯国璋果然不愿意"两个总统"同住京城，听了汤化龙的转述后，表示对黎元洪的理解与同情。有了冯国璋的表态，段祺瑞确实不好再加阻止，便责成汤化龙担保黎元洪出京后不从事政治活动，不南下。汤化龙将段祺瑞的意见转述给了黎元洪，黎元洪郑重表示："驻津决不为政治行动，无论何人概屏不见。"有了黎元洪的这个表态，加上汤化龙的大包大揽，段祺瑞终于同意放黎元洪出京。

8 月 28 日上午，黎元洪在为数不多的几名亲信陪同下，登上赴津专车。总统府侍从武官荫昌代表冯国璋，警察总监吴炳湘代表段祺瑞同车护送。当天的报纸刊登消息称："黎黄陂自辞总统后，本拟赴津，因病不果行。兹闻黎公近日体已稍愈，拟于今日上午九时专车赴津，暂不他适。"尽管消息有真有假，但黎元洪离京赴津是真的。当天 9 时整，专车一声嘶鸣驶出车站，黎元洪终于离开了北京，暂时摆脱了段祺瑞的控制。黎元洪自民国五年（1916）6 月 7 日袁世凯死后的第二天开始做总统，至此一共做了将近 450 天的总统。在有枪就有权的北洋政坛上，他由于手里没有兵马，做了总统也只是个盖印机器，只能当别人的傀儡。后来张勋带兵进京，他更是形同囚徒。如今卸职离京，对他来说，也真要算是一种解脱。

黎元洪到天津后，段祺瑞对他仍不放心，密令曹锟派人监视他的行动。那年秋天雨水多，9 月 13 日，段祺瑞派王士珍赴津，说天津地势低洼易遭水灾，要迎黎前大总统回京"避水"。黎元洪自然不肯重入虎口，便托词说要在天津救济灾民，无暇分身，并请王士珍向段祺瑞转达了"四个不"：一不活动，二不见客，三不回京，四不离津。王士珍将黎元洪的话对段祺瑞讲了，段祺瑞虽不满意，但也不好再说什么。

经历了一场复辟政变，总统问题至此大体告一段落。那么，对于在张勋拥戴下曾经再登宝座，重新"执政"的溥仪及其皇室成员该怎么处理？特别是对于此次复辟的罪魁祸首张勋又该怎么处理呢？

第二十二集
复辟参与者的结局

张勋复辟被平定后，有一个问题格外引人注目，就是如何处置一度又重新"执政"的末代皇帝溥仪及其皇室成员，特别是如何处置策划、实施复辟的罪魁祸首张勋及其追随者。

我们知道，辛亥革命后南京临时政府与清政府代表通过南北议和，对于清帝退位做出了制度性安排，主要内容就是清帝放弃政权，民国政府给予清室优待。这种制度性安排属于双方的谈判成果，对于双方都有法律约束力。但在张勋的策动下，清室违反退位承诺，再次启动"御玺"，对外发号施令。因此在平叛之后，社会各界要求取消清室优待条件的呼声很高。

关于如何对待清室在此次复辟中的责任问题，段祺瑞在天津发表的讨逆檄文中就已有所表露。段祺瑞在声讨张勋暴徒的同时，对清室多有誉美与洗白。其后，冯国璋、段祺瑞在不同场合多次表示，讨逆成功、"再造共和"时，要坚决维持清室优待条件。冯国璋、段祺瑞都曾做过大清的高官，对清室怀有所谓"故主之恩"，在平叛讨逆中，时时为清室开脱。而有着"两朝元老"之称的徐世昌晚清时曾官拜总督，属一品大员，对清室感恩戴德，为了维持清室的优待条件而多方奔走。

7月16日，徐世昌由天津赶到北京，行前表示："此行专为清室优待条件，不含政治意味。"徐世昌抵京当天，段祺瑞亲到徐宅"移尊就教"，两人对维持清室优待条件取得一致意见。清室原准备派世续、溥伦与国务院接洽后公布载沣、陈宝琛代溥仪草拟的"退位诏书"，徐世昌、段祺瑞认为不妥，经过一番暗中策划，最后决定改由清室内务府函达民国政府国务院内务部。在这份函件中，清室被描述成复辟活动的受害者，复辟期间清室对外发布的所有上谕、诏书，完全是张勋及其部下伪造，并盗用了清室玉玺。7月17日，北京政府据以发表命令，为清室洗刷责任。

冯国璋进京后，对清室的礼遇更进一步。冯国璋在晚清时曾任贵胄学堂总办，学堂专收王公贵族及其子弟。学堂附设有王公讲习所，来听讲者俱是满族亲贵王公，这就使得冯国璋与清宫亲贵建立了良好关系。武昌起义后，冯国璋被委任为禁卫军总统官。禁卫军是皇室御林军，光绪皇帝和慈禧太后死后，摄政王载沣采用近代西方军制，组建禁卫军，配备精良武装。冯国璋就任总统官时，禁卫军已有两协（协相当于旅），共计12000余人。其中，除第三标（标相当于团）是汉族人外，其余各标均为满族人。冯国璋上任不久，袁世凯代表清政府开始与南京临时政府磋商清帝退位条件，消息传到禁卫军，引起人心惶惶。袁世凯恐生兵变，多次提醒冯国璋加以提防。那年2月10日，在清帝正式宣布退位前，冯国璋仅带少数随员亲赴西苑禁卫军司令处，在广场集合全军官兵。他站在一个高桌子上宣布"大清皇帝辞位"后之优待条件，内有"禁卫军额数俸饷仍如其旧"这样的话及优待满蒙条件。他还说，敢以身家性命担保清室"尊号仍存不废，让权不让位，两宫保全及禁卫军待遇，皆担保到底，无论个人调任何职，必仍以禁卫军自随"。他还声明自己决不与革命党接近，倘发现有言行相违之处，准许本军之人随时枪杀，不准家属报复。说完这番话，他当场命令官兵推举两人做监察，众人推举了两个"正目"，相当于今日部队中的"班长"，冯国璋马上宣布让这两个人做自己的副官，各给马一匹，手枪一支，随从监察。冯国璋这番当众宣示，给禁卫军官兵吃了定心丸，在清室移交政权的时候，禁卫军人心稳定，秩序井然，冯国璋算是为民国立了一功。同时作为他个人来说，也等于背了个包袱，即无论情况如何变化，他都要维护对清室的优待条件。民国成立后，大清禁卫军改编为陆军第十六师，仍归冯国璋统辖。冯国璋信守当年承诺，走到哪儿都要带上第十六师。此番他进京带了两个师的总统卫戍部队，其中就包括由大清禁卫军改编成的第十六师。

由于冯国璋曾任大清皇家禁卫军总统官，如今虽然贵为民国代总统，但身边仍跟随着昔日的皇室禁卫军，所以冯国璋的专车8月1日抵达北京时，清室还派代表到车站欢迎。

有了清室派代表到车站迎接，冯国璋自然也会有所回报。8月4日，冯国璋派内务总长汤化龙为代表，进宫答谢大清皇帝8月1日派员去车站欢迎的盛意。汤化龙先是乘坐汽车，由西华门进入紫禁城，在武英殿下车，换乘四人藤轿，在乾清宫下轿，以一国大使的礼节觐见大清皇帝。清室派世续、绍英迎接汤化龙在大客厅坐下。世续单独走进去奏报溥仪，溥仪"传旨"召见。汤化龙奉召进殿，面对大清皇帝恭行三鞠躬礼，并大声唱着："大中华民国大总统，谨派内务总长汤化龙，致谢大清皇帝，并敬问大清皇帝安好！"世续跑到"御座"前跪下来，向溥仪低声说了几句话，然后站起身回过脸代表溥仪大声唱道："大清皇帝谨谢大中华民国大总统答礼的盛意，并回问大总统安好！"

于是，经历了张勋复辟的冲击之后，大清皇室与中华民国政府重新在北京城和平相处，相安无事。

当时，人们最为关心的是如何处置此次复辟的罪魁祸首张勋。在民国元年公布实施的《暂行新刑律》中专门有"内乱罪"一章，规定：意图以非法之方法，颠覆政府，紊乱国宪，为内乱罪，处七年以上有期徒刑。首谋者，处无期徒刑。以暴动犯内乱罪者，处无期徒刑或七年以上有期徒刑。首谋者，处死刑或无期徒刑。显然，张勋率军入京，以武力胁迫手段，拥戴清室复辟，改变国体，恢复大清，已构成内乱罪。在这场"紊乱国宪"的复辟活动中，张勋系首谋，按刑法规定当处死刑或无期徒刑。

由于张勋躲进了荷兰使馆，段祺瑞责任内阁组建后，便开始与荷兰公使联系，要求引渡张勋。冯国璋也以代理总统的名义发布命令，宣布免除张勋本兼各职，由司法机关拿办。当时社会各界纷纷要求严办张勋，并查封其全部财产。

张勋其人躲进了荷兰使馆，荷兰人百般刁难，不予引渡。不过张勋的财产是无法都带进荷兰使馆的。据当年报刊披露，张勋除在原籍江西所置之田地房屋外，在天津德国租界、奥地利租界，以及在青岛、济南、北京、徐州等处均有住屋市房，尤其是在天津德国租界新建的公馆最为豪华。此外，张勋自从在晚清任长江水师统领以来，屡任高官，通过冒名扣饷等手段所获甚丰，这些钱大多被他用来投资产业，他是交通银行、南浔铁道公司的大股东，其他如天津启新洋灰公司、天津造胰公司、天津火柴公司、天津铁工厂、天津金城银行、天津制革公司、江西庐山森林公司、汉冶萍煤铁公司、北京自来水公司、玉泉山啤酒汽水公司等十余家公司都有他的股份。另外，天津日本租界旭街之恒利金店、北京观音寺街文华金店、北京珠宝市宝善金店也有他的参股。他还存有大量公债票和银行储蓄票，至于他在各处豪宅内所存上等烟土、金银玉器、古玩字画和珍木家具更是难以计数。以上各项粗略计算，总值当在3000万元以上。

当年的3000万元是个什么概念呢？在张勋复辟的第二年，即1918年，清华学堂一个名叫狄登麦的外国教员，在北京西郊第一区做了项居民调查，发现一个五口之家每年的最低消费是100银圆。换句话说，一个五口之家一年有100银圆就可以维持基本生活。按这个标准计算，张勋的3000万元家产可以支撑150万人一年的生活支出！

张勋用武力手段拥戴清室复辟，犯了杀头之罪，在清室复辟期间，他纵兵掳掠，给国家和公民财产造成巨大破坏，应依法实施赔偿。那么，北洋政府能够依法严惩张勋其人吗？张勋拥有那么多的不义之财，北洋政府又当怎么处置呢？

有一阵子，张勋确实很紧张。据当年的一位记者披露，张勋托庇于荷兰公使馆时，一手拿着手枪，一手拿着一本书，名为《复辟实录》，里面辑录了两类文稿：第一类是徐州会议记录，是由张勋的幕僚根据回忆补写成的；第二类是各路大员、各省督军及其代表赞成复辟的函电，共计 82 件。名为"实录"，重在揭示实情，而不论是冯国璋、段祺瑞，抑或各省督军，谁也不愿意揭开实情，正因如此，人们投鼠忌器，便没有人敢惩办他，还有不少人替他说情。徐世昌就曾对段祺瑞说："绍轩虽为祸首，但只不过是一莽夫，请念北洋同袍之谊，穷寇莫追。"段祺瑞听了点了头应允。于是，徐世昌致电张勋说："执事既不操柄，自可不负责任，至于家室财产，已与段总理商明，亦不为已甚，昌当力为保护。"因为有了徐世昌等人的保护，张勋虽然被免了职，但并没有如处分令所说的被"拿办"。张勋在京津的部分财产，只是被临时查封，并未被没收处置。张勋在北京享有不公开的自由。他的南河沿公馆不能住了，便住在永康胡同的一处大宅院里，是前清太监小德张住过的地方，房屋、设施不用说都棒棒的。这处宅院有人说是他花钱买的，也有人说是小德张送给他的。

那本《复辟实录》简直成了张勋的"金钟罩铁布衫"！有了这本《复辟实录》，张勋不仅可保性命无忧，还经常用来威胁各路大员，勒索大宗财物，所以他在北京居住期间一直"不差钱"。那些被敲诈者千方百计地想把他的密件偷盗出来，张勋也深知此事关乎性命，视其为命根子。张勋离开荷兰公使馆后，将《复辟实录》交万绳栻保管，当时万绳栻就住在黎元洪曾藏身的法国医院，两人还曾见过面，但没听说有过什么交往。我们前面讲过，法国医院因其法国背景，中国军警及各方势力不敢进去捉人、抢东西，万绳栻就躲在里面享清闲。后来，万绳栻又将"实录"交法国公使馆代为保管，并由法国公使写了个收据交万绳栻收执。

张勋虽然躲在北京城里不愁吃，不愁喝，是不是就没有损失了呢？也不能这样说。张勋有损失，而且很大。他的损失可以概括为"赔了夫人又折兵"。

此话怎讲？所谓"赔了夫人"，就是赔上了自己的如夫人。张勋的如夫人姓王，名克琴，当年曾是红艳一时的大牌明星。王克琴原为满族旗人后代，因家道中落，入梨园谋生，初学京剧，又习河北梆子，尤其擅长皮黄、梆子"两下锅"。她专工花旦，扮相艳丽，唱念做兼能，先后转演于津、京、沪、汉等地，倾倒无数达官显贵。民国三年（1914），她在汉口演戏，时任湖北都督的段芝贵被她迷得六神无主，便来了个"金屋藏娇"。北洋派系有两位姓段的高官，一个是段祺瑞，人称"老段"；一个是段芝贵，人称"小段"。小段的原配夫人听说丈夫"金屋藏娇"后愤而自缢，小段不为所动，继续我行我素，"金屋藏娇"一如其故。

小段金屋藏娇这件事被安徽督军兼长江巡阅使张勋听说了，张勋好色如命，为人霸道，他找到段芝贵，不客气地要小段"割爱"，就是将王克琴让给他。小段当年曾多次将自己相中的美人"馈赠"权贵，搞"美人计"，张勋是知道的，所以才会将计就计，提出如此荒唐的要求。小段虽然老大的不情愿，但想到张勋的权势，便又故技重演，用王克琴给张勋耍了个"美人计"。张勋此前已有一妻一妾，妻子曹氏在江西老家，美妾小毛子随军徐州。张勋将王克琴带到徐州后，小毛子日益失宠，后来王克琴喜得贵子，意气风发，人称"帅夫人"。小毛子心灰意冷，不久竟忧郁而死。接着，就是张勋进京做"调人"，其实就是要逼黎元洪解散国会，然后自己出马拥戴大清复辟。从徐州北上天津时，他带了王克琴同行。后来张勋由津进京，王克琴不愿随他进京，张勋便只带走了小儿子，将王克琴留在了天津德租界的"帅府"。张勋在北京搞复辟，"帅夫人"在天津常出没于恒利金店，置办些珠宝金饰。店里有个叫周子明的小伙计，五官端正，眉清目秀，王克琴芳心大悦，两人往来始密，风流韵事开始传遍津门。后王克琴动用恒利金店的股份，决定再办一家金饰店，号曰"宝成金店"，让周子明做总经理。金店选址在天津日租界一个叫"三不管口"的地方，一边大兴土木建筑装修，一边招聘伙计，一边囤积商品准备开业。眼看万事俱备，不料从北京传来大清复辟的消息，张勋遂成万众口骂之罪人，王克琴恐将来祸至殃及全家，赶忙命周子明停止土木工程，将商店作价拍卖，已招来的伙计出资遣散，购进的商品打折处理，然后与周子明一道躲了起来。此为张勋的"赔了夫人"。

至于说张勋"又折兵"，是指他留在徐州的那些辫子兵。随着张勋在北京的失败，这些辫子兵也成了"没娘的孩子"。冯国璋、段祺瑞鉴于倪嗣冲讨逆有功，让他兼任安徽督军，徐州一带的所有辫子军都归他节制。张勋的辫子军共有60营，每营号称500人，但那时的部队大多明暗两本账，明账人头多，暗账人头少，差出的人头军饷就入了军官腰包，这在当年叫"吃空饷"。张勋进京带走了十营辫子军，号称5000人，实际是4300人，军官吃了700人的空饷。剩下在徐州的50营辫子军，号称25000人，实际不到2万人，军官吃了5000多人的空饷。这将近2万名士兵剪掉辫子以后全部成了倪嗣冲的部下，而且倪嗣冲还继任了张勋的长江巡阅使，这就使得倪嗣冲成为讨逆战争的一大受益者。

接着讲张勋的遭遇。张勋在北京住了一段时间后移住天津，与同城居住的黎元洪一样不问政治。民国七年（1918），徐世昌任总统后，即将张勋特赦，并发还查封的全部财产。民国十二年（1923），张勋于天津患病身亡。张勋死后，万绳栻到法国公使馆索取《复辟实录》，使馆中人初则支吾其词，说是已经送往巴黎拍照，不日交还，但是后来一直没有交还。至此，这本《复辟实录》飘零何处，已经无人知晓。

张勋是复辟罪魁，躲过了法律严惩，参与复辟活动的其他人物，如康有为、万绳栻、梁鼎芬、张镇芳等，北京政府就更加网开一面了。对他们或者通而不缉，或者审而不判，等风声过去，他们也先后恢复了自由。

在张勋复辟的事变中，最感失落的人莫过于王士珍了。他曾是"北洋三杰"之首，被称为"北洋之龙"，如今，"北洋之狗"当了总统，"北洋之虎"做了总理，他这位"北洋之龙"却成了复辟的附从。虽然段祺瑞进京后并没有为难他，更没有追究他的附逆责任，他还是自觉无颜见人。为此，他准备回直隶正定原籍隐居。段祺瑞听说后，马上跑到寓所安慰他，劝他以北洋团体为重，继续担任参谋总长。冯国璋进京后，更是高唱"将相和"，倡导"北洋三杰"精诚团结，重振北洋声势。他对王士珍和段祺瑞说："咱们三人从此要一条心，通力合作，在咱们三人中间，无所谓总统、总理、参谋总长。"

于是，在袁世凯去世两年之后，北京政权又一次完全掌控在北洋军人手里。冯国璋、段祺瑞、王士珍，袁世凯小站练兵培养出来的"北洋三杰"，经历多年的社会动荡之后又一次聚拢在一起，并站在了北京政权的正中央。在不少人看来，这种"清一色"北洋派执掌的政权，总应当内部团结，对外坚强有力了吧？然而实际情况，却让人大跌眼镜。

第二十三集
用兵西南引内讧

在所谓"北洋三杰"中，"北洋之龙"王士珍已经徒有其名，手下无兵无将，本人也识趣，无心与冯国璋、段祺瑞二人争锋。所以，此时北洋派内部的矛盾与斗争，主要是"北洋三杰"中的"虎""狗"之争。

段祺瑞与冯国璋是老同学，私交原本不错。在袁世凯执政后期，二人同时遭到袁的猜忌，惺惺相惜，两人实际上是心照不宣的同盟者。但在袁世凯死后，两人之间的矛盾逐渐显现，原因就是二人都想坐北洋派的第一把交椅。论资历二人差不多；论实力，两人也是彼此彼此，各有短长。冯国璋手握重兵，称雄一方；段祺瑞执掌中枢，位高权重。后来，冯国璋当选副总统在中央也有了很大发言权，段祺瑞通过督军团在地方也有了很大势力。但在黎元洪做总统及张勋搞复辟期间，两人之间没有直接的矛盾，合作大于冲突。

张勋复辟败局已定，冯国璋准备进京做总统时，冯、段之间的矛盾与冲突已经有所表现。冯国璋进京前向段祺瑞提了一系列条件，如让李纯接替自己进京后空出的江苏督军职务，李纯空出的江西督军职务由第十二师师长陈光远调任，这两项任命，再加上已经担任湖北督军的王占元，时人称为"长江三督"，这就使冯国璋的势力在长江中下游的鄂、苏、赣连成一片。对于冯国璋的上述要求，段祺瑞虽然很不情愿，最终还是答应了，但他也向冯国璋提出几项要求，包括任命傅良佐为湖南督军，任命吴光新为长江上游总司令兼四川查办使。这两项任命明显包含着对西南用兵的意味，这是冯国璋坚决反对的。但在当时的情况下，为了维持北洋派表面上的团结，也为了自己能够顺利地进京做总统，冯国璋也答应了。但二人之间的矛盾与冲突已经就此埋下。

冯国璋初到北京接任总统时，曾表示尊重责任内阁制，对于内阁用人行政以及政策的决定，决不干涉。段祺瑞对冯国璋的态度也比以前对黎元洪的态度好很多。但是这两个人气味并不相投，冯国璋诡计多端，段祺瑞刚愎自用。冯国璋进京前的种种布置，说明他并不甘心做内阁的盖印机器。段祺瑞从来都把责任内阁制当作总理独裁制，总统、国会都必须按照总理的意见办事，国务员则是总理手下的事务员。因此，即使他对总统的态度有所改善，骨子里仍然是要把一切大权抓在自己手里，这自然引起冯国璋的不满。

冯国璋进京后曾说："今后不会再有府院之争。"事实上，新的"府院之争"在冯国璋接任总统职务之初就已经存在。

北洋政府的"府院之争"可谓由来已久。民国元年（1912），孙中山领导制定《中华民国临时约法》，史称"民元约法"，规定中央政府实行责任内阁制，意在限制袁世凯的个人专权。但袁世凯上任后为了扩大个人权势，搞个人独裁，于民国三年（1914）年制定新约法，取代"民元约法"，规定中央政府实行总统制，废除责任内阁制，史称"民三约法"。袁世凯死后，段祺瑞将内阁牢牢控制在自己手里。他对于恢复"民元约法"并不热心，但对实行责任内阁制却很执着，因为在当时的政治格局中，所谓责任内阁制，就是段祺瑞的个人集权制。而黎元洪、冯国璋一先一后做总统，都不甘心只做段祺瑞的盖印机器，这便产生了府院之争。所不同的是，黎元洪时期的府院之争，反映的是北洋派与非北洋派之间的矛盾与冲突；冯国璋时期的府院之争，反映的是北洋派内部直系与皖系两派之间的矛盾与冲突。

冯国璋到职不久，想恢复袁世凯时期的"大元帅陆海军统率办事处"，不用说这是想收揽天下兵权，段祺瑞不同意，冯国璋只好放弃。段祺瑞在国务院设立了一个"参陆办公处"，作为掌握全国兵权的机构，冯国璋不满意，但段祺瑞坚持，冯国璋也无计可施。冯国璋又提出划分府院权限问题，说总统有权过问军国大事。段祺瑞心中不快，又不便反驳，只得同意自10月8日起，每天派一名阁员向总统报告政情。这种情况与以前黎元洪任总统时的府院之争已有几分相似。

冯国璋、段祺瑞之间的争权，绝不是表面的和一时的互相让步就能够和缓下去的。相反，两人不论谁在某一问题上吃了亏，一定要在另一个问题上取得补偿。这就使得二人争权的幅度越来越大，裂痕也就越来越深。

真正使二人撕破脸皮的冲突，是对西南用兵与否。

这里补充一点历史知识。武昌起义打起共和革命大旗，全国各地纷纷响应。当时的局面是，长江以南数省多为革命党人控制，长江以北主要由清军，实际是由北洋军控制。随后南北议和，清帝逊位，南方的革命军纷纷解散、复员，北洋军开始进入长江以南。此后国民党的"二次革命"失败，江南大部分省份至少在名义上统一到北洋政府的旗帜下。再后来，袁世凯搞帝制，蔡锷等人在西南组织护国军，讨伐袁世凯。袁世凯死后，护国军政府解散了，但西南诸省，即云南、贵州、广西、广东、四川加上湖南仍属于北洋政府的治外之地，被称为"西南六省"。这六省从袁世凯后期的护国战争开始，便与北京政府对立。这六省又分为两个区域，云南、贵州由唐继尧控制，称为"滇系"，四川是其势力范围。广西、广东由陆荣廷控制，称"桂系"，湖南是其势力范围。段祺瑞执政时期，虽然绞尽脑汁想要荡平滇、桂二系，但由于北京政权不稳，军力难以集中，对西南以安抚为主。后来，督军团大闹北京，直至压迫黎元洪解散国会，桂系首先宣布两广"自主"，湖南处在桂系的实际控制中，对北京政权采取"半自主"立场。张勋复辟被平定后，段祺瑞组织责任内阁，滇系不承认段祺瑞内阁的合法性，云南、贵州和四川实际上也处于"自主"状态。

"自主"是西南反段势力对北洋政府采取的一种新姿态。民国六年（1917）6月20日，为了抵御北洋政府的南下政策，广东督军陈炳焜、广西督军谭浩明联名宣布两广"自主"。这是西南方面第一次提出"自主"概念。根据陈炳焜在一次会议上所做的解释，"自主"与"独立"有所不同：自主时期，两广不受北京内阁干涉，但是遇有重大问题，仍可直接请命元首。根据这个解释，所谓"自主"，就是只脱离内阁而不脱离总统，是一种半独立形态。当时的总统还是黎元洪，西南方面的"自主"可以理解为"反段不反黎"。后来，冯国璋代理总统职务，西南方面对外仍宣称"自主"，只是内容改为"反段不反冯"。

段祺瑞平定张勋复辟后，以"再造共和"英雄自居，想放开手脚对西南大动干戈，一举荡平反抗势力，实现北洋派的天下一统。在段祺瑞的如意算盘里，如果能够在自己的手里武力统一天下，就等于实现了袁世凯未曾实现的目标，北洋派的第一把交椅毫无疑问就要姓段了。为此，段祺瑞谋划很深。他的用兵计划是：准备由四川进攻云南和贵州，由湖南进攻广东和广西。特别是湖南，距离北洋派的占领区最近，湘军实力又不强，是个理想的用兵地带。段祺瑞打算由湖北、江西两路夹攻湖南，派傅良佐出任湖南督军就是执行他武力进攻湖南的第一步。

冯国璋对于西南却另有打算。什么打算呢？

冯国璋与南方反袁、反段势力之间的联系，可谓千丝万缕。我们前面讲府院冲突时，曾讲到过一个叫孙洪伊的人，他是坚定的反袁派，也是坚定的反段派。当年孙洪伊反对袁世凯称帝，遭袁世凯通缉，由北京逃到南京。冯国璋与孙洪伊见面时，向其出示了一张纸，是袁世凯要冯国璋严密查捕孙洪伊的电报。孙洪伊有些紧张，问冯国璋是不是要将自己捉起来押解北京？冯国璋笑了笑说，如果我要捉你，就不会让你看电报了。如今南京也不安全，你还是到上海躲躲吧。孙洪伊同意后，冯国璋即命卫队护送孙洪伊去上海，还赠送了一大笔生活费。袁世凯死后，孙洪伊进京入阁做总长，在国会中积极活动，使冯国璋顺利当选为副总统。再后来，孙洪伊受段祺瑞威胁，在北京住不下去了，又来到南京，冯国璋将其保护下来。张勋复辟被平定后，段祺瑞拒绝恢复《临时约法》，拒绝恢复国会，孙中山发起护法运动，已居住上海的孙洪伊南下广州参加护法，冯国璋与他仍有联络。还有众议院议长吴景濂，张勋复辟时逃到上海，段祺瑞进京第二次组阁后他欲南下广州参加护法，冯国璋听说后几次派人到上海劝他不要去广州，还说自己赞同约法，也不反对恢复国会，将来时机到了，可在南京召集国会，并送给吴景濂若干经费。冯国璋的话让吴景濂有些动心，当下与冯国璋派来的使者约定，如果冯国璋能够摆脱段祺瑞政府，不去北京做总统，吴景濂可动员部分国会议员不赴广州。这也是冯国璋在护法运动初期，对于是否进京一度犹豫的重要原因。虽然后来吴景濂与冯国璋都未能履行约定，但冯国璋北上之前还特别叮嘱其接替者李纯及江苏省交涉员温世珍说，务必与西南方面密切联系。冯国璋当时的想法是，自己的副总统是国会选举出来的，黎元洪退位由自己代理总统，也是依据《临时约法》和《大总统选举法》，护法运动与自己的实际利益并无根本冲突，南方反对的主要对象是段祺瑞。如果让段祺瑞如愿以偿，把西南数省搞到手，天下就是段祺瑞及其皖系的了。到那时候，自己这个总统就要靠边站。为了与段祺瑞争夺北洋派第一把交椅，他一定要在对西南用兵问题上与段祺瑞斗一斗，不能让段祺瑞的武力统一计谋得逞。

冯国璋竭力反对段祺瑞的武力讨伐西南计划，但他是北洋政府总统，站在北洋政府的立场讲，他也不大可能赞成西南方面的"自主"与"半自主"状态，特别是对于国民党在广东开展护法运动，而且宣称要组织与北洋政府对立的护法军政府，他更不能不明确表示反对意见，因为这里有一个"汉贼不两立"的问题。这就使得冯国璋与段祺瑞在对待西南的问题上，有合作也有冲突，合作常在表面，冲突则大多遮遮掩掩。

8月6日，任命傅良佐为湖南督军的命令由冯国璋发表，段祺瑞联署。

如前所讲，这道命令实际上代表了段祺瑞的利益诉求，是冯国璋、段祺瑞二人背后交易的结果。命令发表后，立即招致西南方面的激烈反对。此时湖南督军尚无专人，由湖南省省长谭延闿兼任。谭延闿，湖南茶陵人，其父谭钟麟为清咸丰年间进士，官至两广总督。谭延闿少时聪颖好学，光绪二十八年（1902）中举人，光绪三十年（1904）中进士，光绪皇帝的师傅翁同龢称之为"奇才"。1911年武昌起义后，谭延闿任湖南军政府参议院议长、民政部部长，后任湖南都督。民国元年（1912）加入国民党，次年参加反袁二次革命，被袁世凯撤去都督职务。袁世凯称帝，谭延闿参加护国运动。袁世凯死后，谭延闿任湖南省省长兼督军。经过多年经营，谭延闿在湖南颇有根基。在护国战争中，为排斥外省军阀控制湖南，谭延闿提出"湘事还之湘人"的口号，后被概括为"湘人治湘"。谭延闿是湖南人，"湘人治湘"对他显然是有利的。

谭延闿所提"湘人治湘"口号在湖南已经深入人心。在北京的湖南上层人士，如熊希龄、范源濂等人对此也都表示赞成，反对北洋军进入湖南。西南要员陆荣廷、唐继尧等人也都赞成利用"湘人治湘"这个口号，维持湖南现状，反对北洋军对西南动武。段祺瑞就是在这样的背景下，决定让傅良佐出任湖南督军的。他之所以选中傅良佐，重要的一条是因为傅良佐的原籍在湖南乾城，由傅良佐出任湖南督军，可以堵一堵谭延闿的"湘人治湘"之口。但在湖南人眼里，傅良佐生于北方，长于北方，说一口北方话，做的是北洋的官，多年追随段祺瑞，还是段祺瑞的小舅子，这样的人根本就不能算是"湘人"。

傅良佐的湖南督军任命颁布之前，外界已经频传段祺瑞有任命新的湖南督军的消息。为此，桂系首领陆荣廷曾急电冯国璋，请求在三年之内不更动西南各省军民长官。冯国璋当时还在南京，对于是否进京担任总统尚在犹豫中，曾回电陆荣廷表示同意。

任命傅良佐为湖南督军的命令发表后，谭延闿首先坐不住了，他飞电向陆荣廷告急，陆荣廷再急电冯国璋，请冯国璋设法收回成命，并提出划湖南为南北军事缓冲地带，维持湖南现状，以保障南北和平。陆荣廷的来电让冯国璋感到为难，因为在此之前他已经把湖南、四川两省交换了江苏、江西，曾经给陆荣廷的诺言已无法兑现。无奈之下，他把陆荣廷的电报转给段祺瑞。那段祺瑞怎么答复呢？

段祺瑞坚持任命傅良佐为湖南督军，实际上是要借机对湖南用兵，并以湖南为突破口，进而直捣广东。为此，他自然不会答应陆荣廷的要求。收到冯国璋转来的陆荣廷的电报后，他以国务院的名义代为回答说："谭省长清亮淑慎，勤政爱民，惟军旅非所素娴，故以民事专界。今日文人不能将兵，已为各国通例。为军事计，为湘计，为组安计，皆以专为民事为宜。"以上电文中所说"组安"，是指谭延闿，字组安。电文的意思是说，谭延闿身为文人，不适合兼任督军。电文又说："湘省易帅，良非得已。以傅易谭，盖亦几经审慎：傅本湘人，感情素通，断不至因更调而生携贰。明令早颁，势难反汗。"意思是说，任命傅良佐为湖南督军，是几经权衡后的必要人事变更，而且傅本湘人，令傅为湖南督军，与"湘人治湘"并无冲突，再说任命书已经明令发表，断无朝令夕改的道理。从这份电报中还可以看出，段祺瑞虽然打定主意要对西南动武，但在言语之间并不说透，他把任命傅良佐做湖南督军说成是"为事择人"，而且说此种安排是"良非得已"。

陆荣廷接到段祺瑞的电报后，知道湖南问题单凭口舌之争已经无济于事，便示意湖南方面采取武力反抗，表示自己愿意予以实力援助。有了陆荣廷的表态，谭延闿在长沙召集秘密军事会议，准备抵抗北洋军的武力进攻，同时电请西南各省迅速派兵援湘。

8月26日，傅良佐由北京动身南下。行前在北京发表所谓"治湘三大方针"：第一，湘人治湘；第二，军民分治；第三，不带北兵入湘。这三大方针中，第一条明为呼应谭延闿，实际上是强调他入主湖南的合法性，因为他本人就是湖南人。第二条是给谭延闿吃颗定心丸，表明他做督军并不干涉谭省长的民政。第三条则是给湖南人的一种承诺，表明自己就任湖南督军，并不意味着北洋军武力占领湖南。从以上"三大方针"也可看出，傅良佐不愧是段祺瑞的心腹，确实得了段祺瑞之真传。他此番去湖南，就是要对湖南的反段势力用兵，但话里话外遮遮掩掩。

在傅良佐的"三大方针"中，第三条最为关键，同时也被认为最靠不住。因为当年护国军起，袁世凯任命汤芗铭任湖南都督，汤芗铭也曾承诺不带北兵入湘，但随后便自食其言，北洋军源源不断进入湖南。只是后来袁世凯称帝，汤芗铭反水，北洋军在湖南并未得势。如今，傅良佐故技重演，湖南人还怎么能相信他！果然，傅良佐关于不带北兵入湘的承诺余音尚在，驻扎保定的北洋军第二十师在师长范国璋的率领下要南下湖南的消息已经在报纸上刊登出来。

到底是怎么回事？傅良佐真的要率领大军打进湖南吗？

第二十四集
段祺瑞后院起火

    段祺瑞的亲信傅良佐被任命为湖南督军。他走马上任之前曾向西南方面承诺，不带北军入湘。但这项承诺余音尚在，报纸上就刊登出了驻扎在保定的北洋军第二十师要南下湖南的消息，引起西南方面人心浮动。但傅良佐对此全然不顾，依然按部就班地由北京出发，去湖南就任督军。

    傅良佐由北京去湖南，不坐京汉铁路的火车，而是绕道津浦铁路，先到南京会见江苏督军李纯，再乘轮船溯江而上到武汉会见湖北督军王占元。这二人是冯国璋颇为信赖的封疆大吏，是著名的"长江三督"中的两个人。傅良佐就任湖南督军之前先拜访两位直系督军，显然是顾虑到总统与总理在西南政策上的分歧，想与前方的直系督军联络协商，以求步调一致。而且这两位直系督军控制着南北交通要冲，是北方向南方运兵的必经之地，傅良佐要在湖南摆战场，必须与他们协调好关系。在做完这些铺垫之后，傅良佐才进入湖南地界。他没有直接进入长沙，而是先到了岳州，也就是今天的湖南岳阳。在岳州，他命令随同的北洋军向湘阴以北的"无兵地带"推进。同时，北京政府又调驻马厂的第八师在师长王汝贤的率领下开进岳州。至此，傅良佐公开背弃了不带北兵入湘的承诺。

    在此期间，广东局面又发生了重大变化。由于段祺瑞拒绝恢复临时约法和国会，许多国会议员响应孙中山的号召南下广东，8月中旬到达广州的议员已达150余人。8月25日这些议员在广州开会，由于不足正式国会开会的法定人数，称"非常国会"。非常国会通过《中华民国军政府组织大纲》，决定成立护法军政府，以"戡定叛乱，恢复《临时约法》"。这就意味着在国内出现了一南一北两个相互敌对的政府。

护法军政府在广州宣告成立后，段祺瑞武力统一的调门唱得更高了，冯国璋等人仍主张可以通过谈判和平解决西南问题。至于湖南局势，湖南旅京名流熊希龄等人向段祺瑞提出一个折中方案：指定岳州为督军傅良佐驻地，长沙为省长谭延闿驻地，这就是所谓的"军民分治"。傅良佐的治湘方针中也有这么一条，如果督军、省长不驻一城，军民分治就算有了保障。9月2日，湘军将领联名通电，表示不反对傅良佐做湖南督军，但希望傅不带兵进长沙。陆荣廷也再次致电冯国璋，请他出面阻止北兵开进长沙。但段祺瑞以为湖南已是囊中物，对于上述提议一概置之不理。

9月9日，傅良佐随带一营精兵进入长沙，彻底撕毁了他自己所说的"军民分治"诺言。此前谭延闿已经对即将到来的战事做了必要部署，派营产清理处处长刘建藩代理零陵镇守使，调第一师第二旅旅长林修梅部接防衡山。鉴于南北军事实力对比现状，谭延闿决定不设防长沙，而是集中兵力退守湘南以待两广援军。有人问他是否愿意留任省长，他说："当惯了婆婆，如何能做媳妇？"表示不屑与傅良佐同省做官。9月1日，谭延闿回茶陵原籍"省亲"，随即电辞湖南省省长。段祺瑞毫不犹豫地接受了谭延闿辞职，任命一个叫周肇祥的人代理湖南省省长。

傅良佐不折一兵一卒进了长沙，便有些不把湖南反段势力放在眼里。他落脚长沙后随即下了两道命令：一是撤销林修梅的旅长职务；二是解除刘建藩代理零陵镇守使职责。林修梅旅和刘建藩所部是谭延闿能够指挥得动的仅有的两支湘军武装，两人被解职，实际上就等于要全盘打掉谭延闿的军事部署，拆除由长沙通往广东的战略屏障。林修梅、刘建藩被逼上梁山，于9月

18日在衡阳、零陵同时宣布"自主"。

林、刘二人宣布"自主"，消息传到长沙，傅良佐并不感到惊慌，因为宣布自主的林修梅只有一旅兵力，刘建藩则只有几个营的地方守备队，两人兵力都不强。而傅良佐手下除了有第八师、第二十师两个正规师，还有从安徽调来的安武军，也就是原来张勋手下的"辫子军"，当然辫子都已剪掉了。此外，还有从山西调来的一个混成旅，总兵力比林修梅、刘建藩二人不知要多出多少倍。由于重兵在握，傅良佐认为解决林修梅、刘建藩二人可谓易如反掌。

开始时，傅良佐想套用谭延闿的"湘人治湘"方针，让湖南人去打湖南人。他派出听命于自己的湘军第一师代理师长李右文统率一个旅的兵力到衡山，"招抚"林修梅的第二旅，声言官兵来归不咎既往。没想到，对方喊出湖南人不打湖南人的口号，就把他的"招抚"化解了，李右文不仅没把林修梅"招抚"了来，林修梅反倒把李右文的部队策反了去，李右文匹马单枪回到长沙，傅良佐的第一计落空。

傅良佐一计不成，再出一计。这一次由北洋军主力出兵，以第八师师长王汝贤为湖南军总司令，第二十师师长范国璋为副总司令，部队分兵三路进攻湘南，南北战争正式爆发。此前有民国二年的国民党"二次革命"，民国四年的"护国讨袁"战争，这一仗史称"第三次南北战争"。因为战争是在护法运动的背景下展开的，又被称为"护法战争"。战场上搏杀的双方，北洋军通称"北军"，西南各省军队通称"南军"。

战争之初，北军凭借绝对优势兵力在战场上攻势迅猛。10月11日，担任正面进攻的第八师第十五旅王汝勤部攻下衡山，在北京的段祺瑞得到捷报大为兴奋，命令采运大批慰劳品到前线犒赏官兵。在他心目中，照这个势头打下去，拿下湖南指日可待，饮马珠江亦为时不远。

然而，此后的湘南战场再无捷报，南北两军陷入胶着状态。湘军林修梅所部在衡山西南25千米处之萱洲河与刘建藩部夹湘江设防，北军王汝贤、范国璋率部进攻，双方交战 40 余日，北军有攻势无进展。后刘建藩部的黄钺率敢死队抄袭北军后路，北军阵脚大乱，湘军乘势反攻，北军支撑不住，攻势溃败，战场形势急剧逆转。

11 月 14 日，北洋军王汝贤、范国璋两位师长突发联名通电，主张停战撤兵！这几乎类似于前方主将倒戈。他们的通电对于段祺瑞来说，宛如晴天霹雳！

王汝贤、范国璋在通电中说："天祸中国，同室操戈，政府利用军人，各执己见，互走极端，不惜以百万生灵，为孤注一掷，挑南北之恶感，竞权利之私图。"这番话激言批评"政府"，虽未指名道姓，但明眼人一看便知矛头所向是指段祺瑞。最后，通电提出"恳请大总统下令，征求南北各省意见，持平协议，组织立法机关，议决根本大法，以垂永久而免纷争，是所是盼！"这就将反段拥冯的态度表露得明明白白了。

王汝贤、范国璋是前方主将，二人所率部队被段祺瑞、傅良佐视为主力，担当正面进攻的角色，他们联名发表停战议和通电，意味着段祺瑞苦心经营的武力统一大业，刚上征程便迎头碰了个大钉子，同时也意味着主战派在与主和派的博弈中先失一城。这件事让段祺瑞感到很受伤，他想不明白，在湖南战场上北军占尽优势，怎么就会突然形势逆转，马失前蹄呢？

说来话长。王汝贤、范国璋都是直隶人，他们统领的部下官兵也多出于直隶，与直隶出身的代理总统冯国璋具有"乡谊"关系。第八师是北洋系精锐，段祺瑞马厂誓师组建讨逆军，所用的基本力量就是第八师。讨平张勋的辫子军后，第八师原师长李长泰因"讨逆有功"被提升为京师步军统领。但熟悉北洋政治游戏的人都知道，这实际是明升暗降，因为李长泰被解除了兵权。王汝贤原为第八师第十五旅旅长，段祺瑞将其提升为第八师师长，认定他一定会感恩戴德，愿为自己效忠。但王汝贤从上司李长泰的遭遇中嗅出了"飞鸟尽，良弓藏"的味道，对于替段祺瑞卖命更多了几分顾虑。此番出征前，王汝贤、范国璋先后到段祺瑞、冯国璋府上辞行。段祺瑞对他们百般激励，冯国璋却吞吞吐吐，欲言又止。总统与总理的不同态度，让两位即将率队出征的将领感到有些困惑，同时也意识到，总统与总理在对西南用兵问题上意见不一。无论是从"乡谊"还是自身利益考虑，二人都更接近于冯国璋。二人到湖南后，段祺瑞让他们率部打先锋，名为重用，实际是为段祺瑞的心腹傅良佐出血争地盘，这让二人心中愤愤不平。再加上湘军虽然人数不多，但斗志不弱，又借助地利之便，屡次接战，北洋军损兵折将，所以王汝贤、范国璋二人自到湖南后，就怨声连天，都说此战是"战固不能，守亦不可，撤退亦难"，而傅良佐高高在上，只管发号施令，并不替在下面卖命的官兵着想。这便促使王汝贤、范国璋二人痛下决心，于11月14日发出停战主和通电，敦请冯国璋出面，"速找调人"，令各方一律停战。

王汝贤、范国璋吁请停战的通电，让傅良佐胆战心惊，他自知大势已去，担心会成为湘军或者是王汝贤、范国璋二人的俘虏。当天，傅良佐在长沙下达特别戒严令，断绝市内交通。夜里，傅良佐偕同代理省长周肇祥在夜色掩护下携带官府大印，登上军舰，躲到湘江下游30千米的靖港。经过几天观察，傅良佐发现南军并未打过来，王汝贤、范国璋二人也没有捉拿他的迹象，便打算在岳州设立督军办公处，以求来日东山再起。但他的计划被岳防总司令王金镜拒绝。王金镜时任第二师师长，是湖北督军王占元的属下。岳州虽属湖南地界，但自民国二年（1913）起即归湖北督军管治。湖北督军王占元主张南北议和，不肯接纳激进主战的傅良佐。段祺瑞还想派北军借路江西增援湖南，但江西督军陈光远宣言"保境息民"，拒绝援湘北军进入江西地面。湖北、江西两条路上都有主和派督军把守，段祺瑞只能眼睁睁地看着湖南战局失利。

王汝贤、范国璋二人的通电让冯国璋大感兴奋。冯国璋不赞成对南方用兵，主张南北议和。如果说段祺瑞的计划是"武力统一"的话，冯国璋的计划便可以概括为"和平混一"，即通过和平谈判实现南北"混合"，谁也不吃掉谁。在湖南尚未开战前的8月中旬，冯国璋会见了曾任段祺瑞内阁农商总长的谷钟秀，反复征询南北调解的可能性。9月上旬，他又以个人名义电请西南要员岑春煊北上，共商时局，想劝说岑春煊出面在南北之间做调解人。由于段祺瑞执意要在湖南动武，冯国璋的种种努力化为泡影，但他对武力统一仍持反对态度。林修梅、刘建藩在湘南宣布"自主"，段祺瑞内阁决定下达讨伐令，冯国璋认为这是小题大做，应当大事化小，不肯在讨伐令上盖印。直到湖南轰轰烈烈地打了起来，北京政府的讨伐令仍然没有颁布。正因如此，加上段祺瑞内阁自对德宣战后毫无参战迹象，有人便把段祺瑞内阁说成是"对外宣而不战，对内战而不宣"。

那段时间，冯国璋口头常挂着"责任内阁"四个字。别人问他："湖南问题闹大了怎么办？"他答："我有什么办法？有责任内阁。"王汝贤、范国璋的停战主和通电传到北京后，冯国璋连声说："快快送院，快快送院。"所谓"送院"，就是送交国务院，让段祺瑞想办法，其用心是想看段祺瑞的笑话。有人问他："王、范擅自通电停战，此风殊不可长，总统以为如何？"他还是那句话："问责任内阁。"这些话传到段祺瑞耳朵里，段祺瑞气呼呼地说："问我，我只有一个办法，辞职！"

湖南的仗是段祺瑞顶着各方压力，一手推动打起来的，仗打到这个份儿上，弄成这种局面，段祺瑞很难堪，也很被动，他想用辞职要挟一下冯国璋。这也算以退为进，是老套路了，以前他曾用过多次。16日，也就是在王汝贤、范国璋通电两天之后，段祺瑞向冯国璋提出辞呈，请求辞去国务总理职务。从本心来讲，他当然想继续做总理，辞职不过是一种要挟手段。在提出辞呈的同时，他还对外发表通电，痛陈北洋派团结的必要，以及自己不得不辞职的苦衷。他在通电中先是为此番对西南用兵做辩解，说这件事"迭经阁议，询谋无间"，就是说内阁反复讨论，大家意见是一致的。然后述及王汝贤、范国璋的议和通电，说："王汝贤等不明大义，原不足惜，我不忍以王汝贤之故，致令同室操戈，嫌怨日积，实力一破，团结无方，影响及于国家也。"

段祺瑞认为北洋派是中国的正统所在，没有北洋派便无中国。他一面责备王汝贤，一面仍想把北洋派团结成一个整体，而他的辞职正是为了保持北洋派团结的一个必要步骤。这份通电足以表明，段祺瑞辞职是假，他是想放一把野火，煽动主战派给冯国璋施压，让他本人能够继续留任总理。

段祺瑞被迫辞职是直系、皖系斗争的第一个回合，在这个回合中以冯国璋为首的直系先下一城。为实现自己追求的"和平混一"大计，冯国璋有心就此免去段祺瑞的本兼各职。但是，要免段祺瑞的职，就要有人出来继任总理。为此，冯国璋找到徐世昌，徐世昌为北洋派元老，在对西南的战与和之间未曾公开表态，是各方面都可以接受的人物。但冯国璋这次有点看走了眼，自冯国璋任代理总统后，徐世昌表面不偏不倚，内里亲段疏冯，只是冯国璋并未察觉。徐世昌告诫冯国璋，段祺瑞于此时辞职一定会引起北洋系分裂，切不可行。徐世昌的表态让冯国璋又有些犹豫，下不了最后的决心。思前想后，冯国璋还是暂时放弃罢免段祺瑞的念头，转而通电严斥王汝贤和范国璋，说他们"合谋罢战，要求长官通电乞和，不顾羞耻"。不过值得注意的是，冯国璋虽然严厉斥责了王汝贤等人，但对于如何处置他们却只字未提。17日，冯国璋在中南海居仁堂召集会议，公开表示要维持段祺瑞内阁。

我们再说王汝贤和范国璋那边。王汝贤、范国璋二人发表停战议和通电后，立刻率兵退至长沙，此时傅良佐与代理省长已逃之夭夭，长沙成了一座无兵空城。王汝贤、范国璋二人进入长沙后不再北撤，而且对外发出告示，表示他们"不愿从事内争，主张和平解决南北纠纷"。长沙各界商民都担心战火失控，对于王汝贤、范国璋二人的主张表示大力支持，并迅速组成"湖南暂时维持军民两政办公处"，公推王汝贤为主任，范国璋为副主任。两位败军之将由此摇身一变成了地方大员，他们私底下还在琢磨着要继傅良佐和周肇祥之后做湖南的督军与省长。然而此时，战场形势越发的不可收拾。广东方面的援湘部队陆续北上，虽然人数不多，战斗力一般，但此时的北洋军根本打不了仗，简直是一触即溃。前文已讲，段祺瑞调到湖南来的北军，除了王汝贤、范国璋的两个正规师，还有由张勋的旧部辫子军改编来的安武军，外加晋军的一个混成旅。这些部队人数虽然不少，但互不统属，有利益一哄而上，有恶仗你跑我也跑。特别是那个晋军混成旅，官兵根本就是被骗来的。起先长官说调他们到湖北换防，然后又让他们南下入湘，一步步调到湘南，官兵听说要打仗死活不干，上面没办法，补发了三个月的欠饷才将部队留下来。人虽然留下来了，但斗志一点都没有，在战场上与湘军一接触，马上败下阵来。

　　像这样的部队，仗怎么打？湖南的局面又怎么收拾呢？

第二十五集
曹锟变卦

北军中的乌合之众在湖南战场与湘军交手一触即溃。王汝贤、范国璋所率部队是正规军，是北军主力，原本是有些战斗力的，但两位长官都不想打仗，属下官兵谁还愿意卖命？所以，士兵也是听到枪响就跑，这就使得北军在战场上出现了兵败如山倒的局面。

11月18日，北京政府发布了两道与湖南相关的命令：其一，"湖南督军傅良佐，代理省长周肇祥擅离职守，着先行免职，听候查办！"其二，"长沙地方重要，不可主持无人，即派王汝贤以总司令代行督军职务。所有长沙地方治安均由王汝贤督同范国璋完全负责。"王汝贤、范国璋虽被段祺瑞、冯国璋点名抨击，却未遭处罚，如今还被委以重任，代行督军职务，这不能不说是主张南北议和派的一大胜利。

然而，稍显滑稽的是，就在此命令发表的前一天，一群穿着破衣烂衫的南军攻入长沙，王汝贤、范国璋混入败退的士兵中逃出长沙，逃往岳州。前番主战派傅良佐来岳州，遭拒绝。王汝贤、范国璋是主和派，岳州自然开门接纳。

湖南战场形势逆转给了主战派以沉重打击，使主张南北议和的一方大受鼓舞。11月18日，在冯国璋的授意下，李纯、王占元、陈光远等"长江三督"又拉上直隶督军曹锟，并由曹锟领衔发表通电，提出"抱宁人息事之心，存排难解纷之志"，主张南北撤兵，先行停战，各守区域，毋再冲突。他们还回应王汝贤、范国璋通电中所提"速找调人"的提议，一致表示，如果南北双方停战谈判，他们愿意充当"调人"。

曹锟等人的通电对于段祺瑞的打击又远超王汝贤、范国璋。因为王汝贤、范国璋二人虽属高级将领，但没有自己的地盘，对国内局势影响尚浅。曹锟等人则不然，他们既手握重兵，又各据一方，是拥兵自重的封疆大吏。以往"长江三督"已经让段祺瑞大感头痛，如今"长江三督"之外，又加上一个曹锟，成了"直系四督"，声势大震。特别是新近加盟的曹锟，更加不可小视。

曹锟，字仲珊，直隶天津人，生于清同治元年（1862），在家排行第三，人称曹三。曹三幼年时，入私塾读书，学习刻苦，粗通经史，并练得一手好字，终因家境贫寒，不得已辍学。后由其兄带着学造木船，不肯学；其父安排他回乡务农，又不肯。有同乡去天津贩布，曹三听了喜欢，便随人家去了。别人贩布，锱铢必较，曹三贩布，不计较价钱，也不索讨欠账，被人称为"傻子"。但傻人有傻福，因其傻，人家愿意把生意给他做，他挣的钱并不比别人少。清光绪八年（1882），20岁的曹锟加入淮军，在管带郑谦手下当兵。曹锟小时候好武术，体格魁梧，办事勤快，又粗通文墨，很快被郑管带看中，先是收其为"义子"，继而又将自己的独生女许配给他。光绪十一年（1885），曹锟沾了郑管带的光，入李鸿章创办的天津武备学堂深造。与同入学堂的其他学子比较，曹锟文化根底浅，但肯用功，成绩后来居上，五年后由李鸿章亲自主持考试，竟以"优等生"资格毕业，同期优等生还有后来著名的"北洋三杰"王士珍、段祺瑞、冯国璋。清光绪二十一年（1895），袁世凯小站练兵，曹锟投奔到袁世凯麾下并从此步步高升，光绪三十二年（1906），升任第三镇统领。第三镇是袁世凯建立北洋军的老班底，随袁世凯时间最久，训练及装备、给养最优，曹锟升任第三镇统领，说明他已经成为

"北洋三杰"之外，最受袁世凯信任的高级将领。

曹锟身为统兵将领，军事才能平庸，甚至有人说他从未上过战场，听到枪响就紧张。但他待人和气，能体恤士兵疾苦。光绪三十一年（1907），他率第三镇驻防东北。关外冬季寒冷，关内士兵难以适应，曹锟特意要求军需处为士兵缝制了一个皮毛耳套，让士兵心里感到温暖。这样的小恩小惠多了，士兵便乐为之用，他也博得了一个"爱兵如子"的好名声。民国年间的著名外交家顾维钧对曹锟有个评价，说他是个"天生的领袖"。

如今段祺瑞所面对的就是这样一位"天生的领袖"，此时曹锟的身份是直隶督军兼省长。直隶地处京畿，曹锟手下兵多将广，其中最精锐的部队就是由北洋第三镇改编的陆军第三师。在当年的封疆大吏中，就实力与地位而言，曹锟堪称第一，无出其右者。

曹锟是直隶人，被认为是当然的直系，但他与段祺瑞的关系较为密切。段祺瑞在与黎元洪的府院冲突中，曾召集各省督军进京开军事会议给黎元洪施压，曹锟是军事会议的活跃分子。后来张勋开徐州会议组织督军团，曹锟积极响应，他的部下在京城周边舞枪弄棒，逼着黎元洪解散国会。再后来张勋拥戴溥仪复辟，段祺瑞在马厂组织讨逆军，曹锟积极参加讨逆军事，被委任为东路讨逆军总司令。在讨逆战争中，他出了力，也获了益，主要是挤走了"附逆"的直隶省长朱家宝，自己由直隶督军兼任省长，将直隶的军事、民政大权集于一身。从以上经历中可以看出，曹锟虽然生于直隶，是个天生的直系，但与皖系首领段祺瑞的关系很密切，所以，曹锟领衔发表主和反战通电，让段祺瑞大感意外，也大为紧张。

直派四督军公开主张停战议和，使冯国璋顿时气壮了许多，刚刚放下的免除段祺瑞总理职务的念头重新浮现。经过两天的思考，他有了更具体而成熟的想法，就是将解除段职分为两步，第一步先解除段祺瑞所兼任的陆军总长职，使段祺瑞不能利用职权调动军队，然后再找机会解除其国务总理职。在冯国璋的授意下，江苏督军李纯来电，建议总理不兼陆军总长。19日，冯国璋采纳李纯建议，解除了段祺瑞所兼陆军总长一职，请"北洋之龙"王士珍接任。王士珍在冯国璋与段祺瑞的矛盾冲突中，表面上不偏不倚，内心有点亲冯疏段，由王士珍接任陆军总长，无疑是削去了段祺瑞的一大块军权。紧接着，冯国璋又罢免了段的亲信"小扇子军师"徐树铮的陆军部次长职。段祺瑞正因直系四督通电烦心，又被解除了陆军总长兼职，而且连"小徐"也跟着丢了官。这就如同刚刚挨了一闷棍后，又被人重重踢了一脚。他愤于冯国璋逼人太甚，便于20日再次到公府向冯国璋当面辞职。

段祺瑞被逼辞职，无疑正对了冯国璋的心思，当着双方你争我夺互不相让时，对方的退却就是己方的机会。但此时冯国璋又遇到了黎元洪曾经遇到的老问题。黎元洪要免去段祺瑞的国务总理职，但苦于无人接任，如今冯国璋又遇到了同样的问题。他不敢再去找徐世昌了，便去找王士珍，苦口婆心地请求王士珍顾念多年交情，勉强出山，王士珍仍然和黎元洪请其出山时的态度一样，怎么说也不肯。王士珍话说得很委婉，说自己和段祺瑞也是几十年交情，怎肯卖友？而且，他不仅不肯接受国务总理职，连已经发表的陆军总长一职也称病不肯就位。

王士珍不肯就职，冯国璋又去找熊希龄、田文烈、陆徵祥等人。这些人都是官场老手，个个老谋深算，听了冯国璋的要求都一个劲儿地摇头，因为谁都知道这是一个短命的苦差事，何苦在冯国璋、段祺瑞相争中做夹心饼干？

一切都是黎元洪时代的翻版，黎元洪当时在无可奈何中找到了年老多病的伍廷芳，终于免了段祺瑞的总理职。冯国璋这次在无可奈何中，也找了位年老体弱、疾病缠身的人，此人叫汪大燮。

汪大燮，生于清咸丰九年（1859），安徽黟县人，清光绪十五年（1889）中举人，后入朝为官，是晚清知名度较高的外交官。民国成立后，任熊希龄内阁教育总长，民国三年（1914），任平政院院长兼参政院副院长。黎元洪做总统时，他曾出任过段祺瑞内阁的交通总长，冯国璋进京代理总统，他出任段祺瑞内阁外交总长。在民国政坛，汪大燮资格老，声望不错，只是年岁较长，按当年人们习惯讲的"虚岁"，整整六十岁。还有就是他身体不好，体弱多病。冯国璋找到他时，他正在病榻上躺着。经不住大总统的苦苦请求，他勉强答应出任总理，但强调只做一个星期，签署两份公文：一份是免除段祺瑞的国务总理职务，一份是免除自己的国务总理职务。冯国璋原本就没想让他长期做总理，只是想找个人过渡一下，只要有人过渡，冯国璋就可以再请王士珍出山了。于是，冯国璋答应了汪大燮的条件。

对于冯国璋私下所做的这些，段祺瑞一清二楚。所以，他亲赴总统府面请辞职，冯国璋、段祺瑞之间便有了下面的场景：

段祺瑞辞职，冯国璋竭力挽留，但段祺瑞去意已定，态度坚决。冯国璋无奈便请段祺瑞荐贤自代，也就是推荐个代替自己出任总理的人，段祺瑞略作沉思后说，汪大燮可以。冯国璋稍感吃惊，因为如前所述，冯国璋此前已找过汪大燮，两人已就相关问题达成妥协，如今段祺瑞推荐的"恰巧"也是汪大燮。冯国璋又故布谜团地问，伯唐可肯就职？汪大燮，字伯唐。段祺瑞好像蛮有把握，表示自己愿意亲往汪府劝驾。二人心有灵犀，当下约定如此如此。然后，段祺瑞告辞，冯国璋执手送到公府门外。段祺瑞信守诺言，亲自登门拜访汪大燮，述说了自己不得不辞职的苦衷，恳请汪大燮务必出任国务总理。此前汪大燮已经答应了冯国璋，如今又有段祺瑞亲自劝说，便乐得做个顺水人情，答应权且临时代理几天总理职务，等待冯大总统物色合适人选接替。

这就好像一出戏，冯国璋提前写好了剧本，然后所有的一切都按剧本有条不紊地表演着，冯国璋心里感到很舒坦。然而，戏剧演着演着剧情却出现了反转，北洋派主和阵营内部突现裂痕，四督军之领衔者，直隶督军兼省长曹锟变卦了，由主和摇身一变成了主战派。

曹锟的行为完全超脱了冯国璋的剧本，这到底是怎么一回事？曹锟怎么了？

说起曹锟，真是一言难尽。

曹锟虽然手中拥有数万雄兵，身为封疆大吏、地方军阀，但对于全国的权力架构考虑不多，对西南方面究竟应当"武力统一"还是"和平混一"没有明确主张，因为在他看来，这些问题对他的个人利益关系不大。在北洋军阀直系、皖系两派的斗争中，他是个不偏不倚的"中立派"，被人视为直系、皖系之间的"两栖督军"。他有实力，立场又不明确，自然成为双方大力争取的对象。江西督军李纯与曹锟私交不错，在王汝贤、范国璋发表停战通电后，李纯派使者赴天津征询曹大帅的意见。王汝贤曾是曹锟部下，曹锟又知道李纯是主张南北议和的，便随口对使者说，自己对王汝贤、范国璋通电"极表赞成"。使者将曹锟的话原原本本地向李督军汇报了，李纯听了很兴奋，认为曹锟也是主张南北议和的。后来"长江三督"要发表一份停战议和通电，李纯给曹锟打电话，说大家联合提出一个促进南北和平的电报，曹锟嘻嘻哈哈地应付着，没说同意，也没说不同意，李纯便认为曹锟答应了。于是便从南京发了通电，给曹锟署了名，而且署在了最前面。这便是"直系四督军"通电的由来，曹锟是稀里糊涂地"被署名"，而且是被领衔署名。

再说段祺瑞。他那天辞职离开总统府以后，并没有回家睡大觉，他仍在为"武力统一"的大业加紧谋划着。他派"小扇子军师"徐树铮多方联络，竭力拉拢更多的地方军阀加入自己的队伍。徐树铮刚被罢免了陆军次长职，无官一身轻，到各地活动反倒更方便了。他一出手就给段祺瑞拉拢来一个关键性人物，此人便是"直系四督军"的领衔者曹锟。

"直系四督军"通电发表后，全国反响强烈，段祺瑞及其主战阵营十分被动，这样的局面是曹锟未曾想到的。段祺瑞是北洋派的一方领袖，位高权重，曹锟在段祺瑞面前一向恭敬听话。当年袁世凯很器重曹锟，但只让他带兵当师长，并不赋予他"守土之责"，就是不让他做督军、巡按使之类的地方大员，而在北洋政权时期，没有地盘就没有势力。袁世凯死后，段祺瑞主掌内阁，任命曹锟为直隶督军，使曹锟不仅有了地盘，而且控制京畿，曹锟认为段祺瑞对自己有提携之恩。在后来段祺瑞与黎元洪的冲突，以及段祺瑞与张勋的战事里，曹锟一直站在段祺瑞一边。再后来，冯国璋进京代理总统，段祺瑞执掌责任内阁，身为直隶督军兼省长的曹锟，一直小心翼翼地在冯国璋与段祺瑞之间"走钢丝绳"，对这边满脸堆笑，对那边毕恭毕敬，两面讨好，谁也不得罪。如今"直系四督军"通电闯了祸，曹锟心有不安。

此时，还发生了一件让曹锟很丢面子的事。那是在湖南战事发生后，奉天督军张作霖致电曹锟，询问他对西南问题的意见。前面讲了，曹锟对西南问题本无所谓意见。他知道张作霖历来主张对南方强硬，就顺着张大帅的意思复电表示，南北之间不可调停，只能征讨。他的复电刚发出去，"直系四督军"的停战议和通电就见报了，张作霖立即来电质问，何以如此朝令夕改，反复无常，不独国家大事不应如此儿戏，即令朋友私交也不可如此无信。张作霖的一番话让曹锟十分难堪，有苦难言。

曹锟处境尴尬，一时束手无策，不知如何是好。他找到北洋元老徐世昌，向其求教应对之策。徐世昌对曹锟此前的行为大为不满，告诫他要以北洋系团结为重，以免国民党人借机得势，乘隙而入。徐世昌告诫道："从此北洋军人团体解散，皆诸君之过，他日为人鱼肉，悔且莫追！"

曹锟听了徐世昌的话，感觉颇得要领。他直接给段祺瑞打电话，解释说自己并未参与"长江三督"的谋划，那份通电自己事先并未过目，完全是被人冒用了名义，他本人未参与任何反段活动。段祺瑞听了曹锟的解释，心里的压力减了许多。段祺瑞将曹锟的来电对徐树铮讲了，徐树铮听后眼前一亮，认为此事大有可为。

随后，"小扇子军师"登门拜访曹锟。曹锟的直隶督军署设在保定，但直隶省长公署在天津，曹锟身兼督军、省长两个职务，保定、天津两个城市住在哪儿都合适。可能是刚兼任省长职务不久，也可能是天津交通更为便利，所以他住在天津的时间更多些。徐树铮刚被冯国璋免去了陆军部次长职务，奉段祺瑞的派遣来天津先期活动。两人居住同城，相互走动十分方便。

徐树铮先是帮曹锟分析了一番"武力统一"与"和平混一"的天下大势，试图证明"武力统一"是可行的，"和平混一"根本行不通。这样的话曹锟听了不感兴趣，徐树铮的要点亦不在此。

徐树铮对曹锟讲，如果南北和谈成功了，功劳首推"长江三督"，而"长江三督"的首领是李纯，你曹锟不过是李纯手里的一枚棋子。而且，你在袁世凯执政后期积极鼓吹帝制，这些旧账西南方面早已记录在案，将来会一笔笔地与你清算。反过来讲，如果你能登高一呼，力主武力统一，就能够建立不世之功，将来成立新国会，须补选副总统，环顾国内堪当此任者，非公莫属。

真是听君一席话，胜读十年书！"小扇子军师"的一番话，可谓句句说到曹锟的心坎里。曹锟决定改弦更张，做一点儿对自己更有利的事。他能做些什么呢？

第二十六集
冯国璋遭遇胁迫

　　"小扇子军师"徐树铮找到曹锟，与他分析了天下大势，特别是向他分析了其中的利害关系所在，曹锟听后大受触动。本来李纯没讲明白就让曹锟"领衔署名"发表通电，让他有一种受骗上当的感觉，如今听了"小扇子军师"的话，便觉茅塞顿开。特别是"小扇子军师"所说的副总统一职，对曹锟更有莫大的吸引力。因为黎元洪、冯国璋都是由副总统更上一层楼登上总统宝座的，如果自己能够当上副总统，将来某一天说不定也可以混个总统当当。

　　我们前面讲过，段祺瑞在平定张勋复辟后，拒绝恢复国会，而是主张仿照民国初年旧制，由临时参议院代行国会职权。此后在段祺瑞内阁部署下，按照每省 5 人的定额，由各省军政长官推选议员。由于各省督军、省长多属北洋派，他们所推选的议员当然唯段内阁之命是听。11 月 10 日，临时参议院在京开幕，原袁世凯的秘书、皖系政客王揖唐"当选"议长，前清旧臣那彦图"当选"副议长。临时参议院成立后的第一项工作，就是修改原先的国会组织法和两院选举法。曹锟明白，这个临时参议院就是段祺瑞手里的工具，在此基础上产生的国会，肯定受控于皖系。此时与皖系合作，将来就能当上副总统并进而有可能更进一步升级做总统。

11 月 21 日，在徐树铮的暗中唆使下，曹锟单独对外发电，对于南北局势提出新主张，以南军退出长沙为南北议和的条件。他的这个提议表面上仍是主和，但当时长沙为南军控制，岳州为北军控制，主和派提出，南军不攻岳州，北军不攻长沙，双方各守其地，停战议和。而曹锟却要求南军主动放弃长沙，然后双方停战议和，显然利于北军，是南方根本无法接受的条件。也可以说，这是一个假主和、真主战的方案。

曹锟的通电发表后，倪嗣冲、张作霖、杨善德、卢永祥、张怀芝、张敬尧、李厚基等主战派将领纷纷响应，主张继续对南方作战，一时主战派声势大振。曹锟旋即又借题发挥，发明了一种"先战后和"的理论，即先与南军一战，挫其锐气，以战促和。当然主和派也不甘示弱，他们以"先和后战"的理论与之抗衡，主张先进行南北议和，如西南不肯就范，尔后再战，造成北方"师出有名"的有利形势。随后，两派便开始在"能战始能言和""言和不忘备战"的论点上大打毫无实际意义的笔墨官司。当然，对于多数地方军阀来说，主和派就是要对段祺瑞及其皖系作战；主战派则是对冯国璋及其直系作战，根本不是真的要对南方和解，或真的要与南方作战的问题。

正在势头上的冯国璋，对于曹锟的转向有些不以为然，似乎也没有太当回事。他已经与段祺瑞谈妥了段祺瑞去职、汪大燮接任的"路线图"，认为只要解除了段祺瑞的总理职务，把北京政府的军政大权都抓在自己手里，皖系的几个督军任凭怎么闹，最后还是得乖乖就范。

冯国璋于 11 月 22 日下令准予免去段祺瑞的国务总理职。23 日，冯国璋通电解释准段祺瑞辞职的经过。电报说："以总理关系民国之生，鄙人与总理相知之深，断不忍听其翛然高蹈。但总理坚欲息肩，自商汪总长代理总理，不得已于祃日准免本职。此后内阁改组，仍商段公举其所知，俾国璋得收指臂之效。段总理虽暂去职，而国璋倚重之殷，与段公扶持之雅，不异畴昔。"电文中所说的"祃日"，是指 23 日。当时发电报每天都用一个字作代码，23 日的代码就是"祃"。在这份电报中，冯国璋把自己与段祺瑞的关系描述成亲密无间，实际上两人已经势同水火。在解除段祺瑞国务总理的同时，段祺瑞内阁的其他几个重要成员，如梁启超、林长民等也被免去了总长职务。前文讲过，林长民是林徽因的父亲，梁启超的好朋友，两家以后还结为儿女亲家。这是后话。

接着讲冯国璋免段祺瑞职务的事。按照事先商定，汪大燮由外交总长"兼代"国务总理，就是说，汪大燮本职仍是外交总长，"兼职代理"国务总理。汪大燮有言在先，承诺只兼代一个星期，所以兼代国务总理后没干别的事，只是天天催请冯国璋发表继任人选。冯国璋被催得一点脾气没有，只得硬着头皮再找王士珍，要他出山，但王士珍还是不肯。因为王士珍认为在如此短短时期一再转换总理简直如同儿戏，自己这个时候出面组阁仍然免不了有"卖友"之嫌，也断乎不会取得段祺瑞的谅解。他劝冯国璋不要急躁，答应帮着冯国璋物色一个人能够维持较长时间的内阁。并且说，如果一定要强人所难，他本人就只得避往天津，闭门谢客。

王士珍答应帮着找的人，仍然是那些大家熟悉、如雷贯耳的大名人，这些人冯国璋早就找过了，他们不答应冯国璋，自然也不会答应王士珍，所以王士珍转了一大圈，还是两手空空。冯国璋急了，对王士珍说："总理问题且先放下，请看我的老面子，先就陆军总长吧！"王士珍还是面有难色，担心接任陆军总长会引起段祺瑞的不满，因而推诿不肯答应。

事情出人意料，已经辞职在家的段祺瑞对冯国璋的难处似有不忍之心，这天亲自登门拜访王士珍，请王士珍以北洋团体为重，接任陆军总长。王士珍原本就是担心段祺瑞有意见，如今段祺瑞主动登门劝说，问题也就迎刃而解了。于是，王士珍故意做出一副十分勉强的样子，答应在陆军部"看几天大门"。

这就有点怪了。段祺瑞被免了国务总理职，冯国璋找不出合适的人组织内阁，场面很狼狈，段祺瑞完全有资格在旁边看笑话，怎么还会出面帮着冯国璋补台呢？这不是很矛盾吗？其实一点都不矛盾。

段祺瑞被免除国务总理职务后，内心是想马上离开北京去天津。段祺瑞明白，如果自己不走，势必与冯国璋决裂，而冯国璋非黎元洪之辈，在北京冯国璋有自己的总统拱卫军，北京城完全控制在冯国璋手里。如果自己要想安全离开北京，眼下就不能与冯国璋撕破脸，最好还能帮他做点什么，让冯国璋觉得自己对他并无威胁。前番推荐汪大燮出任总理和今日动员王士珍出任陆军总长都是这个意思。汪大燮注重清名，不愿卷入权力斗争，王士珍信奉黄老无为学说，两个人都不是想做大事、搞风搞雨的人。眼下天津局势已渐成形。那里曾是他讨伐张勋的大本营，根基深厚，已派"小扇子军师"开展前期活动，成效初现，直隶督军兼省长曹锟已经被说动，奉天的张作霖、蚌埠的倪嗣冲都已经联络上了，把这些力量联合起来，用不了多长时间，冯国璋在北京的戏就要被砸了场。正是基于这样的考虑，段祺瑞决定暂行韬晦之计，表面退去而在暗中部署力量。

王士珍答应出任陆军总长，总算让冯国璋看到了新内阁的希望。王士珍上任伊始，北京军警便推举代表到王宅请愿，这些人异口同声地说："请聘老出山组阁，以固北洋团体。"这些所谓军警代表，不用说全是冯国璋暗中指派的。北洋军阀的这点小把戏，袁世凯、段祺瑞、冯国璋演起来，几乎是一模一样。

11月30日，冯国璋又一次到王宅劝驾，请王士珍无论如何以北洋团体为重，出山组阁。三国时期刘备为了请诸葛亮曾三顾茅庐，史书上说他是"凡三往，乃得见"。如今冯国璋为了劝说王士珍出山组阁，何止"三往"。王士珍可能是有点受感动，也可能是晓得段祺瑞并不会激烈反对，便半推半就，但有言在先，不是"就任"总理，而是"署理"总理。所谓"署理"，就是"暂时代理"之意。

12月1日，冯国璋发布派王士珍署理内阁总理仍兼陆军总长的总统令。此前"兼代"总理的汪大燮，此时连外交总长也不肯做了。好在外长人选并不难找，冯国璋在发布王士珍署理国务总理的同时，也发布了陆徵祥为外交

总长，钱能训为内务总长，王克敏为财政总长，江庸为司法总长，田文烈为
农商总长，曹汝霖为交通总长，傅增湘为教育总长，刘冠雄为海军总长，荫
昌为参谋总长，国务院秘书长张志潭辞职，由恽宝惠继任。这便把内阁班子
凑齐了。为了直接控制军权，冯国璋还把段祺瑞设在国务院的参陆办公处迁
入总统府，以王士珍兼任处长，师景云等人为参议。在外界看来，冯国璋已
经是军政大权在握，可谓威风八面。在此基础上，冯国璋便设想逐步贯彻其
"和平混一"的政策。他计划第一步是南北双方先在湖南前线实行停战；第
二步是南北双方坐下来谈判，逐步解决约法、国会等重大问题。为此，冯国
璋在段祺瑞去职的次日，即密令江苏督军李纯出面，"以南京为各派洽商之
所"，与西南方面联系，待时机成熟，再由北京政府出面与西南正式举行谈
判。李纯遵令行事，开始与西南方面直接联系，很快便获得正面回应。当月
24日，陆荣廷复电李纯并转冯国璋，表示赞成四督军主和通电，愿领头在
西南发起南北停战。与此同时，在上海的西南要员岑春煊也力倡调和南北。
冯国璋见西南方面有了回应，便于25日发出通电，要求现交战地点的双方
前敌军队"驻扎原地，停止前进，听候解决"。26日，冯国璋又通电全国宣
布南北议和。他当时心情不错，对和谈前景颇为乐观，表示"不过一星期，
当有分晓"。

　　然而，事情并没有按照冯国璋设计的"路线图"往前走，新的波折又出
来了。

　　波折首先起于湖北。在湖北荆州有一个叫石星川的人，早年留学日本，
辛亥革命后在湖北都督府供职，为黎元洪所赏识。至段祺瑞二次上台执政，
石星川官至湖北陆军第一师师长、荆宜镇守使。他是王占元的部下，属于主
和派。12月1日，石星川在荆州宣布"自主"，改湖北第一师为湖北靖国军
第一军，自任军长。在当时的形势下，宣布"自主"就意味着加入西南五省
阵营，而"靖国军"也是护法运动中与北洋政府相对抗的各地军队常用的
称号。

石星川在荆州的行动在当时是影响全国局势的重大事件。此前，南北战争就是西南五省与北洋政府之间的战争，战场主要在湖南，四川也有部分战火。而石星川在荆州宣布自主，则使得西南势力蔓延到了长江以北，已经接近于北洋政府统治的心脏地带，这对北洋政府，特别是对北洋系中的主战派无疑是个巨大刺激。在这个巨大的刺激面前，已经从主和阵营分化出来的曹锟开始采取行动了。

冯国璋发表任命王士珍署理国务总理职务时，曹锟人在北京。他在北京有住宅，当年段祺瑞召集军事会议给黎元洪施压，进京的督军及其代表，就曾多次在曹锟的京城私宅里开会商讨对策。王士珍署理总理职务后，曹锟在京城私宅里接待了一位重要客人，此人来自济南，是山东督军张怀芝。张怀芝与曹锟一样，是北洋将领中公认的"老实人"。张怀芝是个坚定的主战派，曹锟原本无所谓主战主和，但听了"小扇子军师"的一番开导后，意识到主战对自己有利，也成了主战派。张怀芝是奉了段祺瑞之命来与曹锟商谈对南方用兵之策的，两个"老实人"越谈越高兴，意见高度一致，当下商定联合出面在天津召集各省督军开会，发动北洋团体对南方用兵。恰在此时，12月1日，传来石星川在荆州宣布"自主"的消息。两人颇感震惊，更觉得时不我待。他们当天启程去天津，第二天，也就是12月2日，在曹锟、张怀芝两位"老实人"的主持下，奉天、山西、福建、浙江、安徽、陕西、黑龙江七省督军，察哈尔、绥远、热河三个特别区的都统以及淞沪警备司令等或本人、或代表在天津孙家花园开会。会议的规模与声势，不亚于早先张勋召集的徐州会议，除了西南各省和"长江三督"没有派代表参加外，等于是又一次督军团会议，所不同的是，此番是曹锟代替张勋做了督军团盟主。

天津会议的主题是对西南作战和对付北洋系主和派两个问题。会议期间，皖系控制的报纸刊登了西南各省要员在梧州开会的消息。据称梧州会议作出以下决议：（一）迎黎元洪复职；（二）促冯国璋下野；（三）惩办战争祸首段祺瑞、梁启超；（四）恢复旧国会；（五）复任谭延闿为湖南督军。事后得知，这则报道完全是子虚乌有，是徐树铮为了激怒督军团所加的火和油。果然，督军团看到这则消息暴跳如雷，一个个摩拳擦掌，大喊大叫，认为西南方面欺人太甚，一定要给他们点颜色看看，出出这口恶气。曹锟气鼓鼓地说："我愿意率兵平南，战至最后一人亦所不顾。"会议最后作出三项决定：（一）各省分别出兵，自筹军费。（二）推直、鲁两省督军为主帅。（三）排斥长江三督。会议决定分兵两路进攻湖南，第一路以曹锟为主帅，军队由京汉铁路南下通过湖北进攻湘北；第二路以张怀芝为主帅，军队由津浦铁路南下，通过江西进攻湘东。关于各省出兵数额，会议决定直隶、山东、安徽各出兵一万，奉天出兵两万，山西、陕西各出兵五千。会议推举段芝贵进京向冯国璋摊牌：如果南军退出湖南并解散非常国会，就可以和谈；如果总统不采纳，督军团将以对付黎前总统的手段对付今大总统，即各省宣布脱离中央而自主。

会议讨论出这样的结果是再正常不过的事，因为这本来就是段祺瑞、徐树铮幕后策划的一次主战派集会。所谓"讨论"不过是个形式，或者叫作"走过场"罢了，所有的决定都是事先拟好了的。当年张勋召集徐州会议也是这个样子。

这次会议与以前的督军团会议有着显著的不同。以前督军开会，每逢讨论到进攻南方的问题，总是摇旗呐喊的多，自告奋勇者少，而在出兵之前一定要向北京政府要挟巨额军费，即使军费到手，也仍然迟迟不肯出发。这次是自愿出兵，自筹军费，看上去真像是同仇敌忾，颇有与南方一决雌雄的气概。

关于对付北洋军中的主和派问题，首先就是对付总统和内阁的问题。督军们决定不采取独立而是搞变相独立，用实际行动来打击主和派，以达到瓦解北京政府的目的。他们并不直接打击冯国璋，而是集中火力打击冯国璋的亲信、江苏督军李纯，骂李纯是北洋派的内奸，决定大家一致"鸣鼓而攻"。会议决定，以到会各省督军、都统的名义质问李纯，为什么要阻止北军南下，今后能否与北方各省采取一致行动。

李纯一下子面对十几个省区的督军及代表的质问与攻击，显得有点狼狈。12月3日回电否认有阻止北军南下的举动，表示服从北洋派的公意。对于报纸上刊登的"梧州会议消息"他也表示义愤，并致电陆荣廷，质问有无其事。陆荣廷刚被北京政府免去两广巡阅使职务，但仍是桂系首领。陆荣廷回电说：完全是无稽之谈。李纯随之将陆荣廷的电报转发北方各省督军及代表。此后一段时间，李纯在南京托病谢客，表现消极。

王士珍也是督军团的一个攻击目标。本来王士珍出任陆军总长是段祺瑞出面做的说项，但段祺瑞当时只是为了便于从北京脱身来天津布置局面，如今时过境迁，又开始动员皖系控制的报纸对王士珍内阁大肆调侃，还唆使内阁成员暗中进行倒阁活动。王士珍原本出任总理就十分勉强，如今一遇风浪便去向冯国璋表示辞职。

在主战派的一片喊杀声中，冯国璋感到自己地位不稳，总统宝座摇摇欲坠。当然，他也不会任人宰割，他该怎么应付主战派的进攻呢？

第二十七集
冯国璋被架空

在主战派的一片喊杀声中,冯国璋感受到了巨大压力。此前,冯国璋通过江苏督军李纯与西南方面的联系已经颇有进展,双方议定各守防区,互不进犯,冯国璋还曾设想让一位叫刘人熙的老人暂代湖南督军,一切等南北和谈有了结果再说。西南方面希望冯国璋下达停战令,以示双方前线罢兵,冯国璋答应可以办。因为从法律上讲,宣战媾和是总统职权所在,解除段祺瑞国务总理职务后,冯国璋对于前方停战更有了信心。停战令已经拟好,但为稳妥起见,冯国璋没有立刻拿出去发表,他想放一放,再看一看。陆荣廷为了将生米煮成熟饭,不待冯国璋发表停战令,抢先于11月26日下达了停战令,命令南军驻守原地,不许继续前进。与此同时,陆荣廷又致电直系四督,说:"已饬前方停战,请极峰速下停战令。"电文中所说的"极峰",无疑是指总统冯国璋。

11月21日,也就是陆荣廷下达停战令的五天之前,曹锟曾发表通电,提出南军撤出长沙为南北议和条件,表明直系四督已经发生分化,曹锟已经由通电主和转为假和平、真主战。但陆荣廷对于曹锟的转变佯作不知,仍然将直系四督视为一个整体,实际是想堵一堵曹锟的口,借以提振主和派的声势,并催促冯国璋尽快发表停战令。

冯国璋正准备发表已经拟就了的停战令，忽然接到石星川在荆州宣布"自主"和督军团在天津开会的消息，并传出督军团要求他对西南下讨伐令。这样一来，停战令自然无法下达。他慌忙派内阁农商总长田文烈去天津劝说曹锟以直系大局为重，重返直系阵营。曹锟不为所动。冯国璋又派女婿陈之骥携带亲笔信去天津，以图阻止曹锟对南方言战，无奈曹锟已经着了当副总统的魔，哪里还听得进冯国璋的劝说。冯国璋对曹锟所做的种种努力失败后，只好派段芝贵到天津询问督军团的最后意见，究竟对西南是否可以谈判和平或者必须出于一战。如果可以谈判和平，应当提出哪些条件作为谈判基础；如果必须出于一战，各省能够出兵多少？

段芝贵是段祺瑞的同姓本家，又是段祺瑞的合肥同乡，还是段祺瑞的亲信，时人称段祺瑞为"老段"，段芝贵为"小段"。小段当时的职务是京畿警备总司令。冯国璋在这种非常时期派小段去天津，明显带有讨好段祺瑞的含义。而且我们前面讲过，宣战与媾和，本是大总统的职权所在，如今冯国璋却派小段问计于老段与督军团，说明老段虽然被免去了国务总理，丢掉了内阁的"印把子"，但枪杆子还握在手里，而在民国年间，枪杆子比印把子更有权威。经过这场较量，冯、段之间实力对比的天秤已经渐渐地倒向段祺瑞一边，冯国璋在督军团的武力威胁下，开始走向被动。

很快，段芝贵给冯国璋带来了督军团提出的"西南方略"，或者说是与西南和谈的四个条件：（一）南军退出长沙；（二）解散非常国会；（三）取消西南军政府；（四）西南各省的督军、省长必须由中央政府任命。在当时的实力对比中，这些条件是西南方面无论如何都难以接受的，因为这不是什么和谈条件，而是叫西南方面无条件投降。或者也可以说，督军团是想在谈判桌上拿到在战场上根本拿不到的东西。

12月6日，曹锟、张怀芝等十位督军、都统及其代表联名通电，请冯国璋迅速颁发明令，讨伐西南。这实际上是要求冯国璋对西南方面下达"讨伐令"。如果冯国璋答应了他们的要求，就意味着认定西南为"叛逆"，对待叛逆者自然也就没有谈判可言了。

面对督军团的压力，冯国璋仍不肯束手就范。12 月 7 日，他下达了一道与湖南有关的命令，既不是停战令，也不是讨伐令，而是重新任命谭延闿为湖南省省长兼署督军。这道命令比他原来的意见又进了一步，是回答督军团拒绝下讨伐令的表示，同时也是回答西南方面接受了他们所提出的恢复傅良佐入湘之前局势的要求。

主战派督军对冯国璋的命令置之不理，仍然调兵遣将准备进兵。他们的行动给了冯国璋很大压力，他第二次派段芝贵到天津。冯国璋通过段芝贵安抚督军团说，大家不要着急，要静候中央决策，采取一致行动。督军团却让小段给冯国璋传话，说总统只有下讨伐令才能取得一致行动，如果不下讨伐令，我们也要进兵。他们的意思很清楚，反正我们是要进兵的，下不下讨伐令，你看着办！

12 月 15 日，冯国璋邀请段祺瑞和王士珍到总统府会谈。段祺瑞自解职后一直住在天津，冯国璋专门派人将他从天津请了来。这是段祺瑞第二次被免除国务总理职务后第一次进京，"北洋三杰"再次坐在一起。此时的局面与冯国璋刚进京时已经大不相同。那时的"北洋三杰"虽然也是各有各的打算，但彼此还想尽量在一起合作共事，共同把北洋派的江山坐好、守好。如今三个人都明白，合作共事已经没有可能，特别是冯国璋与段祺瑞两个人，已经成为势不两立的对头。所以三个人尽管共处一室，表面有说有笑，实际上却是皮笑肉不笑，面和心不和。

相互寒暄了几句以后，冯国璋带头导入正题。他首先表示，希望大家能取得一致意见，避免北洋派直、皖两系各走极端，导致分裂危机。这是一句较为空洞，且带点"官腔"的话，段祺瑞听了不大高兴，他不善言辞，尤其不喜欢摆官腔。他直截了当地对冯国璋说，除了下讨伐令而外，别无他法。也就是说，只要不下达讨伐令，北洋派就会分裂，分裂成什么呢？分裂为主战与主和两大营垒。他这话其实还是蛮在点的，当时北洋派已经分裂成了直系与皖系两大营垒，主战与主和不过是两大营垒在西南问题上的不同主张而已。段祺瑞说完这话，冯国璋将目光转向王士珍，因为他会前料定，自己与段祺瑞各执一端，王士珍会更偏向自己一方，依靠这种"二比一"的优势，或许可以说服段祺瑞。但王士珍在二雄相争中两面敷衍，左面说一句，右边说一句，都是些模棱两可的话，完全是放空炮。

"三巨头会议"议而无果，湖北形势又有新变化。继石星川在荆州宣布"自主"后，12 月 16 日，陆军第九师师长、襄郧镇守使黎天才在襄阳宣布"自主"，并与荆州的石星川连成一气。陆军第九师改称湖北靖国军第二军，黎天才任军长。随后，在邻近的河南、陕西境内部分驻军亦有响应者，靖国军势力逐渐壮大。12 月 27 日，各路靖国军将领在襄阳开会，组成鄂豫秦三省联军，黎天才为联军总司令兼湖北招讨使、第二军军长，石星川任副招讨使、第一军军长。

荆州、襄阳历来被称为九州通衢、天下中枢，是兵家必争之地。黎天才、石星川在荆襄宣布"自主"使北方的空气顿时紧张起来，督军团气势汹汹逼着冯国璋速颁讨伐令。迫于督军压力，12 月 16 日，冯国璋发表电令，派曹锟为攻湘援鄂第一路总司令、张怀芝为第二路总司令。这是冯国璋对主战派的一个重大让步，但也显示出他做事的圆滑。这是一项人事任命，但不以"总统令"的形式发表，而是由总统发表"电令"。总统令是国家正式公文，有严格的法定程式，由总统盖印、国务总理副署，以《政府公报》公布；而电令则无严格程式规定，无须国务总理副署，也无须以《政府公报》公布，而且可以随时变更。冯国璋这样做，一是表明受到了主战派督军的巨大压力；另一方面也想通过政府公文程式上绕圈子的"技巧"，敷衍主战派，对西南方面不要逼之过甚。特别是他没有用下达"讨伐令"这样的形式，为将来通过谈判解决西南问题留了一扇门。

曹锟、张怀芝很清楚自己的使命。冯国璋的电令发表后，二人马上要求北京政府发给攻湘援鄂军费 200 万元，各省督军也随之以对湘鄂及西南用兵为名向北京政府索要军饷。北京政府哪有钱给他们？于是这帮人便肆无忌惮地在各自管辖区内截留税收，招兵买马，扩充武力。这种做法也完全揭穿了天津会议上所谓各省自筹军费的骗人鬼话。

在一个相互对抗的均势中，一方做出的一个小小的让步都有可能产生一系列的连锁反应。这就好像一副多米诺骨牌，当第一块骨牌被放倒了，紧接着就会有第二、第三块骨牌相继倒下。冯国璋似乎就是在玩这样一副多米诺骨牌。派小段赴天津问计于老段是他放倒的第一块多米诺骨牌，任命曹锟、张怀芝为攻湘援鄂两路总司令是他放倒的第二块骨牌，接着就有了第三块骨牌。

第三块骨牌是已经被解除国务总理职务的段祺瑞借"参战督办"的名义重回政权核心，重新执掌大权。前文讲过，11月22日，冯国璋下令免去段祺瑞的国务总理职务，此后段祺瑞便离开北京去了天津。督军团天津会议后，冯国璋意识到，没有段祺瑞的合作与配合，他这个总统什么事都干不成。迫于压力，12月18日，冯国璋下令建立"督办参战事务处"，任命段祺瑞为"督办参战事务"，简称"参战督办"。这个督办参战事务处，名义上讲是直属大总统领导，统领一切国际参战事务。由于王士珍坚持不再兼任陆军总长，冯国璋几经权衡，只得在任命段祺瑞为参战督办的同时，另下一道总统令，任命皖系大将段芝贵为陆军总长。

前文讲过，冯国璋代理总统职务后，马上签发了中国参加对德作战的总统令，成立参战督办，就是处理与参加对德作战的相关事务。这在当年被北洋军阀说成是对外关系上的头等大事，与国内事务，尤其是国内军事关系重大，举凡招募兵员、训练队伍、购买军械等无不与参战事务有关。同一天，冯国璋还下达了一道手令：以后关于参战事务均交参战督办处理，不必呈送府院。站在冯国璋的立场讲，他这是做出重大让步，将所有对外事务交段祺瑞处理，自己只主持国内事务。以后双方各守自己的势力范围，各得其所，和平相处。但问题是，段祺瑞借助督军团的力量逼冯国璋交出了对外事务大权，同样也可以借助督军团的力量逼冯交出内政大权。因此，所谓各守势力范围，各得其所，和平相处，只能是冯国璋的一厢情愿。

成立督办参战事务处，是段祺瑞逼迫冯国璋做出的重大让步，也是段祺瑞统驭督军团的重要手段。有了张勋复辟的前车之鉴，段祺瑞深知督军团是一种利害结合，如果手中没有可用之兵，则一切都是空的，因此，他要借此机会编练参战军，培植自己的武装。

随着段祺瑞正式就任参战督办，冯国璋很快发现，不仅王士珍的国务总理成了摆设，连他这个大总统也有点形同虚设。为什么这么说呢？

按照《督办参战事务处组织会》的规定，该事务处设参谋长一人，参赞、参议若干人，下设参谋处、外事处、军备处、机要处和副官处等几个办公处。段祺瑞就职参战督办后，参谋长一职空置着，也没有设置专职的参赞与参议，而是将王士珍内阁的各部总长全部委任为参赞，将各部次长全部委任为参议。事务处开会，内阁成员除王士珍以外，各部总长、次长全体出席，事务处决定要做的事，无须总统、总理批准，直接由参战督办交代给内阁各部总长、次长归口办理。而且参战督办不归内阁管，决定的事务也无须交总统盖印，所以便成了这样的局面：参战督办对内可以发号施令调动军队，对外可以直接取得外援，军政大权一把抓。如此一来，不仅冯国璋费尽心机拼凑起来的王士珍内阁名存实亡，他以前逐段下台的种种努力化归乌有，就连他这个大总统也有被架空的危险。

冯国璋当然不会看不到自身的危机，从他任命段祺瑞为参战督办的那天起，就应该知道走到这一步是早晚的事。但是，他也不甘心束手待毙。12月26日，冯国璋对外发表停战布告，责成南北两军各守原防，停止敌对行动。

冯国璋的停战布告首先是对西南方面停战要求的回应，西南方面已经多次要求他颁发停战令，为了促成停战，陆荣廷还提前单方面颁发停战令。如果冯国璋再不回应，就有些言而无信了。另一方面，这个布告也是对以段祺瑞为首的主战派要求他对西南下讨伐令的回应。他任命段祺瑞为参战督办，用意就是与段祺瑞划分各自的势力范围，段祺瑞主外，他主内，而对西南的战与和毫无疑问属于国内问题，是他势力范围内的事，所以他一定坚持自己能够说了算，不能听凭段祺瑞及其督军团的摆布。但对于这后一个方面，也就是与段祺瑞划分势力范围的事，他心里并不是真有底。因为北洋军阀讲究枪杆子强过印把子，段祺瑞背后有督军团，会甘心只主外而不干涉国内事务吗？他有点心虚。因此在文件发表时他又耍了点小聪明，就是不用"停战令"，而是采用"停战布告"。冯国璋对主战派解释说，停战令与停战布告有区别，停战布告不是正式文告，随时可以改变。他还把"停战布告"说成是"武装和平"，如果南方不听话仍然要进行讨南军事。他想靠这点小聪明既让西南方面能够接受，又不至于太刺激段祺瑞及其督军团。

冯国璋的停战布告获得西南方面的积极回应。尽管陆荣廷觉得停战布告不如停战令正规，但由大总统签发，权威性还是有的。陆荣廷建议推岑春煊为南方议和总代表，希望北方也推出议和代表以便举行南北和议。

段祺瑞对于冯国璋的停战布告不屑一顾。他的督办参战事务处，名义上是署理对外用兵事务，但他从来没有想过对外用兵，他热衷于编练军队、购置军械，完全是为了应对国内反抗势力。所谓冯国璋主内、段祺瑞主外，不过是冯国璋的一厢情愿，段祺瑞根本不可能将国内军政大权让给冯国璋一人执掌。因此，冯国璋的停战布告发表后，主战派仍然按照天津会议的决定做着出兵打仗的准备。曹锟派手下得力大将吴佩孚率精锐部队第三师沿京汉铁路南下，计划通过湖北进攻湘北。张怀芝派山东暂编第一师师长施从滨率部沿津浦路南下，会合倪嗣冲抽调的部分安武军，通过江西进攻湘东。这位施从滨是刺杀孙传芳的那位"侠女"施剑翘的父亲，而施剑翘之所以不避凶险杀死孙传芳，正是因为孙传芳残忍地杀死了她的父亲施从滨。当然，这是后来发生的事，此时的施从滨还是山东暂编第一师师长。

我们接着讲主战派向湖南进兵的事。主战派分兵两路向湖南进兵，两路大军都要从长江三督的地面经过。吴佩孚的队伍要过湖北，施从滨的队伍要过江西。江西督军陈光远、湖北督军王占元自然不肯让路放行。因为如果任其通过，不仅与西南和谈的计划受到破坏，而且北军大举经过也会严重威胁他们自身的利益。李纯虽然并不面临大军过境的压力，但他是长江三督的首领，两位兄弟的事，就是他这位大哥的事，所以李纯带头，陈光远配合二人共同抵制主战派的攻势。1月4日，长江三督联名通电，呼吁和平，拒绝北方主战派通过他们的地盘。这是一种很直接的警告，如果主战派不顾他们的和平呼吁，强行派军队通过，他们将被迫武装抵抗，一场北洋军内部的大血拼似乎迫在眉睫。

面对长江三督的强硬表态，主战派会作何反应，北洋军的直系与皖系真的会在战场上一决高下吗？

第二十八集
"御驾亲征"遭拦截

　　面对主战派咄咄逼人的攻势，直系长江三督发表联名通电，反对皖系军队经过湖北、江西地面进攻西南，还摆出一副不惜血拼一场的架势。

　　在长江三督中，湖北督军王占元处境最为困难。当初段祺瑞向西南用兵，除了进攻湖南，四川是另一个战场，而湖北既靠近湖南，又毗连四川，是主战派进攻西南的主要路线，王占元两面受压。特别是石星川、黎天才在荆州和襄阳相继宣布"自主"。荆州、襄阳都在湖北境内，事发后，王占元派军法处长程汉卿带着八万银圆前去荆州调停，想劝石星川、黎天才收回"自主"宣示，但二人不为所动。

　　荆、襄变局让王占元十分被动，因为在他所辖境内出现了与西南采取一致行动的自主军，这让他的主和立场大受质疑。当时曹锟部将吴佩孚所率第三师已经抵达河南与湖北交界之广水，正为借路湖北进攻湖南的事发愁，荆、襄变局后吴佩孚所部开始奉曹锟之令大摇大摆地进入湖北去剿灭荆、襄靖国军，对此王占元只能睁一眼、闭一眼，不敢出兵阻挡。

　　段祺瑞及其主战派利用荆、襄局势进一步向冯国璋施压。段祺瑞的党徒放出风来说，如果冯国璋坚持不下讨伐令，就不待新国会成立，由临时参议院通过议案迎接黎元洪复职。这自然是瞎说一气，如果段祺瑞肯让黎元洪做总统，哪还有后来冯国璋的进京代理总统？但这种放风对冯国璋还是造成了不小的心理压力。冯国璋在无可奈何之际，忽然"计上心来"，在王占元的困境中想出一条解除自己困难的出路，这就是将主战派对西南作战的目标锁定在荆襄一隅。民国七年（1918）1月9日，冯国璋以参陆办公处"奉大总统谕"的方式电令前方军队，命令他们讨伐荆、襄叛军，并且说："凡抗命者均以土匪论。"

冯国璋的这道电令颇为耐人寻味。首先，主战派逼他对西南下达讨伐令，他却下达了一份对荆、襄的讨伐电令，这就将对西南的"全面讨伐"压缩成了对荆、襄的"局部讨伐"，试图"大事化小"。其次，荆襄靖国军本非西南部队，而是北洋派中的"叛逆"，或者用冯国璋的话说，这些脱离了北洋军系统的官兵，也可以称之为"土匪"。所以他所发的只是一道"剿匪令"。如此一来，既能给主战派一个交代，也不伤害西南方面，还替王占元解了难，真是一箭数雕。因为是"剿匪令"，也就无须用"总统令"的形式，以参陆办公处"奉大总统谕"的形式足矣。

然而，冯国璋的这点小把戏如何瞒得过段祺瑞的法眼。1月13日，安徽督军倪嗣冲应"小扇子军师"徐树铮邀请到了天津，倪嗣冲是激进的主战派，在倪嗣冲的鼓动下，十六省区督军及代表发表联名通电，反对"局部讨伐"，坚持"全面讨伐"。安徽督军倪嗣冲、山东督军张怀芝、第七师师长张敬尧还联名提议罢免李纯，淞沪护军使卢永祥则提出解除李纯的"调人"责任。他的说法是，既然不搞南北和谈，也就用不着"调人"。

受到攻击的李纯一连发出三份电报请求辞职，此前面对主战派的攻击，他已经表达过辞职的意愿，此次表达的意愿则更为义愤填膺。他说："反复矛盾之所为，君子所耻，而进退出处之际，古人所难。二者不可得兼，则宁牺牲其所难，而决不容隐忍迁就以忘其所耻。"当然，对于北洋军阀的"辞职"大可不必当真，他们嘴上说的辞职，往往只是说说而已，或者是换种方式与对方周旋。

这个时候，西南方面也有了表态。1月14日，唐继尧、程璧光、伍廷芳等12人联名通电，对北京政府在发布停战布告后又派两路司令，参陆办公处发出进攻荆、襄的电令，以及起用段祺瑞为参战督办、任命主战派将领段芝贵为陆军总长等挑衅行为，提出严厉质问。

冯国璋使了个小把戏，原本是计划来个一箭数雕，结果不仅一雕未中，还弄得各方面都有意见，里外不是人。特别是自从倪嗣冲北上后，天津的风声一日紧似一日，主战派坚持必须以总统名义正式发布对西南的讨伐令，否则他们就会自动讨伐，并且宣布与北京政府脱离关系。这又是当年督军团对付黎元洪的老套路。陆军总长段芝贵火上浇油，屡次在国务会议上催促下达讨伐令，弄得胆小怕事的王士珍一个劲儿地央求冯国璋让他下台歇肩。而且又有消息传出，说徐树铮准备召奉军入关，进兵北京，发动政变。以前主战派虽然不断对冯国璋施加压力，但是这样直接冲击，不留余地，还是第一次。

冯国璋顶不住主战派的施压，被迫退让，但又不想退让太多，类似挤牙膏一样，一点点地往外挤。1月14日，冯国璋不出面，叫参陆办公处回答主战派说："各军先行，战令随发。"他这是想拖一拖，或许主战派只是口头上讲打仗，实际并不真进兵，就用不着他下讨伐令了。他还说，可以讨伐国民党的护法军政府，但在湖南方面不要进兵。主战派不答应，仍然坚持要"全面讨伐"，同时坚持讨伐令必须及时发布。冯国璋又表示："既然如此，那么你们就去打湖南吧！等到打了胜仗，再下讨伐令也不为迟。"这是寄希望于南军能抵挡住北军进攻，也可以免了他下讨伐令。但主战派却说："不下讨伐令，师出无名。"坚持先下讨伐令，北军随后进发。

冯国璋与主战派正在"先出兵后下令"还是"先下令后出兵"而纠缠扯皮的时候，荆州、襄阳前线已经交上了火。

北军进攻荆、襄的军事行动是从1月14日开始的。第三师吴佩孚部在东，南阳镇守使吴庆桐部在北，兵分两路进攻襄樊。荆州方面则由原用四川方向的吴光新部担任主攻，靖国军寡不敌众，石星川部战败溃散，黎天才等部败走鄂西南、川东等地。

南军在荆、襄吃了亏，决心换个地方还以颜色。1月24日，西南方面派出湘桂粤联军进攻岳州。防守岳州的部队其实不少，有王金镜的第二师，李奎元的第十一师，王汝贤的第八师，范国璋的第二十师，这些都是正规军，按说是有一定战斗力的。但这几个师都是直系或接近直系的军队，与南军作战表现消极，这就使得南军很快攻克了岳州。

北军不攻长沙，南军不攻岳州曾是南北双方维持和平局面的基本条件，由于北军进攻荆、襄，南军随之攻入岳州，湖南的和平局面再次破裂。

南军攻克岳州的消息让冯国璋心神不宁。因为这意味着南北战争有全面爆发的危险。此时如果不下讨伐令，主战派决不会罢休；如果下讨伐令，南北全面战争就将开始，这不但意味着南北和谈彻底无望，也将影响冯国璋的政治地位。

面对这样的局面，冯国璋该怎么办呢？

当天下午5时半左右，冯国璋心慌意乱地来到东四牌楼五条胡同访问徐世昌，请徐世昌给他出个主意。徐世昌主张邀请段祺瑞共同商议，以求一致。冯国璋同意后，徐世昌给段祺瑞打电话，又给王士珍打电话邀其前来商谈。段祺瑞、王士珍很快到了，但只是坐着喝茶并不肯表明态度，几个人就这么相对无言地坐着。忽然，冯国璋站立起来，大骂南军欺负北洋派太甚，表示要亲自出征，不挫折南方的气焰，决不罢兵。徐世昌、段祺瑞、王士珍三人看见冯国璋的态度突然大变，并且从来没有看见他发过这样大的脾气，都不免目瞪口呆，不知道说什么才好。过了好长时间，段祺瑞才缓过神来，劝说冯国璋可以颁发讨伐令，不必亲自出征。但冯国璋态度坚决，非要亲自率军与南军血战一场不可。

冯国璋回到总统府，立刻命令拱卫军司令刘询在第十五师中挑选精兵一旅，子弹二百余箱和辎重数十车，作为自己的南行卫队，整装待发。又召见王士珍，嘱其坐镇北京，加意维持治安。

冯国璋的决定，引起总统府军事处人员的惴惴不安。25日上午，军事处人员集体见冯国璋，劝阻他南下。接着，北京总商会也派代表来阻止总统"出巡"。冯国璋向他们解释说，出京以一星期为期，在此期间，国家大事有内阁主持，不必惊慌。当天，冯国璋又召见陆军总长段芝贵、步军统领李长泰、京师警察总监吴炳湘等，嘱其协助内阁，维持北京治安。

冯国璋这次行动迅速，一点都不拖泥带水。26日下午8时半，冯国璋的专车从北京开出，当晚12时半到天津，曹锟到车站迎接，伴送他到曹家花园住宿。曹锟劝冯国璋终止南巡，说如要哪省督军谈论军事，尽可令其到京津来见，何必远行。冯国璋回答："已通知沿途各地，岂有半途中止之理？"27日5时，冯国璋的专车由天津开出，下午经过济南，张怀芝上车随行。经过徐州，张敬尧也上车随行。28日专车到达蚌埠，倪嗣冲到车站迎接。再往南行，就是南京了。然而专车却在蚌埠停了下来，再也开不出去了。

原来，冯国璋在北京的时候对徐世昌、段祺瑞说，他要"亲自出征"。但由北京到湖南出征应当由京汉铁路到湖北，不应当由津浦铁路到南京。冯国璋在临行通电中又说是"南行巡阅"，但是一路上行色匆匆，既没有在一个地方停留，也没有检阅军队。他自己说出京以七日为期，既然是短期出巡，为什么要挑选一旅精兵为随从，还要携带子弹二百余箱和辎重数十车？根据这些疑点，结合各方情报，段祺瑞意识到冯国璋所谓"亲自出征"和"南行巡阅"都是骗人的鬼话，他事实上是想托词离开北京，到南京他的大本营去。段祺瑞估计，冯国璋在南京很可能会组织新政府，并且可能下达讨伐令，但讨伐的对象将不是西南而是北京。正因为段祺瑞有了这样的基本判断，所以冯国璋的专车到达蚌埠后，再往南就走不通了。

为了继续南下，冯国璋只得放下身段对倪嗣冲解释说，他准备到南京召开一次军事会议，讨论对南方作战问题。倪嗣冲说，在蚌埠也可以召开军事会议，不一定要在南京召开。倪嗣冲没有等冯国璋的同意，就发电报召江苏督军李纯到蚌埠来参加冯大总统主持的军事会议。

尽管倪嗣冲对待冯国璋态度谦卑，但冯国璋已经看出，他肯定是奉了段祺瑞的命令行事。冯国璋向来瞧不起倪嗣冲，还曾当面训斥过他。但此一时，彼一时，冯国璋知道，这个胆大妄为的家伙，为了逢迎段祺瑞什么事都做得出来。蚌埠是倪嗣冲的大本营，自己只带了一旅精兵，如果闹翻了，吃亏的还是自己。想到这层，冯国璋气势大挫，倪嗣冲恭敬地劝他北返，他也担心李纯会送上门来做另一个俘虏，好在李纯比他警惕性高，推托自己有病，派手下的一个师长为代表到蚌埠参加"军事会议"。

冯国璋南下之路被阻断，就向倪嗣冲抱怨说："现在的督军都像凶神恶煞，都不肯服从中央命令，却张口向中央要多少军费，多少军火，如果不能满足他们的要求，就要反抗中央。这样的总统我实在干不了。"倪嗣冲恭敬地说："总统惩一儆百，谁敢当真反抗中央？谁敢反抗就给谁撤职处分。如果总统撤我的职，我就不敢不服从。"冯国璋听后在他的肩膀上拍了一下说："对呀，可是像老弟这样肯服从中央的，就找不出第二个啦！"倪嗣冲听了总统的表扬大为高兴，两人相视大笑，现场气氛颇佳。

既然南下的路被阻断，冯国璋的专车只好掉头返回北京。他原本预期此行用一个星期，实际只用了四天，比原定计划提前三天回到北京。

接下来，再说湖南的局势。前面讲过，南军占领岳州，桂系首领认为这仅仅是南军在北军攻占荆、襄后应该得到的补偿，南军并没有继续向北进攻的意图，接下来双方应终止敌对行为，迅速召开和平会议。1月30日，湘军总司令程潜发表声明："此次用兵，实为促进和平起见……倘代总统不失其主张正义之宗旨，则我军仍本其以前拥戴之赤忱。"意思是说，虽然南军攻下了岳州，但西南几省仍然是拥戴冯国璋代总统的。次日，湘军全体将领又发通电，把南军进攻岳州说成是"以武力为手段，以和平为目的"。

南军攻占岳州引起主战派的一片怒吼。冯国璋自从南下受阻，锐气大减，只好被迫接受主战派要求。1月31日，冯国璋发布总统令，斥责南方"节节进逼"，命总司令曹锟、张怀芝进兵，派曹锟兼任两湖宣抚使，张怀芝兼任湘赣检阅使，张敬尧为援岳前敌总司令。这是一道正式总统令，明确授权第一、第二两路军总司令率部进兵。显然，这是他以前百般挣扎不肯发表的讨伐令。按规定，总统令须经总理副署。王士珍在副署这道总统令时，神情沮丧，表示自己是为了替老朋友解围，"不得已而为之"。

即使到了这个时候，冯国璋还是没有忘记玩弄一下他的小聪明。例如，他任命曹锟为"两湖宣抚使"，就包含有不打仗的暗示；对张敬尧的任命，不说"援湘"只说"援岳"，就包含有作战以收回岳州为止的意思。不过这套小把戏如何逃得过主战派的眼光，被任命为"援岳前敌总司令"的第七师师长张敬尧来电质问：（一）岳州已经失去，何以还说"援岳"；（二）既然进兵岳州，何以派员"宣抚"两湖。他公然说，总统如果主战，应当责成主和各省明白改变态度，以便一致进行；如果主和，更应当"宣示真意"，免得前方将士无所适从。

段祺瑞也因冯国璋在"脱逃未遂"之后，仍然搞阴谋诡计而大发雷霆。他来到公府直接对冯国璋施加压力，提出惩戒拒绝假道的江西督军陈光远。显而易见，惩戒陈光远就是惩戒冯国璋。他在说这番话的时候，板着面孔，脸色铁青，看来是动了肝火。冯国璋看了眼段祺瑞的铁青面孔，听了他那命令式的口吻，实在是忍无可忍，大声说，要惩戒，先惩戒从湖南逃走的傅良佐！

傅良佐是段祺瑞的亲信加亲属，傅良佐不战而逃，让段祺瑞感到很没面子，如今冯国璋又当面提出傅良佐的事，相当于在当面揭段祺瑞的短。段祺瑞怒火冲天，两人在总统府大吵起来，连起码的官场礼节都顾不上了。但光吵闹并不能解决问题。经过一番讨价还价，作为折中方案，冯国璋于2月5日发表总统令：傅良佐一案组织军法会审；陈光远对援湘托故延缓，致误湘局，着褫去上将衔，仍留督军原职，以策后效。这算是对二人各打五十大板。实际上，由于有段祺瑞与冯国璋的庇护，傅良佐的军法会审不了了之，陈光远不久也得以"恢复原职"。

对傅良佐和陈光远的处置只是冯国璋、段祺瑞之间争斗的小插曲，主战派最关心的还是湖南战场形势。2月6日，也就是在冯国璋下令处置傅良佐和陈光远的第二天，曹锟动身南下，在汉口刘园成立第一路军总部，其帐下大将吴佩孚原为代理第三师师长，如今改"代理"为"署理"，并兼任前敌总指挥，统率第三师及5个混成旅由鄂北向鄂南挺进。几天后，张敬尧率第七师由徐州出发，经郑州南下，2月15日抵达汉口。与此同时，北京政府特派殷鸿寿为前敌总执法官，授以七狮军刀一柄，命其率40名刽子手抵达汉口，对在前线临阵退缩的官兵"就地正法"。南北双方的一场大战已是箭在弦上。

如果说湖南是南北战争的主战场，北京就是主战与主和派共有的战略后方。在湖南，主战派已经占了上风；在北京，主战与主和两大阵营仍未能决出胜负。军阀最讲实力，段祺瑞认识到，要想让冯国璋俯首认输，就必须要让他感受到足够的压力，而且必须是军事压力。可段祺瑞并没有自己的部队，要给冯国璋施压，必须借用外兵。向谁借兵呢？

第二十九集
奉军入关

段祺瑞为了给冯国璋点颜色看看，考虑借兵施压。向谁借兵呢？只能向奉系借。因为当时皖系部队都已经派往南北战争前线，北京只有冯国璋的总统拱卫军，没有亲近段祺瑞的部队。为了解决这种武力上的不平衡，为了让冯国璋及主和派切实感受到武装压力，段祺瑞派他的"小扇子军师"徐树铮以"接洽国防"为烟幕，到奉天去联络张作霖，协商调动奉军进关，填补京畿的武力真空。

请奉军入关是段祺瑞为压冯国璋就范而走出的一着妙棋，也是一着险棋。因为我们在前面讲过，段祺瑞从来瞧不起奉军主帅张作霖，认为这位"绿林大学毕业"的张大帅是半路混进来的假北洋，但为了与政治对手较量，他又不得不竭力拉拢这位土匪出身的大军阀。这次请奉军入关就是这样，段祺瑞深知张作霖野心很大且鬼机灵，一旦请他进关，不给点油水是很难打发他的。但是，段祺瑞认为自己目前已经到了生死存亡的严重关头，请奉军入关是没有办法的办法。这就有点类似于饮鸩止渴，明知后果严重，却又不得已而为之。

此处要简单介绍一下奉军统帅张作霖。张作霖，祖籍直隶河间，清道光年间，其曾祖张永贵因家无恒产，衣食艰难，出关谋生，到了今天的辽宁海城。张作霖生于清光绪元年（1875），在兄弟中排行老末，小名"张老疙瘩"。在东北方言中，"老疙瘩"就是指家里最小的孩子。据史料记载，这位张老疙瘩身材矮小，其貌不扬，从小不喜读书，年十六即与宵小为伍，出入赌场，不务正业。当年辽河一带战乱频仍，土匪横行，张作霖一次赌输无钱还债去偷猪又被人捉住遭到痛打。为这事他在村里抬不起头来，便去广宁当了"胡子"。所谓"胡子"，就是土匪。

张作霖刚做土匪的时候，主要充当"兰把子"，负责"看票"，就是看守土匪绑来的人质。时间长了，他觉得干这种绑票、看票的事没什么出息，便在附近村屯有钱人的支持下，网罗了30多名散兵游勇，在居住的赵家庙成立了一支"保险队"，将附近的几个村屯划为"保险区"，在保险区内坐地抽饷，在保险区外勒捐绑票。可见，张作霖的所谓"保险队"，就是一种土匪武装。所以，张作霖后来讲，自己是"绿林大学毕业"，此言不虚。

张作霖的"绿林大学"，不同于历史上的"绿林好汉"。历史上的"绿林好汉"大多标榜"杀富济贫"，张作霖自从投身"绿林"，便依附豪绅，抢百姓钱财，为权贵办事，后经地方豪强担保，接受官府招安，由胡匪、马贼，摇身一变成为"朝廷命官"。

张作霖读书不多，但悟性不差，在"绿林大学"学了不少处世本领。他常与绅商交往，史书上说他"喜拉拢，善应酬，馈赠必投其所好"。他在新民府任五营管带时，奉天巡防处总办张锡銮来新民视察，他听说张锡銮爱马，就在其视察期间"赠以良马"。新民知府贪利，张作霖即"馈以金钱"。靠了这种拉拢和钻营的本领，使他仕途屡屡升迁，很快当上了奉天巡防营南路统领，手下拥有了数千亦兵亦匪的武装。

当年东北兵匪混杂，各色挑旗子、拉队伍的人林林总总，张作霖能够在这类"绿林大学"中脱颖而出，首先就在于他能够在有利的时机做有利的事。

宣统三年（1911）十月，东三省总督赵尔巽正在黑龙江视察，忽闻武昌起义爆发，东北新军中也有响应迹象，赵尔巽急忙赶回奉天省城，连夜召集文武官员开会，商讨应对之策。当时省城除新军外，并无其他官军，而新军正是潜在的反清主力。赵尔巽惊恐万状，生怕做了革命党人的刀下鬼，一度想弃城入关逃命。此时有人向他推荐张作霖，说"其人机警，而且愿效忠大帅"。赵尔巽觉得远水难解近渴，那人却说，张作霖已在府外等候。原来武昌起义的消息传到东北，张作霖得到部下从省城发来的密报，知道赵尔巽手下缺兵少将，便率部星夜赶赴省城。赵尔巽在困境中见到张作霖后"精神大振"，并利用张作霖的部队，稳住了东北局势。张作霖因此被清政府任命为关外练兵大臣，赏戴花翎，他的部队也从此控制了奉天省城。

中华民国成立后，张作霖所部被改编为陆军第二十七师，驻扎奉天，张作霖升任中将师长，并在袁世凯主政后期升任盛武将军，督理奉天军务并兼巡按使。所谓"督理奉天军务"，就是奉天督军；所谓"巡按使"，就是省长。奉天是东北第一大省，在东三省中位置最为重要，张作霖当上了奉天军政一把手，也就成了东北的第一号人物。

东北是个藏龙卧虎之地，就实力与资历而言，与张作霖不相上下的就有好几位，特别是同驻奉天的二十八师师长冯德麟，资历远超张作霖。

冯德麟是张作霖的前辈，曾是辽西土匪中的"大哥大"。张作霖早年曾在家乡的一个大车店做佣工，辽西巨匪冯德麟住店时见过张作霖并为其"指点迷津"，后来张作霖还在冯德麟手下当过差。再后来，张作霖和冯德麟都成了"朝廷命官"，大清晚期还结拜为兄弟，冯德麟年长为兄，张作霖为弟。民国初年，张作霖所部改编为二十七师，冯德麟所部改编为二十八师，两人平起平坐，都当了师长。袁世凯主政后期，张作霖做了奉天督军，冯德麟做军务帮办，冯德麟成了张的副手。对此冯德麟心有不平，张作霖也心有不安，并致电北京，要求改任冯德麟为督军，自己做军务帮办。当时段祺瑞主持内阁，知道张作霖的电报绝非发乎本心，便驳回所请。张作霖"无奈"，只得勉强就任督军，但在冯德麟面前说话从不敢高声大嗓。

关于冯德麟，前文在讲张勋复辟时曾讲到过，冯德麟曾积极支持张勋复辟，在复辟失败后冯德麟从北京逃往奉天，在天津东站被捉。其实，张作霖也是支持张勋复辟的，而且比冯德麟更积极。当年各地的封疆大吏中，对张勋复辟支持最积极的，第一是倪嗣冲，第二就是张作霖。倪嗣冲支持张勋主要是因为两人同在安徽做官，张勋任督军，是一把手，倪嗣冲做省长，是二把手。一把手做事，二把手支持，容易理解。张作霖支持张勋，主要是两人都当过土匪，惺惺相惜，而且一笔写不出两个"张"字来。此外，张作霖的女儿嫁给了张勋的儿子，两人还是儿女亲家，可谓荣损相依。前面讲过，张勋复辟面临失败时，清廷曾任命张作霖做"东三省总督"，让他率兵进京"勤王"。朝廷在困窘中想到张作霖，说明朝廷对他的"忠心"坚信不疑。其实，冯德麟进京赞助复辟，也是得到张作霖支持的，张作霖答应他可以全权代表奉天行事。但在张勋复辟面临失败的危急关头，张作霖并未率兵"勤王"，而是到天津与段祺瑞面商讨逆之策。如此一来，形势逆转，讨逆战争结束后，张作霖成了功臣，而冯德麟则做了阶下囚。虽然事后由于张作霖出面求情，段祺瑞很快命人放了冯德麟，还请他做了总统府高等侍从武官，但在奉天的二十八师却被张作霖收入麾下。

讨逆战争也拉近了段祺瑞与张作霖的关系。正因为有了这次合作，在段祺瑞与冯国璋较量的关键时刻，"小扇子军师"便主动与张作霖联系，促成了奉军入关。

段祺瑞请奉军入关矛头指向非常明确，就是指向冯国璋，这一招果然灵验。因为奉天处于北京后方，奉军入关对北京政府构成极大威胁。冯国璋记得很清楚，仅仅在一年前，辫子军几千人开到天津，就把黎元洪赶下了台，如果奉军开进山海关，他的总统宝座自然大受威胁，甚至可能性命不保。他也明白，奉军入关是段祺瑞的一着恶棋，意在对自己施压。无奈之下，冯国璋被迫于 2 月 17 日公布了临时参议院所修订的国会组织法与两院议员选举法，18 日命令内务部筹备新国会的选举。

这是冯国璋对奉军入关的第一个实质性反应，是他对段祺瑞和皖系集团做出的一个重大让步。冯国璋当初放弃江苏督军的要缺，来北京就任只有一年任期的代理总统，内心想着在一年以后能转为正式大总统。他进京后那么卖力地主张调和南北，也有这方面的考虑。他认为自己的副总统职务是根据《临时约法》由旧国会选举出来的，由副总统代理总统也是根据《临时约法》和《大总统选举法》确定的，恢复《临时约法》和旧国会符合他的利益。但段祺瑞自平定张勋复辟后，即以"再造共和"自居，拒绝恢复《临时约法》，拒绝恢复国会。他仿效民国初期的政坛架构，组织了一个临时参议院，以这个他可以操控的临时参议院代行国会职权，修改国会组织法和两院选举法，在此基础上组成符合北洋皖系集团利益的新国会。对于段祺瑞的这套计划，冯国璋自然并不认同，对待《临时约法》和旧国会的不同态度，也是冯国璋与段祺瑞斗争的深层原因之一。如今，面对奉军即将入关的严重局面，冯国璋被迫做出重大让步，这个让步实际上就意味着他不得不放弃竞选正式大总统。

冯国璋举止失措，王士珍眼看朝政日非，不肯再做这个受罪的国务总理，便又提出辞呈。冯国璋不肯松手，王士珍干脆不到国务院办公。冯国璋无奈，只得接受王士珍辞呈，准给假休养，派内务总长钱能训代理内阁总理。

冯国璋的让步，让段祺瑞尝到了引奉军入关的甜头。甜头之余，他又不得不吞下相应的苦果。2月22日，徐树铮与奉军五十三旅旅长张景惠率兵到秦皇岛，抢劫了日本政府根据中日军械借款协定运到的二万七千余支步枪。张景惠这人与张作霖关系非比寻常。张作霖刚做土匪的时候，有一次与另一伙土匪火拼，队伍被打散，张作霖逃亡途中经过一个叫八角台的地方，向当地团练借道。当地的团练长就是张景惠。张景惠早就听说过张作霖其人，见其穷困落难，便开门欢迎，酒肉招待。两人席间相谈甚欢。张景惠对张作霖大为钦佩，力劝张作霖留下来做"大当家的"，自己甘做"二当家的"。张作霖自然要推辞，但张景惠情真意切，于是，张作霖便恭敬不如从命，做了八角台镇的团练长，张景惠任副团练长。后来张作霖步步高升，张景惠也随之升迁。此番张景惠入关劫走了参战督办购自日本的枪械，消息传来，不仅让冯国璋感到压力，也让段祺瑞深感震惊。因为段祺瑞正为各省督军不肯听命发愁，准备利用参战督办身份，用政府军费购置军火编练自己的"参战军"。这种做法类似于当年袁世凯在天津小站编练新军，这批军火就是用来做这件事的，却不料被奉军劫持了去。段祺瑞为此致电张作霖，令张作霖交还枪支，张作霖却说他正准备奉中央政府之命入关南征，缺少军火，这次部下"提去"一批军火，事前未及请示。27日，他再次致电段祺瑞，说："此次奉天请领军械，系奉元首讨伐明令，整饬军队，为政府之后盾。所练军队，无论对内对外，均属拥护中央，一旦编练成军，悉听政府驱策。"还说那批军火，"运京留奉，宗旨无殊。盖全军均属国家，尚何器械之足计"！言语之间，颇为有恃无恐。

张作霖的有恃无恐是因为这些年趁着关内动乱，各派军阀混斗不已的机会，他在关外发展了实力，成为关外最大的地方武装，与关内在直、皖两系之外的各地军阀比，也属实力强劲。在直、皖两系恶虎相斗中，奉系站在哪边，实力的天平就会倾向哪边，如今奉军入关为皖系站台，张作霖觉得拿点段祺瑞的军火，应是情理中事。再说，张作霖原本不知有这批军火，段祺瑞从日本购买军火是秘密进行的，从日本运回中国也是秘密进行的，他张作霖怎么会知道？是徐树铮将机密告诉了张作霖的手下爱将张景惠。徐树铮为什么要这么做？就是要将这批军火作为见面礼送给张作霖。徐树铮奉命召请奉军入关，知道不带礼物就说不动张作霖，如果事前请示，段祺瑞一定不会答应，而奉军不入关就不能给冯国璋施压，因此，徐树铮就背着段祺瑞做了一回主。他不仅将如此的机密告诉了张景惠，还利用自己在陆军部次长任上时私自留下的空白证件，为奉军开出了领取军火的官方文书。徐树铮是段祺瑞的第一红人，有徐树铮的暗中支持，张作霖当然有恃无恐了。

徐树铮伙同奉军劫掠军火，令段祺瑞大为不满，说徐树铮是"教猱升木"。教猱升木，从字面上理解，是教猴子爬树，意思是教坏人行恶。但徐树铮却不以为然，他反问段祺瑞："长江三督之升木谁教之者？"意思是说，冯国璋指使长江三督行恶，我们为什么不可以利用奉军呢？段祺瑞没有话说，但心里仍不痛快。因为长江三督主和是为冯国璋站台，奉军名为主战，第一招却抢了段祺瑞的宝贝，段祺瑞能不堵心吗？

秦皇岛抢劫军械，对于奉军扩充实力发挥了重要作用。当年军阀混战，有枪就有兵，张作霖抢劫来这批军械后，随即招兵买马，先后增编了七个混成旅，其中有六个派入关内，还组建了奉军暂编第一师，师长就是率部在秦皇岛抢劫军火的张景惠。

奉军入关，打的是"拥护元首"旗号，但处在被拥护地位的冯国璋却被吓得胆战心惊。2月26日，冯国璋在总统府召开紧急会议讨论对策，段祺瑞亦应邀出席。冯国璋用锋利的眼光望着段祺瑞说："奉天出兵既未奉有命令，事前也未通知。前任陆军次长徐树铮到了奉天。这些情形，究竟用意何在？"

冯国璋的话算是问到点子上了。从法律上讲，部队调动要有陆军部调令，当年张勋带几千辫子兵北上，至少在名义上讲是奉了大总统黎元洪之邀请，如今在陆军部毫不知情的情况下，奉军大举入关，简直是无法无天。段祺瑞本来就不善言辞，听了冯国璋的问话，更是张口结舌说不出话来，忸怩了半天才说了句："太冒失了。"好像是说徐树铮，也好像是说张作霖，但下一步该怎么办，却只字未提。

这样的会议当然不会有结果，因为虽然有些事徐树铮先斩后奏，但召奉军入关是段祺瑞的决定，不论冯国璋的话如何说到点子上，段祺瑞肯定不会让张作霖退兵。开弓没有回头箭。到了这一步，即使段祺瑞愿意叫张作霖退兵，张作霖也未必肯答应。

2月26日，奉军一部遵照张作霖的命令进抵京东重镇滦州。28日，冯国璋电令张作霖，命奉军退回东北，张作霖理都不理。3月5日，奉军一部由天津开到廊坊，并在车站检查往来旅客。国务院去电说明廊坊不是戒严区，不能检查旅客，奉军仍置之不理。张作霖随即发表通电称："兵已入关，无可撤退。长江有事，即可南下应援。"他还请北京政府在天坛一带指定营房以便奉军进驻。北京方面尚未答复，张作霖已派人进京在天坛、南城一带找寻驻兵房屋。

奉军即将进京，北京城内人心惶惶。张作霖和张勋原本关系密切，尽人皆知，如今张作霖要带兵进京，主战派的不少人又联名提议要求赦免张勋，更加剧了京城的恐怖气氛，人们担心会出现第二次清室复辟。一时间，京城百姓纷纷外出避难，京津铁路、京汉铁路的火车上挤满了避难的人，与上一年辫子军开到北京的景象极为相似。

此时最着急也最害怕的，要算是冯国璋了。面对奉军入关逼宫，他该怎么办呢？

第三十集
冯国璋遭"兵谏"

奉军大举入关逼宫，冯国璋感到他的总统地位岌岌可危。在重压之下，冯国璋在3月4日拟就了一份电文，请各省"筹商善后"，以便他本人卸职下台。这也是北洋派的老办法，袁世凯以前在各方逼他退位的时候，就曾通电叫各省"筹商善后"，借以拖延时间，筹划对策以自保。如今冯国璋照搬了袁世凯的老办法，依葫芦画瓢，目的也和袁世凯当年的想法一样。但时过境迁，他的这一套没有吓倒别人，先把自己的幕僚们吓坏了。总统府秘书长张一麐把冯国璋的电报稿从机要室追回来，随即邀同总统府军事处长师景云等人去见冯国璋，劝他不要消极。冯国璋垂头丧气地说："你们劝我有什么用处？现在没有人肯当国务总理，我写信邀请杏城组阁，杏城连回信都不给我；韩臣天天闹着不肯代下去；难道叫我自己来兼任总理？北京城以外的情形就更糟了，督军称雄霸道，目无中央，今天竟然有人自由出兵，威胁政府！你们还是让我走的好。"冯国璋所说的"杏城"，是指杨士琦。其人原是李鸿章帐下重臣，与袁世凯关系极密，当时住在上海。冯国璋曾写信请他出山组阁，杨士琦不屑一顾，连信都不回。冯国璋所说"韩臣"，是指钱能训。此人自从代理国务总理后，一直不称心，天天闹着让冯国璋另举贤臣。这些事确实让冯国璋挺窝心。

3月5日，也就是奉军一部开抵廊坊的同一天，冯国璋召集全体阁员在春耦斋举行紧急会议，说明时局发展到这一步，除本人辞职外别无办法。他拿出几天前拟就的电稿交给阁员们传阅，大家面面相觑，会场鸦雀无声。过了约莫几分钟，才有人吞吞吐吐地说了几句劝慰他的话，劝他慎重考虑。也有人建议再请段祺瑞疏通张作霖退兵。接下来就是你一句，我一句，说来说去，最终不了了之。

第二天，冯国璋同时接到两份电报。一份是财政总长王克敏从蚌埠发来的，说倪督军对总统没有意见，只请总统起用芝老，罢免李纯。王克敏是前些天奉冯国璋之命去蚌埠疏通倪嗣冲的，电报中所说的"芝老"，是指段祺瑞。另一份电报是张作霖从天津发来的。张作霖说，他拥护元首，此番率兵入关的目的只在铲除主和派，组织强有力的内阁。至于如何组织起"强有力的内阁"，张作霖没有明说，但明眼人都知道，他是主张请段祺瑞重新出山组阁。这一点与倪嗣冲的意见颇为一致。

倪嗣冲与张作霖的表态透露出一条重要信息，主战派和皖系目前并不是要逼冯国璋下台，而是要压冯国璋把段祺瑞请出来组阁并加快组织新国会选举。

对于主战派和皖系的这些要求，冯国璋能答应吗？

让段祺瑞重新出山做总理，自然是冯国璋难以接受的，因为解除段祺瑞的国务总理职务，是前一段府院冲突中冯国璋对段祺瑞斗争的唯一胜利成果，虽然后来段祺瑞以"参战督办"的名义卷土重来，实际上控制了国务院并且在很大程度上架空了总统，但至少在名义上，冯国璋保住了总统职位，而段祺瑞丢掉了总理职位。如果再让段祺瑞重新执掌国务院，就意味着冯国璋公开承认失败，相当于让冯国璋自己扇自己的耳光。这种自取其辱的事情，他自然是不肯做的。

倪嗣冲和张作霖的表态也代表了皖系和整个主战派的主张。从当时直、皖两系的实力对比来衡量，由于有了奉系的加入，皖系已经控制了北京政权，如果他们认为有必要的话，甚至有能力逼冯国璋下台，安排一个更听话的人出来做总统。但段祺瑞在反复权衡之后，认为还是让冯国璋继续做总统更好些。为什么这么说呢？

原来民国二年（1913）10月5日公布的《大总统选举法》规定，总统任期五年。同年10月10日，袁世凯就任总统。袁世凯任期未满就死了，黎元洪继任。黎元洪任期未满辞职，冯国璋代理。这期间总统虽然换了又换，任期还是那五年。到民国七年（1918）10月10日，首届总统任期即将期满，屈指算来也就是半年多一点时间。段祺瑞自认为已经牢牢控制了北京政局，特别是手里有一个听从摆布的临时参议院，他完全可以利用这个临时参议院，选出听从其摆布的新国会，并进而选出听从其摆布的新总统。在此期间，让冯国璋做半年的傀儡总统，最符合段祺瑞和皖系集团的利益。后来，徐树铮和倪嗣冲还专门议论过这个问题，徐树铮对倪嗣冲说，应当让冯国璋继续做几个月的总统，因为新国会在三四个月内就要成立了，由新国会选举总统是合法的，眼前没有必要提早进行总统选举，因为过早的选举是不合法的。徐树铮是段祺瑞的心腹，对段祺瑞的心思自然揣摩得准。

3月6日，冯国璋发表总统令，指定5月24日进行众议院议员选举，6月20日进行参议院议员选举。这也算是冯国璋对倪嗣冲、张作霖所提要求的回应。

随着冯国璋的步步退让，皖系政客组建新国会的进程也在加快。当时在北京西城安福胡同有一个大宅院，主人叫梁式堂，宅院被人称为"梁宅"。从上一年的冬天起，临时参议院里的一批拥段派议员便经常在宅院里聚会，起初参加者仅十余人，聚会形式多为饮酒闲聊。其后参加者日增，逐渐有了政治聚会的意味，开始讨论一些与国会选举相关的话题。及至新修订的国会组织法及两院选举法公布后，国会及总统选举遂成为安福胡同梁宅商讨计议的中心议题。段派要人、临时参议院长王揖唐时常参加、策划一切。这些人在商讨计议之外，还四处活动，为即将举行的国会议员选举预热造势，于是，安福胡同梁宅聚会便有了明确的政治含义。据当年的段派议员刘振生回忆："我记得有一次聚会，大家认为将来到各地经营选举，必须有一个正式组织，方好号召，梁宅的名义是不行的。当时有人提议：'这个梁宅不是在安福胡同吗？安国福民，名词很好，就称为安福俱乐部吧。'与会者一致同意，于是安福胡同梁宅摇身一变，就成为安福俱乐部了。"由于有了安福俱乐部的预热造势，段祺瑞认为未来的国会及总统大选已经完全在自己的掌控之中，所以才不急于赶冯国璋下台。

3月7日，奉天方面发表了一组张作霖和曹锟、张怀芝的往来电报。在这组电报中，张作霖首先表明他的宗旨在于："拥护中央，维持大局，始终团体，戡平内乱，联络同志，共救危亡。"他说天津会议原来议定将奉军编入第一路，后来又改编入第二路，对此他都"极表同情"。现在已经编成6个混成旅，这批军队不日即可抵达徐州，"会合大军，敬听指挥"。

继张作霖之后，曹锟在电报中表示欢迎奉军入关，称赞张作霖"耿耿大义，磊落光明，骨肉之交，谊共生死"。曹锟除请奉军集中徐州加入第二路外，还请加派一个或两个混成旅开到汉口加入第一路。张怀芝也在电报中称奉军入关是"壮我士气，固我后援"，并称已指定韩庄为奉军南下的第一站。

曹锟、张怀芝分别是直隶和山东督军，又分别担任南下援湘大军的第一路军和第二路军总司令。曹锟、张怀芝与张作霖之间的这组电报，表明奉军与主战派已就对西南用兵达成一致并采取共同行动了，这对冯国璋来说无疑是一个很大的压力。

这一着果然灵验。就在张作霖和曹锟、张怀芝往来电报发表的同一天，冯国璋也发表了一份电报。这是一份辞职电，他首先列举国会问题、内阁问题、军费、财政以及外交问题的种种困难，使他无法应付。他说自己以前就不想做总统，现在也决不留恋总统地位，问题在于"民国既无国会，而总理现属暂摄，又不能援引约法条文交其代行"。因此，只得"向各省区督军省长暨文武官吏详述危殆情形，应请筹商办法，为国璋释重负，为民国谋安全"。在电报结尾，他还说："国璋在职一日，仍当引为己责。"很明显，冯国璋并不是真心辞职。从本心而言，他还是想继续做下去。

皖系和主战派并不打算马上赶冯国璋下台，直系将领自然更不情愿让他辞职了。冯国璋的辞职电见报后，曹锟、张怀芝等人回电对他极口推崇，直隶、山东、江苏、安徽、湖北、江西六省督军发出联名电报力斥推倒元首为无稽谰言。张作霖在电报中直称："挽救时局，只我大总统一人。"他还建议总统："择定总理一人，组织完全内阁，总理得人，各方同意，政令自行，切勿轻怀退志。"这就等于把话挑明了，冯国璋可以继续做总统，但应恢复段祺瑞的总理职务。冯国璋读了张作霖的电报后假装糊涂地回电说："组织强有力之内阁，自系正当办法。可速联合各省商定何人应任总理，予当依众议而行。"这份电报的意思很明确，希望张作霖能就总理问题"打开天窗说亮话"。但身为地方军事将领的张作霖自然不好明白说出国务总理人选，为了向冯国璋施压，他只能另想办法。

3月12日，安徽督军倪嗣冲再到天津。同一天，张作霖、徐树铮联名宣布在距离天津25千米的军粮城设立关内奉军总司令部，张作霖自兼总司令，徐树铮以副司令名义代行总司令职权。关内奉军总司令部的成立以及徐树铮以副司令名义代行总司令职权，标志着皖系与奉系公开联手，对冯国璋无异于当头一棒。冯国璋无法继续假装糊涂了，14日，他亲到府学胡同请段祺瑞再度出山组阁。但出乎冯国璋及所有人的预料，段祺瑞听了冯国璋的话，淡淡一笑，表示自己无意于此。

这就怪了！冯国璋曾用尽千方百计终于免了段祺瑞的国务总理职，如今迫于压力不得不请其重新上台。而段祺瑞用尽心机想要恢复以往的职权，如今面对失而复得的总理职务却又推三阻四地不肯出山。为什么呢？

段祺瑞虽然借着参战督办的特殊位置已经掌控了内阁的很大一部分权力，但毕竟名不正言不顺，不入主国务院，就不能以国务总理的身份号令全国。从这个角度讲，他当然希望早日恢复以往的职权，重新坐上国务总理的宝座。但当冯国璋登门请其出山组阁时，他又觉得时机还不成熟，或者觉得冯国璋给出的条件还不够好，所以对冯国璋的要求，一口回绝了。

皖系将领和主战派骨干对于段老板欲擒故纵的手法心领神会。3月16日，徐树铮偕同杨宇霆到天津。杨宇霆，善谋略，自号"邻葛"，隐含"比邻诸葛"之意。张作霖很信任他，拜为军师，言听计从，时人称他是张大帅的"小诸葛"。徐树铮是段祺瑞的"小扇子军师"，也是"小诸葛"的意思。两位"小诸葛"在天津召集北方各省督军代表开会，向北京的冯国璋施加压力。在重重压力下，冯国璋只得通电北方各省，述说自己访问过段祺瑞，请其出山组阁，但为段祺瑞所拒绝，请各省与自己一致劝驾。17日，冯国璋又亲访徐世昌，请徐世昌帮着劝段祺瑞接受组阁。徐世昌深知段祺瑞此时不会答应出山，便对冯国璋说："人各有志，不能相强。"

3月19日，也就是北军占领岳州的第二天，以曹锟领衔的15省3特区共18个北洋将领发出请段祺瑞再起组阁的联名电报。电报说："锟等互相约定，我公允任揆席，则同人誓当一致，共扶危局，否则亦惟从公高蹈，不问世事。全国安危，同人离合，均系我公一身！"从字面上理解，电报里讲，如果段公允诺组阁，大家就共扶危局；如果段公不出山，大家也一并辞职，不问世事。这当然全是骗人的鬼话，但这番鬼话对于冯国璋来说却类似于催命符。他再次放下身段来到段宅，请段祺瑞以北洋团体为重，接受组阁使命。段祺瑞仍然拿腔作势地说自己无意于此，冯国璋就指天誓日地表示愿意与之同生死，共祸福，并做出五项保证：（一）参陆办公处仍然迁回国务院，以段之亲信靳云鹏为主任；（二）国务院决议，总统不得擅改一字；（三）阁员由总理选择，不必征求总统同意；（四）公府秘书长由总理推荐；（五）中央致各省的电报，须由院方核发。有了这五项保证，冯国璋的总统地位甚至还不及当年的黎元洪，因为黎元洪尽管也算有职无权，但毕竟总统府的事自己还可以做主，如今冯国璋连总统府的秘书长人选都要由段祺瑞来推荐！

到了这个份儿上，段祺瑞觉得火候差不多了，终于点了点头，答应出山帮着总统收拾局面。冯国璋则千恩万谢，并于 3 月 23 日发表段祺瑞组阁的总统令。自上一年 11 月 22 日冯国璋宣布免去段祺瑞的国务总理职，到如今重新发表段祺瑞组阁的总统令，时间过了四个月零一天，一场由罢免段祺瑞国务总理职所引发的大冲突，绕了一个大圈子，又重新回到原点。总统还是那个总统，总理也还是那个总理。但仔细观察又发现，总统已经不是从前的模样，总理也不再是从前的样子，他们之间的关系已经发生了实质性的变化。

段祺瑞重新执掌内阁大权，新国会的选举也按照段祺瑞的部署加紧进行。此时的安福俱乐部已经俨然成为国会及总统选举的组织机关。俱乐部原本在安福胡同梁宅，由于人数增多，房舍不够用，便迁移到太平湖新址，但名称仍然叫安福俱乐部。从这一年的夏天开始，安福俱乐部派人到各省经营两院议员选举事宜，新选出的参众两院议员陆续到京，王揖唐被指定为安福俱乐部领导人。

新国会是在安福俱乐部的直接操控下"选举"产生的。与第一届国会相比，新国会议员人数大为减少，参议员由 274 人减为 168 人，众议员由 596 人减为 408 人，两院议员由"八百罗汉"变为"五百大仙"，解决了段祺瑞所认为的人多嘴杂，遇事议而不决的问题。

新国会的选举过程充斥着贿选与种种非法手段。段祺瑞内阁支出 1000 万元选举费，议员名单由安福俱乐部事前圈定，各地方大员收到钱后按名单组织选举。例如，山东划分为四个选区，每区发给选举费 15000 元，山东督军责成四个区的道尹按照圈定名单全部选出。又如，王揖唐派他的侄子王丙坤为湘江道尹，到湖南包办新国会选举，圈定了十余人的当选名单。由于王丙坤组织工作不细，投票结果不如预期，湖南督军张敬尧就用伪票纳入票箱，使王揖唐圈定的人一榜及第。还有的地方组织小学生冒充选民投票，小学生排着队从前门进去投票，从后门走出来，再折回前门再去投票，如此反复循环多次。此外，还有浮报选民的，如江苏扬州所属七县上届选民总数 298000 人，本届仅江都一县就有 299000 人；淮阴所属八县上届选民共 180000 人，本届仅阜宁一县就有 252800 人；等等。由于国会议员多为安福俱乐部事先圈定，所以本届国会又被称为"安福国会"。

8 月 12 日，临时参议院宣布结束，皖系一手包办的新国会举行开幕典礼。冯国璋在同一天通电宣布不竞选下届总统，并说他"代职已逾一年，而所求之和平统一乃如幻梦"。他表示希望"国会诸公公举一德望兼备、足以复统一而造和平者，以符约法精神之所在"。次日，也就是 8 月 13 日，段祺瑞也发表通电，表示本人在政府改组后决定引退。这个电报和前一天冯国璋表示不参选下届总统的通电一道，被认为是冯国璋、段祺瑞相约同时下野的两个证件。当然，预先指定的下届总统是被段祺瑞视为傀儡的徐世昌，而段祺瑞本人还留任参战督办，可以隐身幕后操纵时局，也可以训练参战军作为私人武力，所以段祺瑞的下野是假，冯国璋的下野是真。

冯国璋自上年 8 月进京代理总统，至此一年有余。虽然他进京前已经采取了不少防范性措施，但仍未能避免做傀儡总统的命运。他在总统任内发布的命令，大多不是发乎本心。从这个角度讲，冯国璋的总统做得很失败。

不过换个角度看，冯国璋个人失败了，他所代表的直系军阀并没有失败，不仅"长江三督"实力仍在，而且新的实权人物异军突起，大有与段祺瑞及其皖系分庭抗礼之势。

这个直系新的实权人物是谁呢？

第三十一集
拉拢吴佩孚

段祺瑞及其皖系一手包办的新国会宣告成立，与此同时，冯国璋宣布不再参加下届总统竞选，而预定出任下届总统的徐世昌被段祺瑞视为傀儡，这也就意味着在总统权位的争夺上，冯国璋吃了败仗。但冯国璋失败并不意味着直系失败，更不意味着段祺瑞及其皖系大获成功了。因为不仅直系"长江三督"实力仍在，而且随着南北战争的变局，原先摇摆于直、皖两派之间的曹锟实力大增，俨然成为直系新的掌门人，大有与段祺瑞分庭抗礼之势。

段祺瑞与冯国璋争执的焦点是对西南方用兵，段祺瑞主张武力统一，冯国璋主张和平混一。曹锟先是站在直、皖两派中间摇摆不定，后经"小扇子军师"徐树铮承诺将来让他做副总统，曹锟为利益驱使，开始选边站在段祺瑞一边。段祺瑞的北军能够在湖南前线有所斩获，主要就是靠着曹锟的力量。特别是在这一年的 3 月，曹锟手下大将、第三师署理师长吴佩孚率部攻入湖南，先后占领羊楼司、云溪、岳州，并于 3 月 26 日攻克省会长沙。消息传来，段祺瑞欣喜异常，他雄心勃勃地制订了对西南用兵的新作战计划：一个月打下湖南，三个月平定两广，至多半年完成全国的武力统一。

然而，前方并未如段祺瑞所愿能够捷报频传。3 月 27 日，北京政府任命第七师师长张敬尧为湖南督军兼省长，这让吴佩孚大为不满。因为湖南的仗主要是吴佩孚率领部下打的，但没有功劳的张敬尧却做了军政"一把手"。这就引起了吴佩孚的消极怠工。4月24日，吴佩孚所部在未遇抵抗的情况下占领衡阳，这是北军在湖南所占据的最靠南端的中心城市，此后，北军在湖南再无攻势。

与此同时，段祺瑞的"小扇子军师"徐树铮还把算盘打在了曹锟头上。徐树铮自恃引奉军入关立了大功，想借机在京畿一带扩充实力，而直隶是曹锟的地盘。为了让曹锟"腾地方"，徐树铮打了个如意算盘："升任"曹锟为两湖巡阅使兼湖北督军，调现任湖北督军王占元为江苏督军，挤走长江三督之首李纯。这个方案流传一时，被称为"三省易督"。在徐树铮看来，曹锟由一省督军升为兼管两省的巡阅使应当知足，却不料消息传出，曹锟大为光火，认为这是段祺瑞把他当成了异己而加以排斥。作为回报，他不仅不做两湖巡阅使，连两湖宣抚使的旧官职也要辞掉，而且在未获上峰批准之前先请假一个月，声称要到信阳鸡公山"养疴"。另外，他还指使吴佩孚以作战疲劳为借口，要求将军队调回直隶休息。

在北洋时期，官员的辞职表态大多不是真心，而是以辞职来要挟对手，曹锟的辞职电报就是这个意思。曹锟是北洋派的首席大将，他的部下吴佩孚所率部队是湖南前线北军主力。如果曹锟真的"掼纱帽"，吴佩孚率军从前线撤退，就等于给段祺瑞的武力统一来了个釜底抽薪，后果是段祺瑞无法接受的。所以，曹锟的辞职电报一发出，徐树铮的"三省易督"方案就胎死腹中。4月19日，徐树铮专程到汉口向曹锟解释，说"三省易督"是根本没影的事，劝曹锟不要辞职，也不要请假。但曹锟并不想就此收手。5月29日，他在请假未获批准的情况下，擅自离开汉口，还带走了第一路军司令部的全班人马。在离开汉口前，他还与张怀芝、王占元、赵倜、陈光远、李纯等封疆大吏交换意见，拟对外发表联名电报，借口"民生凋敝，不堪再战"，命令前方部队"停战待命"。电报尚未发出，"线人"就向段祺瑞告了密。段祺瑞大为震动，用了很大气力才说服这帮封疆大吏没有发表停战电报。经此一事，段祺瑞已经意识到，北洋派内部已经形成了一个新的主和派，而暗中掌舵的正是原来的首席主战大将曹锟。

为了应对摇摆多变的曹锟，徐树铮再生一计。5月下旬，徐树铮由汉口赶赴长沙，直接找到了吴佩孚，想把吴佩孚从曹锟的阵营里拉过来。在徐树铮看来，吴佩孚是湖南战场的主将，如果把吴佩孚拉过来，曹锟就成了"光杆司令"，想闹事也闹不出名堂。

徐树铮的小动作让曹锟全部看在眼里。自从"三省易督"风波后，曹锟、徐树铮二人就结下了"梁子"，如今徐树铮又要拆曹锟的台，曹锟自然恨得牙痛。前面讲过，曹锟是个"天生的领袖"，他没有别的本事，但"用人不疑"，对于手下爱将吴佩孚深信不疑，他相信吴佩孚不会被徐树铮拉走。

说起曹锟与吴佩孚的关系，还真有不少故事。

吴佩孚，生于清同治十三年（1874），山东蓬莱人，秀才出身，后入伍从军，光绪三十二年（1906）入新军第三镇，此为陆军第三师的前身，第三镇统制就是曹锟。

民国二年（1913），袁世凯任命海军中将汤芗铭为湖南都督兼民政长官，令曹锟以长江上游总司令名义率第三师驻岳州，吴佩孚时任师部副官长。一日，长沙某团体开会，汤芗铭与各界领袖出席，吴佩孚代表第三师致辞。吴佩孚是秀才出身，喜读书，从军后习惯未改，平日里仍喜欢赋诗填词，有所谓"儒将之风"。吴佩孚的致辞颇有文采，汤芗铭听了印象深刻，认定此人非等闲之辈。汤芗铭这人以前曾讲过，在讲袁世凯的时候，我们曾提到当年民间有个说法，说袁世凯是"起病六君子，送命二陈汤"，那个二陈汤的"汤"就是指汤芗铭。汤芗铭官拜中将，袁世凯戏称他为"中将汤"。

汤芗铭对吴佩孚印象深刻。不久后的一天，曹锟到长沙拜会"中将汤"。"中将汤"设宴款待，席间就提到了吴佩孚。汤芗铭希望曹锟能忍痛割爱，将吴佩孚调到自己手下。吴佩孚时任副官长，属团职，曹锟对他印象不深。他听了汤芗铭的话觉得奇怪，就问，你要个副官干什么？汤芗铭说此人有才华，自己很欣赏。曹锟又问，此人有多高才华？汤芗铭说，其才华远在你我之上！曹锟听了又惊又喜，回到岳州忙传令吴佩孚来见。吴佩孚很快来了，曹锟仔细端详，又与他谈了不少话，但怎么也看不出他有什么过人之处。曹锟很失望，但又觉得汤芗铭有识人眼光，"中将汤"欣赏的人，肯定错不了，与其把人才转调给"中将汤"，不如留下来自己用。于是，他大胆提拔吴佩孚做了第六旅旅长，随后又让其代理第三师师长。吴佩孚果然也没让曹锟失望，他率领所部屡建战功，为曹锟打了不少胜仗。此番曹锟用兵湖南，主要就是依靠吴佩孚率军作战。当然，对于曹锟，吴佩孚也是深感提拔与重用之恩。有了这样的背景，徐树铮的拉拢想来就很难奏效。

6月1日，徐树铮由汉口匆匆赶回北京，向段祺瑞建议加紧笼络吴佩孚拆曹锟的台。段祺瑞正为曹锟"撂挑子"的事发愁，听了徐树铮的建议深以为然，立刻与吴佩孚通电话以示慰勉。段祺瑞以内阁总理之尊，直接与一名师长通电话，这在当年是件很不同寻常的事。6月3日，北京政府又任命吴佩孚为"孚威将军"。北洋时期官员分为特任、简任、荐任、委任四个职级，特任为最高级别。内阁总理、各部总长和各省督军、省长均属特任官。吴佩孚被任命为"将军"，属特任官，用今天的话说，属"省部级"官员。再加上他手握兵权，相当于"候补督军"。应当说，段祺瑞待吴佩孚确实不薄。在段祺瑞的算盘里，吴佩孚这回总该感恩涕零并当思以回报了。徐树铮觉得还应当再加一把火，建议再加派吴佩孚为第一路副司令。段祺瑞觉得这个建议好并很快拟定了任命书。但任命书尚未发表，却忽然接到湖南前线五位旅长联名请假的电报。

在北洋时期，"请假"与"辞职"都另有含义，常常是反抗与不合作的另类表达。五个旅长联名请假，实际上就是五个旅长联名抗议，而这五个旅恰恰都归吴佩孚管辖。紧接着，湖南前线直系"全体将士"又发表通电，力言"湘省水患滔天，瘟疫流行，兵疲将惫，不堪再战"。以上两份电报上虽然没有吴佩孚的署名，但谁都知道，他就是此事的幕后策划与指挥者。到了这一步，段祺瑞拟好的任命书也就没有用处了。段祺瑞、徐树铮二人试图拉拢吴佩孚从而架空曹锟的计划又是胎死腹中。

在吴佩孚那里碰了钉子，徐树铮只得又回来找曹锟。他自信手里有一张对付曹锟的王牌，就是副总统宝座。徐树铮信誓旦旦地向曹锟保证，副总统问题仍然坚持原来约定，绝无变更；并且说，今后并不要求曹锟到汉口主持军事，不用去前方指挥打仗，只要不反对北京政府的作战计划，仗可以让别人去打，副总统归他做。

徐树铮开出的条件很有诱惑力，曹锟动心了。按照徐树铮的说法，他不用去南方，只要不公开反对，将来就可以做副总统。这等好事何乐而不为！于是，曹锟就开始躲在公馆里享清闲，只等着将来做副总统。

前方不可无帅，曹锟不用挂帅了，主帅让谁当呢？那自然是第二路总司令张怀芝了。张怀芝也有积极性。因为他在山东遇到了难处。他前一阵子去南方组建第二路总司令部，又频繁往来于南昌与汉口之间，驻山东的第五师师长、军务帮办张树元趁他不在，抄了他的后路，把山东的军政大权牢牢掌握在自己手中。张怀芝丢了山东地盘，所以参战心切，想着利用对西南作战的机会，再去抢夺一块地盘。

但张怀芝与曹锟相比有一个最大劣势，就是手下无良将。曹锟手下有个吴佩孚，因此可以在后方享清闲，张怀芝手下无良将，即使亲临前线还是打不了仗。怎么办呢？他绞尽脑汁想出一条"妙计"：就是"借用"吴佩孚。为此他还颇费周折地设计了一套"路线图"，准备说服段祺瑞，给曹锟和吴佩孚加官晋爵，从而借吴佩孚之力，打入广东，饮马珠江。

怀抱着设计好的"路线图"，张怀芝来到北京，向段祺瑞做了详细汇报：如此如此……。段祺瑞听了他的计策，觉得可行。于是，北京政府接连发布两道命令：一是特派曹锟为川粤湘鄂经略使；二是任命张怀芝为援粤总司令、吴佩孚为副司令。

这就是张怀芝的"锦囊妙计"！先说将曹锟由"两湖宣抚使"上升为川

粤湘鄂四省"经略使"，这么大的地方官自民国成立以来从未有过。为了彰显尊贵，印铸局特地铸了一枚银质狮钮大印，重量超过一千克。但曹锟接过大印并不领情，反问段祺瑞，这个川粤湘赣"经略使"有什么职权？因为现实摆在那儿：广东、四川属西南管辖，江西归"长江三督"，他都无从"经略"。剩下来的就只有一个湖南，段祺瑞已经任命亲信张敬尧做了督军。所以，曹锟的问题简单说就是问：张敬尧归不归他管？这一下真把段祺瑞给问住了。段祺瑞无法回答，曹锟也就依然如故。

张怀芝计策的核心是"借"吴佩孚。段祺瑞确实给吴佩孚升了官，加封吴为援粤副司令，给张怀芝做副手。但问题是，吴佩孚是曹锟的人，只听曹锟调遣，让他给张怀芝做副手，他仍然是曹锟的人。吴佩孚接到这项任命以后，既不表示接受，也不表示拒绝，好像没这回事一样。

此时的吴佩孚头脑很清醒，知道湖南的仗不能再打下去了。前段时间他的第三师一路挺进，战绩颇佳，除了将士用命，还有一个更加重要的因素，就是湘军普遍对和谈抱有幻想，在战与和之间首鼠两端，打起仗来斗志不强。如今湘军已经退到衡阳以南，再往南就是广东了。这就是说湘军已经退无可退，如果北军再进攻，湘军只有拼死一搏，那就是一场硬仗了。从切身利益考虑，吴佩孚当然不肯为段祺瑞、张敬尧去消耗实力打硬仗。所以，部队抵达衡阳后，就再也不肯向南进攻。而湘军统帅谭延闿敏锐地抓住这个契机，适时地向吴佩孚伸出了橄榄枝。

谭延闿知道吴佩孚性喜占课算命，饮酒赋诗，便派他的同科兄弟张其锽到衡阳与吴佩孚接洽。张其锽原籍广西，晚清时与谭延闿同榜中进士，民国后曾任湖南军事厅厅长，是谭延闿的老部下。他曾数年研究"六壬之学"，自称无师自通。所谓"六壬之学"，又称六壬神课，是用阴阳五行占卜吉凶的一种古老术数门类。吴佩孚从军之前曾在北京崇文门外摆摊算命，对占卜相术也是熟门熟路。有了这样的共同喜好，吴佩孚、张其锽二人一见如故，很快就成了朋友。通过张其锽这条渠道，吴佩孚与谭延闿建立起了联系。

5 月 25 日，谭延闿的湘军代表和吴佩孚的直军代表在湖南末阳县公平墟王壮武祠正式谈判。6 月 15 日，双方达成停战协定，规定："双方永不开衅，不许他项军队通过，并不受他项军队之牵制。"这个协定的签署，意味着湘南再无战事。7 月 3 日，吴佩孚派员参加衡阳各界人士举行的罢兵息争大会，并对大会主旨表示积极支持，这就等于公开亮明与南军和平相处。8 月 7 日，吴佩孚发表致江苏督军李纯的电文，痛斥武力统一是一种亡国政策，指斥北京政府"误听宵小奸谋，坚持武力，得陇望蜀，援粤攻川，直视西南为敌国，竟以和议为逆谋"。以上电文，吴佩孚说是根据全军的同意提出来的，电请李纯会同湖北、江西两省督军通电主和，而且他还表示相信，"曹经略使凤主和平，必当赞成斯议"。他所说的"曹经略使"，自然是指曹锟，因为曹锟刚被委任为川粤湘鄂四省经略使。

吴佩孚电报中所痛斥的事情，都与段祺瑞直接相关，这就等于公开与段祺瑞"叫板"。电报请李纯会同湖北、江西两省督军主和，再加上他所说的"曹经略使"，就等于将长江三督、曹锟与自己一道划为新的"主和阵营"。

吴佩孚的电报言辞犀利，段祺瑞不能不有所回应。他随即通电谴责吴佩孚不应当受人煽惑违抗中央政府命令。但吴佩孚并不示弱，回电逐项驳斥。此后，双方开始了言辞激烈的电报论战。

前面讲过，段祺瑞是个崇尚用武力说话的人，唇枪舌剑非其所长，可他如今偏偏在武力上出了短板，只好与吴佩孚搞起了唇枪舌剑。先不说他的弃长扬短是否明智，只说他以"首脑"之尊，与一名前方将军辩驳，本身就是件很"掉价"的事。

段祺瑞驳不倒吴佩孚，便想让曹锟出面压吴佩孚。曹锟自然有这个能力，但并不情愿。因为一来吴佩孚是他的手下爱将，二来吴佩孚之所为也反映了他的诉求，只是不方便由他出面而已。所以，他尽管通电批评了吴佩孚几句，但都是些不痛不痒的场面话。曹锟、吴佩孚二人相知甚深，彼此心照不宣。

曹锟和吴佩孚都靠不住，段祺瑞又想到了临阵换将，就是让张作霖的奉军上前线。他还让徐树铮、倪嗣冲给张作霖以暗示，如果南下立功的话，将来就可以选他做副总统。但张作霖自知尚不具备问鼎中央的实力，对于挂帅南征不热心，只答应奉军可以做"总预备队"。徐树铮原本答应让曹锟做副总统，如今将卖出去的羊牵回来再卖一次。但这一着不仅没拉拢到张作霖，反而让曹锟觉得凉凉的，对与南方作战更加不热心。

　　所有能够想到的办法都行不通，严酷的现实让段祺瑞看明白了，征伐西南的战争无论如何也打不下去了。8月31日，段祺瑞主持的国务会议决定，前敌各军暂取守势。从字面上讲，"暂取守势"并不等于停战议和，但现实是，段祺瑞已无可用之兵，"武力统一"进程不得不停下来。

　　武力统一与和平混一是直系、皖系两大军阀斗争的焦点，也是冯国璋与段祺瑞权力斗争的焦点。在这场较量中，冯国璋失败了，段祺瑞也未能获胜，吴佩孚作为一名在前线指挥作战的署理师长，竟成了扭转时局的关键，他的上司曹锟则凭借着摇摆多变、纵横捭阖的身段，成为这场较量的最大受益者。以上这些，都深刻影响了以后的北洋政局。

第三十二集
直皖大战

段祺瑞由于手中已无可用之兵，被迫下令前方军队暂取守势，南北战争终于停了下来。接下来，段祺瑞要做的事情就是按照之前的计划，推动总统选举了。

这一年的9月4日，安福国会组织参众两院联合选举委员会，到会议员436人。这些议员不但是皖系所指派的，而且当选以后又被段祺瑞内阁分别按不同身价聘任为顾问、咨议，每月另给200元到1000元不等的薪水。选举投票前，安福俱乐部给每人预发了一笔"出席费"，每人还收到了徐世昌题名赠送的照片。由于下了大本钱，结果徐世昌以425票当选为总统。此前黎元洪是在袁世凯死后以副总统的身份"继任"总统，冯国璋是在黎元洪辞职后以副总统的身份"代理"总统，此番徐世昌便成为在袁世凯之后第二位经参、众两院"选举"出来的总统。徐世昌心情舒畅自不待言，在幕后操纵这场选举的段祺瑞也显得志得意满，以为此后再向全国发号施令便可以名正言顺了。

徐世昌时年64岁，在当年要算是名副其实的老人了。段祺瑞相中了他，扶植他做总统，首先，因为他是个文人，不会像冯国璋那样组织一个军事集团来与自己对抗；其次，因为他是北洋派中的老前辈，袁世凯死后，在北洋派中论地位与资历，无出其右者，由他出任总统可以压住北洋派的阵脚；最后，他在北洋各派系中态度超然，容易被各派系接受，通过他可以达到段祺瑞所渴望的北洋团结，特别是徐世昌与许多直系将领关系不错，通过他可以将冯国璋的直系团结在皖系周边。

徐世昌从当选总统的第一天起，其合法性就受到不少质疑。由于安福国会议员选举过程充斥着贿选与舞弊，而且就是这样的选举也只是在北洋军阀控制的地域组织，西南几省对选举予以抵制，当然也就不承认其选举结果。9月4日，北方举行总统选举的当天，在广州的非常国会发表宣言，表示不承认北京的选举。徐世昌宣布当选后，南方军政府首领岑春煊等人发表通电，表示徐世昌的"总统"职务，为非法机关所选出，劝他勿就任总统。

就是在北洋派内部，对于徐世昌的当选也有不同声音。9月13日，吴佩孚致电徐世昌说，总统选举，必须出于真正民意。如今的国会议员不但由金钱运动而来，且西南五省均不选送，"似此卑劣不全之国会，安能为全国民意代表"。与岑春煊的表态类似，吴佩孚在电报中也劝告徐世昌不要就任总统职。

段祺瑞对西南方面的反对早有预料。他对于西南的方针非常明确，那就是武力统一。虽然他于8月中旬主持国务会议，决定对西南暂取守势，但那是迫于手中无可用之兵不得已而为之，等将来手里有了兵，武力统一还是要进行的。最让他头痛的还是北洋派内部的异己势力，特别是在湖南前线的吴佩孚。此人前番擅自与湘军达成停战协定，迫使他不得不暂时放弃对南方的攻势，此番又公然大骂安福国会，反对徐世昌就任总统。吴佩孚只是区区带兵师长，自己身为北洋领袖，如果对其听之任之，何以服天下？但不听之任之又能如何呢？他一时还真想不出什么好办法。

9月5日，也就是在总统选举的第二天，两院议员组成的选举委员会进行副总统选举。结果让外界大跌眼镜的事情出现了，"五百大仙"的选举委员会仅有88人到场，远远不足法定人数，选举流产。关于这次选举流产的原因，外界众说纷纭。有人说，皖系主张"虚此席以待征南有功者"；也有人说，张作霖想做副总统，并愿意为此出一大笔钱；又有人说，当选总统徐世昌对选举副总统的事情另有想法。总之原因多多，一言难尽。

安福国会让副总统选举流产，最失望的莫过于曹锟了，他按捺不住对于段祺瑞及皖系的不满，便于9月14日就时局问题发了通电："阋墙之斗，权利之争，不宜再见。"隐隐然有主张和平，反对南北战争的意思。9月20日，吴佩孚通电支持曹锟，提出请长江三督继续充任南北"调人"，并请加入"东海先生"为调人领袖。所谓"东海先生"，如前所述，就是指徐世昌。

那段时间里，吴佩孚已由一位前线指挥官，摇身一变成为鼓吹南北和平的要员。9月26日，吴佩孚又与湖南前线的南军将领谭浩明、谭延闿、程潜等人联名发表通电，提出请"冯代总统颁布停战命令，东海先生出任调人领袖，曹经略使、长江三督帅及岑、陆两总裁同担调人责任"。电报中所说的"岑、陆两总裁"，是指岑春煊和陆荣廷，其他人都是北洋派要员，这就等于让南北将领平起平坐。电报要求"冯代总统"颁布停战令，称徐世昌为"东海先生"，明摆着不承认北京总统选举的合法性。

这个电报对于段祺瑞来说可谓不祥之兆。自南北战争以来，虽曾有过北方将领主和的先例，但南北军官一致反对北京政府，这还是第一次。段祺瑞读过电报，大惊之后继以大怒，气得半晌说不出话来。他认为吴佩孚的问题已经不仅仅是主战与主和的不同意见，而是通敌叛变。他气鼓鼓地要用"通敌有据"的罪名下令讨伐吴佩孚。策士们纷纷劝他冷静，不要意气用事，因为皖系已无可用之兵，否则还有必要命令前方将士对西南暂取守势吗？而且吴佩孚现在的位置可谓"南天一柱"，把他逼急了，敞开大门，湘军说不定就打到长江边了！在策士们的劝解下，段祺瑞渐渐冷静了下来，意识到要对付吴佩孚，还需从长计议。眼下还是先让徐世昌取代冯国璋做总统，其他的事等条件成熟再说。

民国七年（1918）10月10日，是冯国璋代理总统职务任期的最后一天，也是当选总统徐世昌宣誓就职的日子。这天上午9时，在中南海怀仁堂新搭起的礼台上，冯国璋、徐世昌举行总统职权交接典礼，徐世昌正式就任总统职务。当天，徐世昌发表就任总统后的第一道命令，解除段祺瑞的国务总理职务，派内务总长钱能训暂代总理。这是段祺瑞与冯国璋提前商定好的，徐世昌只是按程序行事。段祺瑞虽然不当总理了，但内阁的原班人马未动，钱能训徒有总理虚名，段祺瑞以参战督办的名义继续把持着北京政权。

在徐世昌当选总统之前，段祺瑞就利用参战督办职权，与日本政府签订秘密借款协议，购买日本军械建立了三个师的"参战军"。徐世昌就任总统后，由于第一次世界大战已经结束，中国已不存在"参战"问题，社会各界纷纷要求取消参战督办，遣散参战军。为了应付外界质疑，段祺瑞又以西北边防紧张为由，将参战督办处改名为边防督办处，将"参战军"更名为"西北边防军"，在原有三个师的基础上又扩充了四个混成旅，并任命他的亲信"小扇子军师"徐树铮为西北筹边使兼西北边防军总司令。这些"西北边防军"只有少部分派往外省征伐异己，大部分部署在京城周边。段祺瑞是想用这些军队控制北京政权，并随时准备再次挑起南北战争。

"西北边防军"的扩充，直接威胁到了曹锟的势力与地盘。曹锟的大本营在直隶，与"西北边防军"短兵相接。没有当上副总统已经让他窝了一肚子火，西北边防军驻在家门口更让他忍无可忍。冯国璋卸任总统后，曹锟俨然成为直系新首领，长江三督已经与他联手。为了壮大阵营，曹锟又加紧拉拢奉系首领张作霖。张作霖在奉军入关那件事情上与段祺瑞、徐树铮颇多恩怨，眼下见曹锟势头正盛，段祺瑞内外交困，手下无能人，便选边站在曹锟一方。张作霖是东北三省的头，东北三省加上直系四省，便形成了一个反对皖系的七省联盟。不过这个联盟开始时并不公开反对段祺瑞，而是打出"清君侧"的口号，将矛头对准段祺瑞的亲信徐树铮，劝说段祺瑞能够"亲贤臣而远小人"，罢免徐树铮，遣散边防军。显然，这是以"清君侧"为掩护，意在削弱段祺瑞的实力。对于曹锟的这点心思，段祺瑞岂能不知？不过段祺瑞心里有数，曹锟是七省联盟的头，实力雄厚，但其主力第三师远在湘南，对于京畿一带的争夺，怕是远水难解近渴。

曹锟也正为重兵在外发愁，但有心人总会有机会。徐世昌上台后，积极推动南北议和。10 月 25 日，徐世昌以总统名义下达和平令，随后南北双方各派代表在上海议和。虽然因为段祺瑞从中作梗，南北议和鲜有进展，但仗是不可能再打下去了。湘南无战事，曹锟就有了机会。从民国八年（1919）秋天起，吴佩孚便秉承曹锟的旨意不断致电北京政府，要求将部队撤回北方休整。段祺瑞当然不会答应吴佩孚北撤，但又没办法阻止，只得放下身段去央求曹锟出面劝阻。曹锟是此事主谋，对段祺瑞的请求只是假意应承。他一方面训斥吴佩孚"不得放言无忌"，另一方面又要求北京政府补发吴佩孚之第三师欠饷。段祺瑞哪有钱给吴佩孚！而且他也知道，这是直、皖两系的生死之争，岂是钱能解决了的。

果然，吴佩孚从此三天两头给北京政府拍电报，说属下在湖南前线已经两年有余，全体将士思归心切，部队长期欠饷，困苦不堪。总之就是必须北撤，而且要快，不能拖。段祺瑞则是能拖一天是一天。他通过内阁编造各种理由对吴佩孚给予安抚劝慰，但既不批准北撤，也不补发军饷。

民国九年（1920）1 月，吴佩孚与南方军政府达成秘密协议，由南方军政府拨付给 60 万元的"开拔费"，先付 30 万元，待部队开始移动时再付另外的 30 万元。有了这笔钱，吴佩孚就决定不等北京政府的批准而自主行动。

这年 3 月上旬，吴佩孚派人将七百多随军家眷护送北归，这是大军准备行动的前期步骤。在此前后，曹锟也连发六次电报要求北京政府准许直军撤防。段祺瑞用陆军部名义回复说：在中央未有明令以前，不得自由行动。吴佩孚毫不示弱，回电抗辩道："既经罢战议和，南北即属一家，并非寇仇外患，何须重兵防守？"

吴佩孚由衡阳北撤，第一道关防是长沙。长沙是湖南省城，湖南督军张敬尧即驻扎于此。当时军队奉命调动，陆军部要给沿途军政官员行文，以便沿途协助。张敬尧没有收到上峰关于吴佩孚所部调动的行文，理当出面阻拦。但当吴佩孚大军沿湘江北上时，张敬尧及其下属只是站在城墙上做"壁上观"，并不敢有什么动作。

吴佩孚挥师北上，段祺瑞急忙部署拦截。5月17日，段祺瑞召集亲信秘密开会，决定徐树铮将西北边防军全部调回北京附近。他原本打算让徐树铮在郑州建立指挥部，作为阻挡吴佩孚的屏障。这样一来就要挤走河南督军赵倜。赵倜原本在直、皖相争中非左非右，如今利益受损便委身于曹锟，曹锟立即与张作霖共同出面为赵倜站台，痛斥徐树铮贪心不足，居心叵测。结果，徐树铮不仅未能坐镇郑州，反倒使曹锟的七省联盟扩大成了八省联盟。

5月20日，吴佩孚率部抵达武汉，湖北督军王占元接济军费60万元，其中有40万元还是他的"私房钱"，为吴佩孚壮了威。此后，由于京汉铁路车辆匮乏，拖延到6月5日，吴佩孚的第三师才自汉口北上。6月7日，部队抵达郑州，赵倜高接远迎，感谢曹大帅、吴师长帮他脱离困境。当月15日，吴佩孚到达保定，拜见上司曹锟。

直系主力北上，一场直、皖大战迫在眉睫。为了避免战火，徐世昌邀请曹锟、张作霖、李纯进京晤谈，曹锟、李纯借故推托，只有张作霖一人进京"调停"。在京城张作霖拜会了徐世昌和段祺瑞，他劝段祺瑞接受八省联盟要求，罢免徐树铮，遣散边防军。段祺瑞拒绝遣散边防军，答应可以罢免徐树铮，但又要求同时罢免吴佩孚。张作霖闻言知道双方根本谈不拢，便离京返回奉天。其间张作霖曾到保定与曹锟有过交谈，张作霖问：直皖打起来你有把握取胜？张作霖这样问，说明他有些替曹锟担心。因为曹锟的主力部队只有吴佩孚从湘南带来的一个师又三个混成旅，而段祺瑞的边防军有三个师又四个混成旅，再加上拱卫首都的几个师，人数上皖系明显占优。对于这些曹锟也不是不知道，但他说子玉认为有必胜的把握，那就是有把握了。曹锟说的"子玉"是指吴佩孚，吴佩孚，字子玉。曹锟就是这样的人，遇事不操心，但用人不疑。

7月5日，段祺瑞以边防督办名义下令边防军紧急动员，并向军官训话。他说，如果这一仗不能打胜，不但个人失败，边防军也一定不能存在，全体官兵的命运将不堪设想。8日，段祺瑞又召集内阁全体阁员及军政人员联席会议，决定组建"定国军"讨伐曹锟、吴佩孚。段祺瑞自任"定国军"总司令，徐树铮为参谋长，段芝贵为第一路司令兼京师戒严总司令，曲同丰为第二路司令兼前敌司令，魏宗瀚为第三路司令。9日，边防军第三师开赴廊坊，边防军第一师与驻守京城的陆军第九师、第十三师、第十五师开赴长辛店、卢沟桥、高碑店一带。几乎与此同时，江苏、奉天等省代表到达保定，参加曹锟召集的军事会议，决定组成"讨逆军"。曹锟任总司令，吴佩孚为前敌总司令兼西路总指挥，第四混成旅旅长曹锳为东路总指挥，第一混成旅旅长王承斌驻郑州为后路总指挥。

7月14日，"讨逆军"与"定国军"正式交火，史称"直皖战争"。14日当天，定国军在东西两路同时进攻，攻势持续了三天，讨逆军抵挡不住相继败退。定国军两战两胜，段祺瑞闻之欣喜。

从16日开始，天降大雨。据史学家陶菊隐记述，17日，吴佩孚亲率精锐小部队绕出左翼向涿州、高碑店之间的松林店突击。松林店是定国军第二路司令兼前敌司令曲同丰的指挥部驻地。曲同丰曾在保定武备学堂做教官，吴佩孚在学堂受过训练，二人有师生之谊，见面时吴佩孚要向曲同丰立正敬礼，尊称"老师"。如今这对师生各为其主，成了对手。

吴佩孚那天的行动可谓胆大冒险，为了壮胆他喝了不少酒，以至于走在路上身体都有些摇晃。与此同时，曲同丰在松林店的指挥部里心情颇佳，部队打了胜仗，他正与几名高级将领研究如何乘胜追击，准备攻打保定。会议进行中，忽听门外一阵骚乱，间歇伴有枪声，曲同丰正想派人出门察看，只见有人裹着雨衣推门进来，仔细一看，竟是吴佩孚！吴佩孚甩掉雨衣，正了正衣冠，恭恭敬敬地向曲同丰行了军礼，朗声说道："请老师即刻上车到保定休息！"随从士兵一拥而入，曲同丰和他的高级将领全部做了俘虏。

另有史料记载，曲同丰是战败乞降被押到保定自解佩刀呈给曹锟，曹锟接受了他的投降并将佩刀又交还给了他。记载虽有不同，但曲同丰被俘兵败是无疑的。

曲同丰被俘，定国军西线群龙无首，顷刻崩溃。张作霖见有利可图，便命张景惠率部攻打定国军阵地。定国军第一路司令段芝贵正在火车上打麻将，得到报告，牌局未终，车也没下便传令马上开车逃走。长官如此，士兵顿时乱作一团，败兵潮水般拥向京城。段祺瑞闻讯大惊，忙命人紧闭城门，不许败兵进城。这场酝酿良久的直皖战争仅打了几天便分出了胜负。

7月18日，段祺瑞派傅良佐到天津向讨逆军求和，被直隶省长、曹锟的弟弟曹锐扣下。段祺瑞只得去见徐世昌，请他速下停战令，以免战火燃及北京。那么，徐世昌会如他所愿下达停战令吗？

第三十三集
直奉大战

　　段祺瑞兵败如山倒，只得求见徐世昌，请他速下停战令，以免战火燃及北京。徐世昌见段祺瑞满面颓丧，无精打采，不觉心生怜悯。他后来回忆说："往日的段祺瑞是何等威风，何等傲慢，如今竟落魄如丧家之犬。"徐世昌答应出面帮着段祺瑞解围并立即颁布了停战令，责成各路将领迅饬前方各守防线，停止进攻，听候命令解决。7月19日，段祺瑞发表通电，自请罢免官职，解除定国军名义。28日，徐世昌签发总统令，批准段祺瑞辞职，撤销督办边防事务处，撤销西北边防军名义，西北边防军由陆军部收束遣散。段祺瑞自袁世凯死后长期控制北京政权，至此算是画上了一个并不圆满的句号。

　　徐世昌签发批准段祺瑞辞职令时心情颇佳，以为从此推倒了"太上皇"，自己就可以做一个有职有权的大总统了。哪知"走了一段，来了两段"，苦日子刚刚开始。为什么这么说呢？走了"一段"，是指段祺瑞；来了"两段"又是指谁呢？这事我们还要慢慢讲来。

　　直皖战争结束后，总统徐世昌开始主持处理战争善后事宜。由于事关战胜者之利益，当然不能由他一人说了算，徐世昌遂邀请曹锟、张作霖进京，会商战后事宜。8月4日，曹锟、张作霖同日进京，与徐世昌面商解决时局之策。

早在 7 月 26 日，也就是直皖战争刚结束的时候，吴佩孚就提出解决战后问题的六项要求：第一，解散边防军，取消边防督办官制；第二，解散西北军，取消西北筹边使官制；第三，安置段祺瑞于汤山，候国民公决；第四，徐树铮等五人交法庭审办；第五，国会停会；第六，追缴安福系首领王揖唐及安福系议员证书，永褫公权。这六项要求得到曹锟及长江三督的一致赞同，成为直系与徐世昌协商善后的基本条件。

在曹锟、张作霖进京之前，徐世昌已根据直系要求采取了一些行动，如免去段祺瑞边防督办等各项职务，撤销督办边防事务处，边防军交陆军部接收，撤销西北筹边使官制，遣散西北边防军，通令惩办徐树铮等人，下令解散安福俱乐部。

但是，对于吴佩孚提出的处分段祺瑞，将其置于汤山，听候国民公决，徐世昌则予以抵制。徐世昌是在段祺瑞扶植下当上的总统，处分了段祺瑞将会危害到他的总统地位。况且，在徐世昌心目中，段祺瑞身为北洋领袖，不能不加以维护。直皖战争刚结束，徐世昌就对外放风说，念及段祺瑞"三造共和"的功勋，将之革职已是办到极处，惩治祸首，须将段祺瑞撇开，无论如何不能伤其体面。这次曹锟、张作霖进京后，徐世昌又一再为段祺瑞说情，希望曹锟、张作霖能网开一面，给段祺瑞留些情面。

张作霖理解徐世昌之用心。他本人与段祺瑞矛盾不深，认为段祺瑞只是"坏于群小之手"，即认为段祺瑞是被徐树铮给蒙蔽了。他还考虑到，段祺瑞虽然倒了，但皖系将领分布各地，给段祺瑞留条后路，可以拉拢皖系残余以壮大奉系势力。正是出于这样的考虑，他支持徐世昌的意见，表示对段祺瑞"决不稍有侵犯"。有了张作霖表态，曹锟也不好坚持，最后三人达成共识：段祺瑞生命财产，曹锟、张作霖予以保全。

惩办安福系和皖系其他"祸首"与处置段祺瑞类似。吴佩孚主张严惩，并开出一张 30 余人的祸首名单。徐世昌看了直摇头，表示应宽大为怀。张作霖支持徐世昌的意见，曹锟又是违心让步。吴佩孚听说后愤恨不已，悻悻离京去了长辛店。

吴佩孚离京并未影响"三巨头"协商。经过一番利益勾兑，徐世昌、曹锟、张作霖三人又就内阁问题达成共识。8月9日，徐世昌正式颁令，署任靳云鹏为国务总理。

比较麻烦的是安福国会和总统地位问题。曹锟对此很重视，因为这涉及直系起兵的正当性；徐世昌对此更加重视，因为这涉及他这位总统地位的合法性。曹锟认为，安福国会是安福系一手炮制，完全非法，必须解散。徐世昌反对解散安福国会，因为他的总统职位就是经安福国会选举产生的，解散了安福国会，他的总统职位就成了问题。张作霖对此原本无可无不可，但为了拉拢更多同盟者，就表态支持徐世昌，说国会可以等期满后改选，若骤然解散，恐另生枝节。曹锟在政治上不是个有主见的人，见徐世昌和张作霖都不赞成解散国会，也就点了点头，表示同意徐世昌、张作霖的意见。既然国会不解散，总统就只能维持现状了。张作霖做了个顺水人情，徐世昌心里一块石头落了地，曹锟有点失落。徐世昌看在眼里，赶忙于8月20日发布总统令，任命曹锟为直鲁豫三省巡阅使，掌管直隶、山东、河南三省军政实权，曹锟这才心满意足。

8月下旬，"三巨头"就今后的国家政务处理达成如下协议：第一，以后国家大计，须先征求曹锟、张作霖同意而后施行；第二，东三省及直鲁豫巡阅使范围内，用人行政，政府予以曹锟、张作霖自主权，不能有所干涉；第三，总统地位，由曹锟、张作霖竭力维持；第四，靳云鹏内阁如有为难之处，曹锟、张作霖予以援助；第五，各省如有不服从中央命令，曹锟、张作霖有劝告之责。

面对这样的协议，徐世昌颇感压抑。他在签发命令解除段祺瑞职务时以为从此就可以摆脱"太上皇"，做一个有职有权的大总统了，如今才意识到，赶走了一个"太上皇"，却招来了两个"婆婆"，或者如时人所言，是"走了一段，来了两段"。所谓"两段"者，曹锟、张作霖是也。"两段"的出现，的确让徐世昌感到无奈，但细想之下，也很正常。北洋时代有兵有枪就有权，徐世昌无兵无枪，只能做有兵有枪的曹大帅、张大帅的傀儡。

曹锟与张作霖是直皖战争的两大获利方，但细加比较，曹锟所获明显多于张作霖。因为在地盘划分上，曹锟直接控制了直隶、河南、山东三省，与长江三督控制区域连成了一大片，而奉系仍局限于东北三省，没有扩充新的地盘。这种利益分配上的不平衡自然引起了张作霖的不满，也引起了双方在此后越来越激烈的争夺。

直奉争夺首先发生在安徽。安徽督军兼长江巡阅使倪嗣冲是著名的皖系强硬派，属于要被免职与惩办的人物。起初，张作霖保举张勋填补空缺。张勋是张作霖的儿女亲家，因扶植清室复辟而声名狼藉，安徽各界一致反对让张勋再做皖督。长江三督之李纯趁机推举张文生督皖，张文生是张勋的昔日部属，时任徐海镇守使，由他继任皖督张作霖也不好反驳。9月16日，北京政府下令免去倪嗣冲的安徽督军兼长江巡阅使职务，派张文生继任安徽督军，提升李纯兼任长江巡阅使。李纯的这个兼职至少在当时看起来合情合理。张文生由镇守使出任皖督已属提拔，断无再兼任长江巡阅使的道理。于是，由李纯兼任长江巡阅使就顺理成章了。后来又有人说长江巡阅使权限范围不明，北京政府于是就改长江巡阅使为苏皖赣巡阅使，仍由李纯兼任。如此一来，安徽总督由直系推荐的原皖系部属担任，而直系长江三督之一李纯又升了官，成为与曹锟、张作霖平起平坐的地方大员。此番争夺直系大胜而奉系惨败。

直奉间的第二场争夺仍然与李纯相关。这一年的10月，李纯突然自杀了。关于自杀的原因说法多多，估计是官做大了，管的人多了，不服管的人也多，不如意的事更多。于是李纯就天天生闷气，后来就抑郁了，最后就自杀了。这方面的情节挺复杂的，我们不去多讲。由于李纯自杀，又空出两个职务，一个是江苏督军，一个是苏皖赣巡阅使。张作霖又是保举张勋，想让张勋一身兼二任。曹锟则推荐王士珍继任苏皖赣巡阅使，齐燮元任江苏督军。王士珍是"北洋三杰"之龙，其身份名望自然非张勋可比。齐燮元是直系将领，时任第六师师长兼江宁镇守使。徐世昌不敢启用张勋，又觉得江苏原本是直系地盘，由直系的齐燮元接任比较保险，便站在曹锟一边。张作霖无奈，只好再做让步。

安徽、江苏的地盘之争，张作霖两战两败，心里的火气随之积聚，终于在内阁问题上来了个总爆发。

直皖战后，曹锟、张作霖都竭力想控制内阁。因为在责任内阁体制下，控制了内阁就等于控制了中央政权。徐世昌不甘心做盖印的傀儡，也千方百计地想要控制内阁。在这种局面下，靳云鹏内阁就成为直奉两大派系与总统三方利益勾兑的产物。

可是靳云鹏内阁自组建以来便为财政困难所累，不仅无钱补助、救济地方灾情，甚至连各部官员的薪水都发不出来。为摆脱财政困境，靳云鹏提出更换财政总长周自齐和交通总长叶恭绰，这两个人被徐世昌视为故交，自然引起徐世昌不满。也是为了解决财政困境，靳云鹏又想更换全国烟酒事务署督办张寿龄，张寿龄是徐世昌的亲信，烟酒署每年向总统府上交 10 万元的费用，靳云鹏的计划如果实施了，就等于是断了总统府的财路，徐世昌大为愤怒。而靳云鹏提出的取代周自齐、叶恭绰和张寿龄的人选，都是亲近直系的官员，这又让张作霖不满意。于是，徐世昌审时度势，决定借助张作霖的势力，逼迫靳云鹏辞职。

民国十年（1921）12 月 14 日，徐世昌电请张作霖进京商议内阁问题。他想以自己的亲信梁士诒代替靳云鹏执掌内阁，张作霖听过徐世昌的陈述后极表赞成，支持梁士诒出山组阁。靳云鹏受到总统与张大帅的两面夹击，处境窘迫，遂于 12 月 17 日宣布辞职。

我们前面讲到，靳云鹏内阁是曹锟、张作霖、徐世昌三方利益勾兑的产物，如今张作霖、徐世昌二人一嘀咕就把靳云鹏内阁搞掉，要另换他人，曹锟当然不肯答应。12 月 19 日，曹锟专程进京劝阻靳云鹏辞职，但靳云鹏已经挂印去了天津。12 月 24 日，徐世昌正式颁令，任命梁士诒为国务总理。这就等于撇开了直系，由徐世昌和奉系联合支持梁士诒组阁。对于此等行为，直系怎肯善罢甘休！

12 月 27 日，日本公使小幡酉吉向梁士诒恭贺出任阁揆，其间聊了几句有关胶济铁路的问题，梁士诒随口说，政府拟"筹款赎路"，并且说："如借外款，可借日本款。"此事经报纸披露后，吴佩孚借机猛烈攻击梁士诒，说梁士诒在北京与日本直接交涉山东问题，并答应借日款赎回胶济铁路。梁士诒随后连续通电自我辩解，说自己绝对没有与日本直接交涉山东问题，也没有派人就借款事宜与日方交涉过。但吴佩孚揪住不放。民国十一年（1922）1 月 19 日，吴佩孚联合江苏、江西、湖北、山东、河南、陕西六省督军、省长联名电请徐世昌立即罢免梁士诒。与此同时，吴佩孚又密电新任湖北督军萧耀南循京汉铁路北上，他自己则调动大军集中于保定，给北京政府施压。

徐世昌没想到吴佩孚会借这么点小事大动肝火。如今事情闹大了，他只好牺牲梁士诒以求自保。当天，徐世昌把吴佩孚要求总统罢免梁士诒的电报转给国务院。这种做法确实有点不厚道。按理说，下面的人给总统发报攻击总理，总统应将电报存档，然后出面说明情况或者作出什么决断。但他竟将电报原样转给了国务院，这就等于帮着下面的人逼着总理辞职。

梁士诒接到总统转来的电报，气鼓鼓地来见徐世昌，请求辞职。徐世昌默然无语，连句挽留的话都没说。梁士诒更加气愤，说了句："士诒即此辞行。"说完就怒气冲冲地离开总统府。

梁士诒被逼辞职，张作霖怒不可遏。他认为直系逼走梁士诒就是想一手控制内阁，并切断奉系与北京的联系。当此之际，与其忍气吞声，不如放手一搏，与直系拼个鱼死网破。

1 月 30 日，张作霖通电要求徐世昌把梁士诒办理胶济铁路情形宣示国人，以彰公道，意在让徐世昌请回梁士诒，惩罚吴佩孚。这自然是徐世昌根本办不到的。张作霖也知道徐世昌办不到，他这样做是所谓"先礼而后兵"。

2月10日，张作霖派亲信李梦庚南下桂林，与西南方面洽商联合讨伐直系。他还派人联络分散在各地的皖系旧部，让他们暗中预备，当奉军与直军交战后于各地起兵，乘虚捣毁曹锟、吴佩孚的大后方。张作霖本人则调兵遣将，派奉系大军入关，分别驻军粮城、独流、津沽、密云、古北口、马厂、芦台等战略要地。

奉系在磨刀霍霍，直系也在秣马厉兵。4月3日，直系各省将领以给吴佩孚祝寿为名，云集洛阳。经过一番密谋策划，吴佩孚开始排兵布阵。他在琉璃河、涿州、良乡、清河一带派驻重兵，同时，将陕西的直系部队调出潼关，进驻郑州，以备后援。

曹锟原本不想与奉系大动干戈，对于能否取胜心里也没底，在奉军节节进逼入关时，他曾想让一让。后来看到吴佩孚求战心切且信心满满，也意识到直奉双方已经刀剑出鞘，子弹上膛，一场大战不可避免，便于4月19日口授电文给吴佩孚："你就是我，我就是你；亲戚虽亲，不如自己亲；你要怎么办，我就怎么办，本人亦完全听令。"吴佩孚阅罢电文，大受感动，大受鼓舞。

4月25日，吴佩孚与齐燮元、陈光远、萧耀南等直系将领联名通电，历数张作霖破坏全国统一、保复辟罪魁张勋、劫夺军火、剽窃金钱等"十大罪状"。张作霖毫不示弱，当日发电对吴佩孚等人的通电逐项驳斥。27日，张作相等奉系将领又发通电，斥责吴佩孚贪、鄙、狠、恶、妄、诈、不忠、不信、不仁、不义，"反复无常，一意捣乱"。

双方隔空叫骂之后，4月28日正式交火，史称"直奉战争"。

直奉战争在东西两路同时展开。东线在津浦铁路，西线在京汉铁路及以东地区。奉军总兵力约12.5万人，直军总兵力约10万人。奉军人数略多，直军作战经验较为丰富。综合来看，势均力敌，鹿死谁手就看临场发挥了。

4月28日晚,奉军集中兵力猛攻直军正面,直军固守阵地,双方僵持了一天一夜,均无斩获。30日,直军改守为攻,吴佩孚故技重演,派数千精兵绕道奉军后方之卢沟桥,奉军腹背受敌,加上炮弹用光,补给跟不上,被迫放弃丰台而败走。东线奉军听说西线吃了败仗,军心大乱,竟不战自溃。而张作霖事先联络的西南联军与皖系旧部一点动静都没有。5月4日,张作霖见大势已去,遂下达总退却令,奉军败兵退到滦州一线。5日,徐世昌饬令奉军退出关外。直奉大战以直系的胜利而告终。

直奉战争,直胜奉败,这是徐世昌最不愿看到的结局,如今又不得不面对。5月5日,徐世昌按直系要求下令褫夺梁士诒等与奉系关系密切的官员职务,10日,又下令免去张作霖本兼各职,同时任命了两名直系将领担任河南、陕西督军。他希望通过这番行动取得曹锟、吴佩孚的谅解,让自己的总统职务可以继续做下去。殊不知,此时的曹锟、吴佩孚对总统大位已经另有打算。

曹锟、吴佩孚通过直皖和直奉两场战争,分别打败了皖系和奉系,成为北洋政府的唯一主宰,其势如日中天,怎肯让徐世昌这位皖系扶植的总统继续占据大位!曹锟的计划是自己做总统,为此就要解散安福国会,恢复因张勋复辟而被迫解散的旧国会,再利用旧国会选出正式的大总统。但这样就出现了一个问题,张勋解散旧国会的时候,同时还逼走了时任大总统黎元洪。如今要恢复旧国会,那要不要同时恢复黎元洪的大总统职务呢?

第三十四集
黎元洪复出闹剧

　　曹锟想着做总统，为此就要解散安福国会，恢复因张勋复辟而被迫解散的旧国会，再利用旧国会选出正式的大总统。为此，他听从身边策士的建议，决定先把徐世昌赶下台，把因张勋复辟而下台的黎元洪请回来，让黎元洪再做一回"过渡总统"，给新的总统选举搭好台。如此一来，曹锟就可以名正言顺地"当选"总统了。

　　曹锟的许多想法都要通过吴佩孚出面落实。5月14日，吴佩孚密电各省督军、省长，就恢复旧国会，请黎元洪复职大总统"征询意见"。

　　经过直皖、直奉两场大仗，吴佩孚已是名扬天下、威震八方，接到他的电报后，各省督军、省长都明白其中的含义，于是便齐表赞成。26日，旧国会参议院议长王家襄、众议院议长吴景濂及80余名旧国会议员亦群起响应，并在天津举行临时会议，大有旧国会复会之势。徐世昌意识到这是吴佩孚要逼自己下台，他不甘心，下令天津警察厅厅长杨以德禁止王家襄等人在天津开会，但杨以德眼见得徐世昌形势不妙，对其命令理也不理。

　　5月28日，长江上游警备总司令兼第二师师长孙传芳发表通电，呼吁徐世昌退位，恢复旧国会，恢复旧法统。29日，江苏督军齐燮元致电徐世昌，请其服从民意，尽快下野。各省督军、省长亦群起鼓噪，一时之间，要求徐世昌下野，恢复旧国会的呼声一波接一波，此伏彼起。

面对一波波的逼宫声浪，徐世昌只得低头让位。5月31日，徐世昌发表通电，开篇即讲："顷阅孙传芳勘电所陈，忠言快论，实获我心。"当年发电报每天有个代码，所谓"勘电"，就是5月28日的电报，"勘"是那天的代码。徐世昌的这个电报表明，他愿意下野让位。

徐世昌表态下野让位后，还曾想拖一拖，看看有没有回转余地。6月2日，徐世昌计划设午宴款待刚刚回国的驻英公使顾维钧，还请了几位外交界官员作陪。但就在这天上午，吴佩孚的驻京代表钱少卿一连打了几次电话到总统府，催问总统何日离京。徐世昌知道拖不成了，便在中南海居仁堂举行了在总统任内的最后一次午宴，然后于下午两点左右把辞职通电交人发表，随即离开总统府，携家眷前往前门车站，乘车赴津。在天津，还有一位已卸任多年的大总统黎元洪正闲居着。

按照曹锟和吴佩孚的计划，准备请出黎元洪重回北京再做总统。因为直系军阀虽然一战打败了皖系，再战打败了奉系，似乎势不可当，但实际控制的也就十几个省，还无法建立一个统一南北，一手包办的中央政府。在这种情况下，曹锟、吴佩孚二人便决定另辟蹊径，先搞一种过渡形式，让黎元洪做个过渡总统，然后再通过选举让曹锟做正式的大总统。关于这套把戏，他们还有个动听的说法，叫作"恢复法统"。

为直系献上这一"锦囊妙计"的是旧国会众议院议长吴景濂。吴景濂在直奉战前曾以此策游说奉系的张作霖，劝张作霖以"恢复法统"的旗号促进南北统一，做天下的老大。张大帅动了心，但还没等采取实际行动就被直系打败了。吴景濂又找到吴佩孚。吴佩孚听了很高兴，认为"恢复法统"既可以赶走徐世昌，又可以拉拢西南势力，被恢复的旧国会与复职的黎元洪也容易驯服，可谓一箭数雕。

6月2日，也就是徐世昌下台离京当天，曹锟、吴佩孚召集直系将领在保定开会，定了四条方略：第一，恢复临时约法与旧国会；第二，请黎元洪出山，补足因张勋复辟未做满的总统任期；第三，国会恢复后一面制定宪法，一面办理总统选举；第四，于本年10月10日前颁布宪法并选举新总统。

会后，由曹锟、吴佩孚领衔，直系将领17人发表联名通电，表示拥戴黎元洪，请黎元洪"依法复位，以奠邦基"。在随后的几天里，各路军阀、政客函电交驰，纷纷表达对黎元洪的拥戴。

黎元洪隐居天津转眼已经五年了。这期间，他以读书与书法自娱，还搞了些实业投资，赚了不少钱，对于政治不闻不问。但他的策士们不甘寂寞，为其多方奔走，以图东山再起。直奉交恶以来，黎元洪的亲信金永炎、哈汉章等人经常到洛阳活动。直奉交战后，他们又与吴景濂、王家襄等人一起，向曹锟、吴佩孚推销"恢复法统"的政治策略。与此同时，他们也不断地鼓动黎元洪抓住时机，当机立断。但黎元洪对于过往的经历记忆颇深，对于是否出山顾虑重重。6月2日，王家襄、吴景濂赴黎宅劝其复职再当总统，黎元洪对他们说："你们选举曹锟为总统，事情就好办得多。"言语中明显有所推诿。但黎元洪毕竟颇重名利，而且耳朵根子软，经不住别人劝。随着曹锟、吴佩孚先后派代表熊炳琦、李济臣来津"劝驾"，又有国务院的代表、交通总长高恩洪来黎宅敦促其离津赴任。在这些人巧舌如簧的鼓动下，黎元洪又有点心动，犹犹豫豫。

6月6日，黎元洪在天津宅邸举行谈话会，参加者有曹锟、吴佩孚的代表，有旧国会参、众两院议长及若干议员，还有一些来自各地社会团体的代表。黎元洪先说了几句场面话，然后拿出一份电稿让众人传阅，并且说："今天我已将这份电报发出，这便是我对时局的具体主张。我是否复出，关键就在我的主张能不能实行。诸位可将我的主张转达给各省区的长官和国民，如果认为我的主张错误，无法实行，那么今天我与诸位的畅谈也就是我们最后一次晤面。我从此决不再问国事。"众人一听就全明白了，黎元洪这就等于说，要想请他出山，必须答应他在电文中提出的条件。让谁答应呢？

当然是曹锟和吴佩孚了。

黎元洪的电文由其"文胆"饶汉祥起草，洋洋洒洒，三千余言。在追述自己当年总统任内的各种艰辛与挫折之后，着重详议了"督军制"的种种危害，归结出"国家危亡，已迫眉睫，非即行废督，无以自存"。然后提出他的要求：各省督军，立释兵权。而且各类变种的督军，如巡阅使、护军使、总司令等名目一律克日解职。"待元洪于都门之下，共筹国是"。黎元洪在这里所说的"国是"，就是在废除各地督军后，大规模裁减兵员。所以，他的主张又被时人概括为"废督裁兵"。

黎元洪的这番议论颇为大胆，也确实切中时弊。北洋军阀时期的种种乱象，归根到底就是有兵即有权，兵多者权重。各省省长乃至中央政府的总统和总理一概成为军阀手中的傀儡与玩偶。而且各地军阀拥兵自重，不仅使中央政令无法实施，也使国家财政不堪重负。如果真能废除督军及其各类变种，确实能为各地除去一个大大的祸害。但问题是，黎元洪两手空空，拿什么去解除各省督军的兵权？而力主请他复职出山的曹锟、吴佩孚，也在督军及其变种之列，他们又怎么可能自废武功呢？

黎元洪也知道废除督军制是件不大可能做到的事，他之所以提出这样的条件，是采纳了章太炎的建议。章太炎与黎元洪颇有交情，听说曹锟、吴佩孚力邀黎元洪复大总统职，便给黎元洪写了封密信，建议他审慎行事。先不应允复出，拿直系一把。按章太炎分析，现在是"彼方有求于公，而公无求于彼"。所以，黎元洪提出的条件即使曹锟、吴佩孚难以接受，最多就是拒绝，让他继续在天津做寓公，也不会有什么损失。黎元洪读了章太炎的信，觉得言之有理，就让饶汉祥洋洋洒洒地写了那封电文，并且在开谈话会之前，已经交报社公之于众。

多少让黎元洪有些意外的是，他的电文见报后，不仅受到社会舆论的广泛赞扬，而且得到直系军阀的一致响应。他的电文见报次日，曹锟、吴佩孚即联名通电响应，表示："废督裁兵，锟、孚愿为首倡"，就是说，这件事就先从我们两人开始。有了曹锟和吴佩孚的表态，河南、江西、山东、陕西、湖北、江苏等省的督军纷纷表示废督裁兵。江西督军陈光远甚至说，他即日起首先解职，"一面克日收束军署各事，一面暂以个人名义维系军心"。这个表态就很到位了。你不是说要废除督军吗？我从即日起先自行解除督军职务，暂时"以个人名义维系军心"，只等黎大总统上任后正式颁令，指挥一切。

如此一来，黎元洪反倒不好办了。你提的条件人家满口答应了，该轮到你兑现承诺了吧。他还想再把废督的事落实了，但身边的人沉不住气了。金永炎从保定捎来了吴佩孚的话。吴佩孚很不客气地说："黄陂如果再要装腔作势，我就无能为力了。你回到天津后，请他说一句痛快话！"黎元洪，湖北黄陂人，时人常称其为"黄陂"。"黄陂"本来还想再拿捏一番，听了金永炎捎来的这话，觉得火候差不多了，再不答应做总统的事可能就黄了。说到底，他还是很在意总统的权位。

6月10日，黎元洪发表复职通电："谨于本月11日先行入都，暂行大总统职权，维持秩序。"11日上午8时，黎元洪在王家襄、吴景濂及国务院代表周自齐、曹吴代表熊炳琦、李济臣等人陪同下，登上了赴京专列。临近中午，专列驶入北京前门东站，车站及沿途街道悬旗结彩，黎元洪看在眼里，想想几年前离京时的凄楚，不禁黯然神伤，唏嘘不已。

当天下午，在中南海怀仁堂举行大总统复职典礼，周自齐受国会参众两院议长委托，将总统印绶呈给黎元洪。于此，黎元洪便开启了他的第二次总统生涯。

黎元洪重新坐在总统宝座上，很有一番踌躇满志，想要有一番作为。但很快就被人浇了两盆冷水。

第一盆冷水是"废督裁兵"。这是黎元洪最看重的，是他复职总统前向曹锟、吴佩孚提出的先决条件。他以为这应当没什么问题了，因为曹锟、吴佩孚答应得好好的，其他军阀也都一致响应，只等他上任便可推行了。但等他入主总统府以后，马上就发现完全不是那么回事。

黎元洪就职后，吴佩孚于6月15日在保定主持召开了一个讨论"废督裁兵"的会议，提出在全国设立九个军区，各军区由"军区长"主持。明眼人一看便知，所谓"军区长"就是变相的巡阅使。黎元洪不同意设立军区长，曹锟便致电黎元洪说，各地战事不息，"废督裁兵"颇有难以着手之处。吴佩孚也来电说，"废督裁兵"乃百年大计，非统一全国不能进行。那些曾群起响应"废督裁兵"的各省督军，此时也变了腔，有的说，积弊已久，断难迅速裁兵；有的称事体重大，急于求成反落流弊；也有的说裁兵之后，兵化为匪，为害更巨。总之，以前的承诺全都一风吹，黎元洪的废督裁兵完全成了一句空话。

第二盆冷水是组阁问题。黎元洪复任总统后马上着手组织责任内阁，第一步就是物色国务总理。因为吴佩孚曾有言在先，说"组阁为元首特权"，他人无权过问。所以，黎元洪进京后即发布了由颜惠庆组阁的命令。但颜惠庆内阁根本无法运作，既没有权，更没有钱，连政府公务人员的薪水也不能发出。颜惠庆支撑不住，便于8月1日挂印而去。黎元洪只好另搭班底。为稳妥起见，在组阁之前他分别派亲信赴保定和洛阳，征求曹锟、吴佩孚的意见。曹锟、吴佩孚二人的回话听上去很美，总理由总统指派，本人决不干涉。黎元洪当然不相信这些鬼话，又不得要领，只好私下揣摩哪个是曹锟、吴佩孚的中意人。这样的人何其难找！因为此时曹锟、吴佩孚之间的关系已经发生了微妙变化。

吴佩孚本是曹锟的部下，唯曹锟马首是瞻。但经过了直皖、直奉两场战争，吴佩孚战功赫赫，功高震主，也开始打起了自己的"小九九"，直系内部便出现了"曹老帅"与"吴大帅"两股势力。曹锟驻保定，属下亲信人称"保派"；吴佩孚驻洛阳，属下亲信人称"洛派"。再后来，"保派"一方又增加了天津的政治势力，又被称为"津保派"。黎元洪既要听"津保派"的，又要听"洛派"的，但这两派意见时常不一致，而且谁也不给明白话，这就使得黎元洪这位大总统当得苦不堪言，他曾对身边的人愤愤地说："他们把我抬上来，原来是叫我活受罪！"

由于"津保派"与"洛派"意见日益相左，黎元洪的责任内阁也是今天搭起班子，明天又被拆了台，如是者三番五次。到了来年1月初，黎元洪终于找到了一个理想的内阁总理人选。此人叫张绍曾，其人就政治立场而言，亲近"津保派"，但与吴佩孚有联姻，两人是儿女亲家。黎元洪觉得，张绍曾应当是津保派、洛派都可以接纳的人物，便于民国十二年（1923）1月4日发表了张绍曾组阁令。不料，却惹出了更大的麻烦。

这时在国会及内阁成员中也按"津保派""洛派"划分出了阵营。当初主张"恢复法统"，请黎元洪复职当总统的主要是吴佩孚，曹锟虽然也表示赞成，但并不积极。黎元洪复职后，吴佩孚主张让黎元洪多做一段时间，待实现南北统一后再通过国会选举曹锟为大总统。但曹锟急于想当总统，对统一与否并不热心。在曹锟看来，南北统一不知要等到何年何月，而且吴佩孚的地位、声望增长迅猛，等到南北统一了，总统宝座归谁就很难说了。他原本就是想让黎元洪做个过渡总统，如今半年时间过去了，过渡期差不多该结束了，便有心想逼黎元洪辞职或者干脆把他赶下台。曹锟、吴佩孚二人在对待黎元洪的问题上分歧很大，不过曹锟毕竟是"老帅"，吴佩孚虽然被尊称"大帅"，但在名义上是曹锟的下属，还不敢公开与"老帅"叫板。在京城的"津保派"阁员、议员，也看准了曹锟急于想当总统的心思，便处处刁难张绍曾，目的是逼着黎元洪尽快辞职。张绍曾受尽刁难，忍无可忍，不得已于6月初宣布辞职。

张绍曾辞职后，黎元洪又开始物色新的内阁总理人选。这时他已经意识到曹锟有意要逼他辞职，但他仍想维持到下届总统选举，能够体面下台。用他的话说就是，我当总统"既然依法而来，就当依法而去"。但曹锟却等不及了，急着"揭锅边"，想早日实现自己的总统梦。国会及内阁中的"津保派"对"主公"的心思心知肚明，他们见黎元洪不肯辞职，便开始使出了各种"阴招""损招"。

在张绍曾内阁辞职的当天，北京城里的军警官佐200余人借口内阁无人负责，直接到总统府索饷，就是要钱。黎元洪先是派秘书出面劝解，军官们不依，黎元洪只好亲自出面。他百般解说，苦口婆心，直说得口干舌燥，军官们才吵吵嚷嚷地离开。但这一拨人刚走，下一拨人又来了，一拨接着一拨。有索饷的，要求黎元洪即日拨款；有请愿的，说总统不管商民，要求总统"速即退位"。警察还派代表威胁说，如果总统不能补发欠饷，他们就要罢岗。

黎元洪自袁世凯执政时期就在北洋官场任职，自然知道眼前这些索饷、请愿者背后皆有人指使，目的就是想逼着他辞职。他是由曹锟、吴佩孚请出来做总统的，原本不敢与曹锟、吴佩孚争高下，但"津保派"使出来的这些"下三滥"手法激怒了他。他的倔脾气也上来了，对方越是逼迫他辞职，他越是不肯辞职。

6月11日，"津保派"施压进一步升级。黎宅的电话打不通了，自来水也断了，军警官员和"公民团"的骚扰围哄也越发频繁。黎元洪几次致电曹锟、吴佩孚，告之北京城及总统府的情况，电报均泥牛入海，杳无回音。黎元洪怎么办呢？他的总统还能当下去吗？

第三十五集
赶总统　拉议员

　　黎元洪被困在总统府里，电话打不通，自来水也停了，他的总统职位事实上已经做不成了。但他不甘心放弃，还在试图做困兽之斗。6月13日，黎元洪发表通电，述说自己在京城被困，无法行使职权，决定即日起将政府迁往天津。电报发出后，黎元洪即回到东厂胡同私宅收拾部署了一番，当天下午即乘专车离开北京。

　　曹锟在北京的亲信政客终于逼走了黎元洪。黎元洪前脚刚走，"津保派"骨干、内务总长高凌霨马上率人赶到公府。他们在收拾总统文电时，发现总统大印不见了。联想到黎元洪通电中所说"将政府迁往天津"，高凌霨估计黎元洪一定是携带总统大印去了天津。高凌霨马上打电话给直隶省长王承斌，要王省长拦下黎元洪的专车，索取印信。王承斌正在天津，他放下电话立即做出部署并乘车赶往杨村车站。这时，黎元洪的专车正好驶入站内，王承斌声称由天津北上迎接总统，登上专车，天津警察厅长杨以德则率若干军警尾随并守住车门。专车随即启动继续向天津方向驶去。

　　王承斌上车后直奔黎元洪的车厢。他见到黎元洪后便问道："总统此次是以总统的身份来天津，还是以私人的身份来天津？"黎元洪说："这几天我精神疲倦，没时间回答这个问题。你这样刨根问底，打算干什么？"王承斌说："我是地方官，应当保护总统。"

按照黎元洪的原定计划，专车到达天津是要停靠老火车站的，但王承斌上车后专车改变路径，驶入了天津新站。当年的新站，就是今天的天津北站。王承斌请黎元洪在新站下车到曹家花园或省公署休息，黎元洪严词拒绝。王承斌便直截了当地问道："总统印信今在何处？"并且说："总统离开北京，印信已经没有作用，为什么要带往天津？"黎元洪早就料到王承斌此番上车就是讨要印信的，便说："我就是不把印交给你，看你能把我怎么样！"说罢便不再理睬王承斌。王承斌拿不到印信，便下令专车停在天津新站，并派了一个团的军警将新站围住。黎元洪的子女四人按照原定计划到天津老站，即今天的天津西站接站，后听说父亲的专车被扣在新站又急忙赶了过来，但被军警拦在站外。

时间在一分一秒地流逝，王承斌向黎元洪交底说："总统若不把大印交出来，我对于国会是负不了这个责任的！我宁可同这团守卫的官兵一道住在车站上，也不敢回去。"黎元洪被扣在车上将近 10 个小时，其间没有水，更不要说吃饭。他知道不交印是过不了这一关了，只好对王承斌说，大印并未随身携带，在夫人危文绣那里。王承斌问，夫人现在何处？黎元洪说，在北京东交民巷法国医院。这所医院我们以前讲到过，张勋复辟后黎元洪返京时，家里出了凶杀案，他不敢在家里住，便躲进了这家法国医院。此番他离京前估计"津保派"的人可能要向他索要总统大印，便提前让夫人携大印躲进了法国医院。

王承斌闻言马上打电话给北京警察总监薛之珩，要他到法国医院去取大印。薛之珩闻讯后立即行动，几经周折才拿到了大印。至此黎元洪被困车上已 11 个小时，他困顿至极，通身冷汗如洗。王承斌又拿出事先起草好的总统辞职电稿让黎元洪签字。黎元洪无奈，只得签字以求赶快脱身。

黎元洪回到住宅已经凌晨 4 点，他不顾一夜的惊吓与疲惫，马上将被逼签名的情形通电全国，强调他的辞职电稿是"被强迫之意思表示，依法决不生效力"。但到了这个时候，已经没有人在意他的辞职电报是发乎本心还是被逼所迫，反正他已经辞职，接下来，就该选举新总统了。

曹锟想当总统不是一天两天了，最近半年来尤其显得急不可耐。

民国十一年（1922）12月9日，是曹锟61岁生日。当时黎元洪还在总统大位上，曹锟决定利用这次过生日的机会试一试水，为将来当选总统造一造舆论。手下的人们秉承主公的意旨，大张旗鼓地为曹锟办61岁寿辰。

12月9日那天，位于保定的直鲁豫巡阅使署张灯结彩，门前车水马龙，送礼祝寿的人络绎不绝。为了给曹锟祝寿，北京政府各部官员和国会议员抵达保定的有700余人，交通部特意在北京至保定间加开了四辆专列。一时间，保定城内人来车往，鼓乐声、鞭炮声此起彼伏。此次做寿，让曹锟感受到了自己的地位与权势。特别令他得意的是，有四分之三的国会议员由北京赶到保定为他祝寿，只要这些议员将来肯投他的票，还怕当不上总统吗？寿宴后，他命人将国会议员做了一番排查，将有意在将来投他票的议员统统聘为直鲁豫巡阅使署顾问，自来年1月份起，每人每月发给200元津贴。当时国会两院议员共有700多人，领取曹锟顾问津贴的有380多人，超过国会议员的半数。有了超过半数的国会议员从他手里领取津贴，他觉得自己离总统宝座已经不远了。

黎元洪被逼辞职的第二天，在北京的"津保派"阁员即在国务院召开会议，决定由国务院"摄行"总统职权。前几天将黎元洪逼走的军警也不再闹着索饷，由财政部出面很快筹到了一百万元资金发放下去，军警又照常值勤，北京城的治安也有人管了。与此同时，催促马上举行大选的呼声在直系军阀及其控制的区域，一浪更比一浪高地响了起来。

虽然有手下人的鼓噪，但从全国形势来看，曹锟要想通过议会选举当上总统也并不容易，因为当时的社会舆论对他很不利。他先是逼走了大总统徐世昌，后来又逼走了大总统黎元洪，引起舆论的一片谴责。北京学生联合会通电否认曹锟安排的所谓"摄政内阁"的合法性，各省社会团体纷纷通电痛斥直系的非法所为，更有的社团在电报中直斥曹锟为叛逆。曹锟逼走两任总统，目的就是想自己做总统，这在当时已是"司马昭之心，路人皆知"。社会名流梁启超在写给曹锟的一封公开信中就尖锐指出："最近中央政局之扰攘，其祸根全在公之欲为总统，此天下所共见，毋庸议也。"他还警告曹锟："我公足履白宫之日，即君家一败涂地之时。"这些话虽然曹锟听不进去，但对于反对曹锟的各方无疑是个很大的鼓舞。

曹锟想做总统就离不开国会，因为总统要国会选举产生。旧国会参众两院有870名议员，时人戏称"八百罗汉"。后来段祺瑞嫌国会议员人多嘴杂，所以安福国会参众两院议员缩减成约五百议员，时人戏称"五百大仙"。再后来曹锟、吴佩孚搞"恢复法统"，国会议员又恢复成了"八百罗汉"。《总统选举法》规定，选举总统须有超过三分之二议员参加，也就是要有580名以上的议员参加，其中半数以上投赞成票。然而，在当时的情况下，要做到这一点却并不容易，因为曹锟、吴佩孚"恢复法统"后，"八百罗汉"中有些人仍滞留南方，并没有全在北京。而随后的风风雨雨，又让更多的议员离开北京去了外地。有的去了天津，有的去了上海。

先说天津的情况。议员们去天津与被逼下台的前总统黎元洪有关。黎元洪被屈辱地逼退天津后一直愤愤然，寻机报复。他见社会各界纷纷谴责曹锟及直系军阀逼走总统，无法无天，认为舆情可用。他这些年通过经商买卖股票挣了不少钱，此时便自掏腰包招揽国会议员离京到津，承诺每人给500元的旅费，试图凑足法定人数，召开国会，重登总统宝座。这一招管点用，真有些议员冲着500元旅费到了天津。还有些政治上反对直系的议员也借机离京到津躲避。到6月底，抵达天津的国会议员已有近300人。这些人虽然不都是帮助黎元洪的，但都公开表示不与直系曹锟合作。

还有被曹锟、吴佩孚打败的皖系、奉系此时与南方的国民党人联合起来，组成了一个"三角反直同盟"，也在争取国会议员。他们派人到北京招集国会议员南下上海。皖系大将卢永祥在上海为南下议员准备了招待所和办公地点，张作霖拿出 70 万元作为议员津贴，承诺赴沪议员每人可得 500 元旅费，每月还可领津贴 300 元。上海的待遇比天津更加优厚，一些抵达天津的议员又纷纷南下上海。7 月 14 日，抵达上海的 220 名议员集会并发表宣言称："留京议员，陷于强暴，既有议案，不生法律效力。"

由于国会议员已经分散到了北京、上海、天津三个地方，留在北京的国会议员已经不足 500 人，根本无法进行总统选举。

鉴于总统选举已成僵局，曹锟手下的策士和拥曹派政客们便想出了不少应对之策，有人提议利用现有议员选举曹锟为"非常大总统"；也有人提议曹锟以内阁总理名义代行总统职权；还有人提出可以组织行政委员会为过渡政府。对这些提议，曹锟都不是太满意，吴佩孚更加不以为然。吴佩孚认为总统问题必须"依正规而行"，所谓正规是指总统必须由国会正式选举而产生。当时曹锟与吴佩孚虽然已经有了不少矛盾，但直系天下离不开吴佩孚，对于吴佩孚的话，曹锟还是要听的。

既然总统问题必须"依正规而行"，那就要先想办法把国会议员从天津、上海拉回来，这就需要找人去做国会方面的工作。为了拉拢国会议员，曹锟早就暗中联络了一部分议员，安排了几个地点做联络处所，包括北京城内的猪尾巴大院、汉南寄庐和绒线胡同，还确定了各联络处所的领头人。只是曹锟觉得这些人分量不够，要真正在国会推动选举，还需要一些重量级的国会议员，特别是想办法拉上众议院议长吴景濂。先前在吴佩孚面前提议让黎元洪恢复总统职位的正是此人。吴景濂在国会中有呼风唤雨的本领，如今曹锟要想通过国会选举自己做总统，少不了还要找此人出面帮忙。

曹锟明白，要想让吴景濂出面搞选举，钱自然要给够，但怎么个给法，还是颇有讲究的。曹锟的副参谋长王坦是吴景濂的旧交。王坦知道吴景濂这人"惧内"，也就是民间俗称的"怕老婆"，便向协助曹锟贿选的巡阅使署顾问王毓芝献策：应当如此如此，来个对症下药。王毓芝听了大为欢喜，催促着王坦赶紧行动起来，并拍着胸脯保证说，钱不是问题。王坦听后当着王毓芝的面给吴景濂打电话，约定第二天在吴家见面。

第二天，王坦坐着王毓芝的专车来到吴景濂家，吴景濂的老婆也在家。王坦后来回忆道："当时吴景濂住在小麻绳胡同一号，到他家中，说了几句闲话，我就拉住大头往他老婆屋里走。我见了吴景濂的老婆说：'大嫂，今天我来有正事，不说笑话。'"接着，他便开门见山地说起了曹锟想当总统的事，说这事需要吴景濂助上一臂之力。吴景濂的老婆听王坦说得挺热闹，但就是不提酬劳的事便面露不快，吴景濂见老婆不高兴也就不肯搭理王坦。王坦对此早有准备，见火候差不多了，便说道："大哥现在当着议长，议长不是终身的，更不是世袭的，哪天人家一哄，说不要就不要，不如趁着机会捞一把钱回家，哪天都可以吃饭。现在曹锟势力威望正好当总统，只要大哥不从中作梗，他这个总统就成啦。选举的时候，不用议长费一点小事，我们已经联络运动成熟了。只待定好日子，准备好一切手续，到时，大哥通知召开选举会。只要选举成功，要多少钱给多少钱，要哪一个官给他哪一个官。你看好不好？"王坦还毫不掩饰地说："曹锟赚了一辈子钱，不买一个总统当，买什么呢？有钱买个总统当，才叫作有钱会花呢！"

王坦的这番话，说到了吴景濂老婆的心坎里，女主人满脸笑容地说："此事好是好，可不知景濂答应不答应？"坐在旁边的吴景濂见老婆笑容绽放，立即应允道："好吧，你说怎么办就怎么办。"

吴景濂身为众议院议长，对于议会的"游戏规则"可谓烂熟于心。他向"津保派"政客提议要"武戏文唱"，设法促成国会选举总统，但不要操之过急。鉴于国会议员分散于北京、天津、上海三处的现实，为了让已经到了天津、上海的议员重回北京，吴景濂建议要"先宪后选"，就是不要马上提选举总统的事，而是召开"宪法会议"，组织议员开会商讨制定宪法事宜，等把议员们都召集起来了，再说选举总统的事。7月1日，吴景濂的建议经国会中各政党同意后，当天就派代表到保定征求曹锟的意见。

曹锟急于上台做总统，觉得吴景濂的这套办法"有点绕"，不如直接搞选举来得干脆。吴景濂便私下向曹锟解释说，这个办法并非放弃大选，只是将大选问题推迟一步，而这样做正是为了诱骗离京议员回京，恢复国会完整，为进行大选创造必要的条件。曹锟听了这番解释，觉得吴景濂所言亦有道理。7月2日，曹锟在保定接见国会各政党代表时，同意了吴景濂的建议。当月24日，曹锟对外发表通电，声言："宪法一日不定，国家一日不宁。"与此同时，直系将领纷纷发声附和。直隶省长王承斌更是在电报中呼吁："参、众两院诸公先行完成宪法，继以速办选举，定国家根本大计。"曹锟的部下还在与国会议员的接触及各种对外场合大谈"尊重国会"，期望早日"制宪成功"，以显示直系确实是为国家根本大计谋划，其中并无私心。

吴景濂的这套"先宪后选"把戏，在当时确实具有一定的迷惑性。因为中华民国成立十多年了，但各派军阀只顾争权夺利，宪法迟迟没有制定完成，社会各界对此十分不满。在这种情况下，吴景濂提出召开"宪法会议"，商讨制定宪法事宜，就相当于占领了所谓"道德高地"，对社会大众具有一定的欺骗作用，对于国会议员也有一定的吸引与约束，因为身为议员如果不参加"宪法会议"，似乎有点"不务正业"。但问题是，吴景濂设计的"宪法会议"只是个幌子，其真实目的还是帮着曹锟贿选总统。

吴景濂明白，单凭召开"宪法会议"还不足以将离京议员中的多数吸引来，真正能够吸引议员回京的还是要靠真金白银。为此，他又向曹锟献出另外一个"锦囊妙计"，就是用金钱收买议员回京开会。对此曹锟心中有数。他这些年做官打仗，捞了不少油水，家产岂止万贯。但曹锟又是个出了名的守财奴，既想贿选总统，又不肯自掏腰包，因此，贿选总统的钱必须由别人替他代筹。

直奉战争的时候，曹锟、吴佩孚曾采取由直系各省摊派战争钱财的办法，筹措战争经费，此时曹锟手下的人又想用这个办法让各省军阀摊派贿选经费，但吴佩孚首先就没响应，其他一些省份也就不积极。曹锟手下的一帮政客先后推出王克敏、张弧为内阁财政总长，主要目的就是责成他们筹措贿选经费，但成效都不显著。

关键时刻，直隶省长王承斌表现亮眼。他想出了一个"捉财神"的办法，就是派出20多个密查员分赴直隶省的大名、顺德、广平等地逮捕了一百多名制作金丹、白丸的毒犯，把他们押解到天津，组织特别法庭审理。选择几个没多少油水的"小鱼"枪决示众，算是"杀鸡给猴看"。对于"大鱼"，则令其缴纳数千至数万元赎金后予以释放。此外，王承斌又以"借军饷"的名义，通令直隶所属170余县，分为大、中、小三级，每县筹借一至三万元。通过以上两条渠道，王承斌为曹锟贿选筹措了大笔资金，成为曹锟贿选总统的大功臣。当然，与之相伴随的，则是直隶各县无数商贾百姓叫苦连天，乃至家破人亡。

身为直隶省长，王承斌只能在直隶省内为曹锟筹措经费。曹锟贿选所需数额巨大，单靠一个直隶省是无法满足的。那么，曹锟还能通过什么渠道筹措贿选经费呢？

第三十六集
贿选丑剧

　　直隶省长王承斌在其管辖境内变着法地为曹锟搜刮金钱，作为曹锟的贿选资金。其实，为曹锟贿选出钱的并不只是一个王承斌，直系的各省督军、省长及以下大员，不管甘心还是不甘心，都要认捐大选经费。据报纸事后披露，在曹锟贿选一事上，肖耀南、齐燮元、阎锡山各捐了50万元，田中玉捐40万元，刘镇华、张福来、马联甲各捐30万元，张锡元、陆洪涛各捐20万元。据说，齐燮元曾表示愿出100万元大选经费，但有个条件，就是曹锟当选后要任命他为副总统，并要求先期发表任命。后经吴景濂解释说，曹锟尚未当选，无法宣布任命。再说副总统也要经过选举，并不是一道任命书就可以当上的。齐燮元听后便只捐了50万元。

　　还有人把曹锟贿选当成了一个赚钱的机会。有个自称叫"树德堂"的人，表示愿借给北洋政府200万元作为大选经费，条件是利息二分二，交钱时先扣一年利息，其余从1月份起，分10个月将本息还清，并要求以来年的"盐余"为担保。所谓"盐余"，就是中央政府收取的盐税扣除外债本息和支付盐务行政经费之后的剩余款项，具有相当的稳定性。当年北洋政府向银行贷款，常以"盐余"作担保。那么，这位"树德堂"到底是何方神圣能够一出手就拿出200万元？事后经《大公报》披露，此人居然是曹锟的弟弟曹锐的化名。曹锐曾任直隶省长，后来曹锟将这个职务让王承斌来做，曹锐便一门心思地挣钱。这哥儿俩果然是一奶同胞，哥哥要当总统，弟弟则借机想捞一笔钱，发一笔财，此所谓"肥水不流外人田"。

通过以上种种方法，曹锟为贿选筹措了大把资金。有了钱，贿选班子工作起来就有底气了。8月20日，吴景濂在国会两院议员的茶话会上，对在京议员发表讲话，说国会的"岁费"已有切实保障，肯定不会亏待诸位。他提出，以后召开宪法会议，凡出席的议员均可领到"出席费"。希望在京议员，"无论政潮形势如何，决不离京"。8月24日，国会举行议员谈话会，参众两院合计有150余人参加。吴景濂在会上宣布，自8月27日起，国会议员参加会议可以领取"临时出席费"。具体实施办法为：第一，两院每周常会，每位出席议员均由国会预备费中支取100元。第二，每次开会于会场计算人数发给出席证，散会时凭出席证换取支给证。第三，议员凭支给证，于次周一向会计科领取费用。"宪法会议"不定期举行，议员每参加一次给出席费20元。此外，夏季发"冰敬"，类似于今天的"防暑费"；冬季发"炭敬"，类似于今天的"取暖费"，各种名目加在一起，每位议员每月可得到600元的油水，这个数目要比在上海的议员多得一倍。

对于已经离京去天津或去上海的议员，曹锟支使吴景濂等人采取一对一的个别说服，也就是区分名望、地位分别给予千元甚至万元不等的"旅费"。那些离京议员，不少人原本就没有什么政治理想，也无所谓个人操守，他们去天津或去上海完全是为了领取高额的旅费与津贴，如今北京开出了更高的价码，他们中的不少人就开始踏上了返京的路途。

为了让在京议员安心并争取更多的外地议员返京，吴景濂又提出要延长国会议员任期。根据《国会组织法》的规定，众议员任期三年，本届议员任期自民国二年（1913）4月8日国会开幕之日算起，中间虽经两次解散，扣除间隔至民国十二年（1923）10月也到了期满之日。为了延续众议员即将结束的任期，吴景濂于8月底提出：国会议员"任期为一问题，解职时日又为一问题。个人地位事小，维护国家之体制事大"。这就相当于玩了个"诡辩术"，把议员的"任期"与"解职"分开了，身为议员虽然任期已满，但只要不解职，就可以继续做下去。随后，就有议员提出修正《国会组织法》的议案，将众议员任期改为：议员职务应俟下次依法选举完成，开会前一日解除之。按照这个规定，只有新一届国会议员选举产生以后，旧议员才可以解职。而在当时的情况下，何时能够进行新一届国会议员选举完全是未定之数，这也就意味着现有国会议员已经没有了明确的任期限制。

曹锟出钱，吴景濂出力，使出"十八般武艺"，连哄带骗使越来越多的国会议员回到了北京。回京的议员到底有多少，又有多少人肯替曹锟投票，吴景濂心里不是很有底，曹锟心里更没底。但曹锟觉得事不宜迟，不能再拖了。那一年曹锟已经 62 岁，在那个年代这个岁数就要算是不折不扣的老人了。"人生七十古来稀"，曹锟身体本来就不好，此生还剩多少时光只有天晓得。他很着急，急着要当总统，看着外地议员陆续回到北京，就催促着吴景濂等人赶快直奔主题——选举总统。

曹锟很着急，吴景濂等人该怎么办？宪法会议还开不开？"先宪后选"还算不算数？

其实，所谓"宪法会议"本来就是个幌子，"先宪后选"更是骗人的鬼话。吴景濂不过是说说而已，许多来京的议员对此也并未当真，许多人根本不是冲着宪法而是冲着钱返京的。既然如此，如今"东家"着急了，不想再在宪法这类问题上打转转，而是想直奔主题选举总统，那吴景濂也就没有理由非要坚持先去搞什么制宪了。

为了水到渠成瓜熟蒂落，吴景濂先是命人对外放风说，约法规定总统辞职后，国会应在三个月内选出新总统，摄政内阁的命运不能超过三个月。说这话的意思是，总统选举不能再拖延了。因为我们前面讲过，黎元洪是 6 月 13 日被逼离京去天津的，6 月 14 日北京政府宣布组成摄政内阁代行总统职权。吴景濂等人放风说摄政内阁不超过三个月，就意味着总统大选要在 9 月份举行，这显然并不符合他们此前所宣称的"先宪后选"。

开弓没有回头箭，既然非干不可，那就宜早不宜迟。9月2日，山东省省长熊炳琦、内务总长高凌霨、交通总长吴毓麟、司法总长程克、烟酒署督办王毓芝、京兆尹刘梦庚、直隶省议会议长边守靖等人，联名在甘石桥议员俱乐部设宴招待国会两院议员，熊炳琦在招待会上公开提出了大选问题。此时已经不是什么"先宪后选"的问题，而是一张选票值多少钱，以及是"先付后选"还是"先选后付"的问题。几经讨价还价，议员与政客在"票价"问题上大体达成共识，即每张选票5000元，但仍有议员有其他要求，有些"大议员"，也就是重量级议员要求在普通票价之外另给特别报酬，还有的议员则不愿得钱而是想做官。这些都不是普遍性的问题，可以留待个别私下里解决。

最难解决的是"先付后选"还是"先选后付"的问题，也就是"先付款，后投票选举"，还是"先投票选举，后付款"。"津保派"政客担心先付款以后议员们不投票，议员们则担心投票后"津保派"不付款。有人建议可以先付三成即1500元，"津保派"政客则认为必须足够法定人数才能先付款项。由于意见不一，变量较多，会议决定先开总统选举预备会以测验出席人数，然后再决定"票价"多少及投票与付款的先后顺序等问题。

自从赶走黎元洪以后，国会参众两院因法定人数不足已经有三个多月没有开会了。直到9月7日，众议院因为有302人出席得以召开常会。会议首先审议表决通过了议员王茂才所提的众议院议员任期延长案。我们前面讲了，众议院议员任期本来到10月届满，延长案规定为"应俟下届众议院议员选举完成，依法开会前一日解除之"。如此一来，算是给这帮议员们吃了颗"定心丸"。眼看议员人数越来越多，吴景濂和"津保派"政客都大受鼓舞。此次会议决定次日，也就是9月8日召开总统选举预备会。"津保派"政客决定再下血本，规定大选出席费另加200元，带病出席者再给200元医药费。

9 月 8 日，是总统选举预备会召开的日子，但因贿选班子的动员工作不到位，到场议员数距法定人数相差太多，当天的总统选举预备会没有开成。吴景濂等人吸取教训，加紧动员，加大许诺力度，9 月 10 日，继续召开总统选举预备会。按相关法律规定，总统选举预备会须有半数以上议员出席才算有效，当天的出席者为 431 人。国会议员总数为 870 人，半数为 435 人，"超过半数"最少应为 436 人。眼看功败垂成，吴景濂心有不甘。他指使众议院秘书长郑林皋冒签了 5 名未到场议员的名字，使出席议员数变成了 436 人，勉强超过了法定半数。当天的会议决定，9 月 12 日正式举行总统选举。会后被冒签的议员纷纷发表通电，斥责吴景濂的卑鄙下作，但吴景濂不为所动，继续全力推动总统大选。

总统选举预备会的次日，也就是正式举行总统选举的前一天，摄政内阁阁员与熊炳琦、刘梦庚、王毓芝、边守靖等人，又在外交大楼联名宴请参众两院议员，席间向议员们宣布，将大选出席费由原定的 200 元提高至 500 元，投票的"票价"仍执行原定的 5000 元。

9 月 12 日，是曹锟预定要当选总统的日子，军警当局已提前通知北京市民在门前悬挂五色国旗，庆祝新总统的诞生。这一天，直系出动大批军警宪兵聚集在众议院门前，前门东西两个车站都有便衣侦探活动，目的是阻挡议员出京。当天到达投票现场的议员本来就不多，又由于前天预备会议冒签名的事情传了出来，现场发生了激烈争吵。议员们虽然是为了钱来投票，但眼见的形势可能会失控，便跟着吵了几句，然后一哄而散。预备会议决定的总统选举投票日，也就成了个笑柄。

摄政内阁办事不力，原定的总统选举一哄而散，消息传到保定，曹锟大为不满。很快，保定传下话来，说"老帅"一定要在"双十节"坐上总统交椅。所谓"双十节"，就是 10 月 10 日，中华民国的国庆节，屈指算来还有不到一个月时间。为了充实组织力量，直隶省长王承斌于 9 月 14 日由天津来到北京专门督办选举事宜。为了欺骗舆论，王承斌一进北京，就又把制定宪法的事提了出来。他向议员们说，要采取进行大选和公布宪法同时并举的方针。也就是说，宪法还是要制定的，但不再坚持"先宪后选"而是"同时并举"。其实，到了这个时候，已经没有几个议员真正关心宪法的事了，议员们最关心的是先给钱还是先投票。对此王承斌承诺，在选举前按每票5000元的数额发给议员支票，选举完成后即可持票兑现。这样就解决了"先付后选"或"先选后付"的争端，让双方都感到公开可靠。可是有不少议员怀疑直系在银行里有无存款，如果没有存款的话，有了支票也取不出钱。为了让议员们放心，王承斌又请他们派人到天津直隶省银行查对，确认银行里有足额存款。但仍有少量议员担心直系控制下的地方银行将来会拒绝付款，要求将款项转存至外国银行。

在这段时间里，仍有议员陆续由外地返京。至9月23日，国会各政团在甘石桥汇报，在京议员总数已有600人以上，超过了举行总统选举的法定人数。9月30日，高凌霨、吴毓麟、王承斌、熊炳琦、王毓芝等人联名致函国会议员称："大政不宜久摄，元首岂可久悬。"就是说，总统职位不能长久空悬着，应当立即举行正式总统选举。至此，大选问题由于人数、款项两足而呈水到渠成之势。吴景濂随即以总统选举会的名义发出通告，定于10月5日开会选举大总统。

10月1日，甘石桥俱乐部开始向议员们发出支票，共发了573张，每张为5000元，折算成今日币值的话，相当于七八十万元。这些支票分别由大有、劝业、麦加利等银行付款，支票签名有"秋记""孝记""兰记"和"洁记"四种，分别对应的是吴毓麟（字秋舫）、王承斌（字孝伯）、王毓芝（字兰亭）和边守靖（字洁卿）四人，边守靖是大有银行的后台老板，他的大有银行也是此次支付票款最多的银行。所有支票一律不填日期，支票须在总统选出三日后由开票人补填日期并加盖私章才能到银行取款。除普通票价之外，对一些重量级人物，还有一万元及以上的特殊支票。把不同面额的支票分发给相应的议员，自然不能公开进行。几个人当下议定，谁联系来的议员就由谁转交支票。比如，我们前面讲到，吴景濂是经王坦游说参与贿选的，吴景濂的支票就由王坦转交。由于吴景濂是整个贿选过程中最为关键性的人物，支票面额自然非他人可比。据王坦回忆，吴景濂的支票数额是 20 万元。折算成今日币值的话，大约要值 3000 万元。

一直到了这个时候，选票的买卖双方仍然互不信任，一些议员怀疑选出总统后，直系会翻脸不认账，到那时他们便成了哑巴吃黄连，有苦说不出。但多数议员认为，曹锟当选总统以后凡事都离不开国会，要拆桥也要等过了河再说，不可能自己刚上桥就动手拆桥。

在北京紧锣密鼓地催办总统选举的时候，一场反对直系贿选总统的行动也在全国各地展开。直系公开贿选，摄政内阁公开交易，直隶、山东两省省长公开进京帮曹家办事，京城政坛一时铜臭熏天，举国皆知，天人共怒。全国学联、全国商联、上海各省联席会议和各省社会团体先后通电反对直系贿选总统，张作霖、卢永祥、何丰林、唐继尧、熊克武、杨希闵等南北各省军阀也纷纷发表通电，反对直系在北京贿选总统，并表示决不承认贿选的结果。此外，张作霖还派人在北京六国饭店特设专门机构拆曹锟的台。

北京的贿选活动仍在紧锣密鼓地进行中。10 月 4 日，吴景濂按计划召开宪法会议以测验出席议员是否足够选举总统的法定人数。当天出席者 551 人，虽然不足选举总统的法定人数，但宪法会议在流会四个月后终于可以正常召开了。宪法会议由吴景濂主持，议员们要求摄政内阁公布众议院任期延长案，摄政内阁自然满口答应。会议又做了些表面文章便宣布结束。鉴于当天出席宪法会议的议员已经接近选举总统法定人数，吴景濂当天便以选举总统会的名义发出通告：定于次日上午 10 时选举总统。

4 日晚间，甘石桥大选机关灯火通明，门前停放了数百辆汽车随时待命，高凌霨、吴景濂等人加班加点，为第二天将要举行的贿选做最后的准备。为防止选举出现意外，吴景濂命人提前做好了"夹底票瓯"，也就是在票箱里暗藏夹层，夹层里暗藏假票。还搞了一套冒签人数的把戏，就是由工作人员冒用议员名字签字，或者由议员甲签名之后再冒充议员乙签一次名。这些都在夜色中最后又演示了一遍，以保证第二天曹锟当选能够万无一失。一直忙到深夜，吴景濂才拖着疲惫的身躯回到家中。

吴景濂是这次贿选的主要操刀手，可谓风头无限。老婆见自己的男人如此逞能威风，亦颇为自得。明天就要大选了，她知道丈夫一定很辛苦，所以提前备好美味佳肴，好让丈夫补充体力，来日可以精力充沛地操刀上阵。但没想到，吴景濂到了半夜才回家，一进门就上了床，倒头便睡。老婆不高兴了，上前将他拉起来吃饭。更加反常的是，平日里怕老婆怕得要命的吴景濂，此时说话却透出凶相。吴景濂板着面孔对老婆说："明日总统大选，成败在此一举，我须全力对付，今晚不可造次！"女人从未见过这种阵势，一下子被镇住，乖乖地什么话都不敢说了。

第二天就要选举总统了，吴景濂等人的准备工作效果如何？曹锟能够如愿当选吗？

第三十七集
当了总统　坏了名声

　　吴景濂和摄政内阁的人连夜加班，为第二天的总统选举做着最后的准备。与此同时，张作霖派来的"拆台党"也没闲着。他们在北京六国饭店的包房里对议员们做最后的游说。他们对议员们许诺说：凡不肯给曹锟投票的，每人可得到8000元的报酬。这笔钱比曹锟贿选给的钱又多出了3000元，自然大有吸引力。截至4日深夜，已有40多名议员来领了支票。这班"拆台党"如果放开手脚的话，还可以争取到更多的议员。但他们本来就是拆台的，看到有40多人上钩了，便不肯再多花冤枉钱。他们的算盘是：目前在北京的议员共有600名多一点，而选举总统至少需要581人参加，只要这40多名议员不去投票，选举会最多只能到场460人。如此一来，曹锟的总统梦就做不成了。

　　10月5日，总统选举日终于到了。当天上午，北京军警机关出动大批人马，在北自西单牌楼，南至宣外大街的区域内布置了森严密集的警戒网，并加派保安队往来巡逻。在众议院所在的象坊桥一带，宪兵警察在东西两口夹道排队，除议员及少量获准旁听参观的人员外，其余任何人不能通过。北京军警长官王怀庆、聂宪藩等人亲自到场指挥。无论国会人员还是旁听参观者，入场时必须经过人身搜查，女宾则由女侦察负责搜查。旁听席限制很严，必须取得议员的介绍证件，并规定入席后不得中途擅行退出。

选举会原定上午 10 时开始，但众议院议长、选举会主席吴景濂于上午 8 时 30 分就提前到场布置。什么"夹底票匦"、冒签顶替等都预先做好部署。很快，时针指向了 10 时，预定的开会时间已到，但议员签到者却寥寥无几。吴景濂皱了皱眉头，好在他事先早有预案，遂临时决定选举会改为不定时开会，即何时签到议员足够法定人数，何时开会。甘石桥那边听说议员到场不踊跃，立即派出 180 辆汽车分途迎接议员到场，但效果仍不明显。上午 11 时 40 分，眼看快中午了，签到议员刚过 400 人，距 581 名的法定人数相去很远，吴景濂急得像热锅上的蚂蚁。他一面命令安排午餐茶点，以免到场的议员借故逃脱；一面急忙加派可靠议员分途去拉同乡、同党议员，要求每人至少要拉上一人回来。这些人也确实不辱使命，果然从外面拉来一个个议员，有些患病在家休息的议员也被拉了来，包括几名身患重病的议员被用担架抬进了会场。为防发生不测，会场临时增设医生和调药师数人。

按照总统选举法的相关规定，总统选举须有三分之二以上的议员参加，参加投票的议员中半数以上赞成者当选。此时凑够三分之二，也就是 581 名议员就成了最为重要的指标，至于议员来了以后投不投赞成票反倒不那么重要了。为了凑足人数，高凌霨等人临时决定，议员们只要前来出席选举会，即使不投票也一律发给 5000 元支票。这招很管用，一些从六国饭店"拆台党"那里领了 8000 元支票的议员，此时又动了心思，因为他们认为，只要自己不投曹锟的票就没有违反对"拆台党"的承诺。所以，他们可以堂而皇之地出现在选举会场，从曹锟这边再领 5000 元的支票，此所谓"两头通吃"。还有几个议员平时反直色彩明显，不适合参加投票，他们既垂涎5000 元钱，又担心坏了自己的"清名"，便要求选举机关严格保密，不得公布参加选举会议者的姓名。正陷入困境中的大选机关，对于这类荒诞要求也一概满口答应。

所有的"十八般武艺"全部用上了，花钱果真买来了"鬼推磨"。到下午 1 时 20 分，选举会签到名册显示，签到议员人数已达 593 名，超过了法定人数！至此，吴景濂悬着的那颗心算是放了下来。他事先准备好了的"冒签"把戏也就不用上演了。

总统选举会正式开始了。选举会主席吴景濂首先报告签到人数：到场参议员 152 人，众议员 441 人，共 593 人，已足法定人数，可以开会。接着，他又就投票方法做了几点说明：先由检票员检票，再由检票员宣叫议员姓名，挨次写票及投票。吴景濂讲话后，秘书开始给议员发票，然后按照事先的规定，议员开始投票。其间进程顺利，投票很快结束了。然后，由选举机关当场点票唱票。由于一切正常，吴景濂事先准备的"夹底票瓯"也没有派上用场。到下午 4 时唱票完毕，吴景濂登台报告说：共发票 590 张，收回 590 张，曹锟得票 480 张，据《大总统选举法》当选为中华民国第八任大总统！当吴景濂以貌似庄重的神态宣布以上结果时，台下受贿议员拼命鼓掌予以配合。

选举会结束了，选举会主席吴景濂顾不上处理会场善后事宜就急匆匆地跑回办公室，摇响了通往保定的电话。在电话的另一端，曹锟已经在焦急地等待着选举结果。电话铃一响，曹锟一跃而起，一把抓起了听筒。当听到吴景濂报告他已当选为中华民国大总统的喜讯后，这位年过六旬的老人喜不自禁。他下意识地死死地抓住守在身旁的亲信李彦青，眼含热泪，无语凝噎。李彦青知道大功告成，立即飞奔出去传播喜讯。顿时，巡阅使署乃至整个保定城鞭炮齐鸣，一片欢腾！

再说北京城那边。选举结束后，总统选举会赶办公文通知摄政内阁，内阁赶派专车去保定迎接新总统来京就职。那些接受贿赂给曹锟投了票的议员俨然功臣，成群结队地坐着专车到保定恭祝"老帅"当选总统。

曹锟此番为了当总统真是花了大本钱，花费列其要者计有：补助各政党党费 324.2 万元，特别票价 141 万元，普通票价 304.5 万元，宪法会议出席费 57.2 万元，常会出席费 20 余万元，特别酬劳费 32.4 万元，"冰敬""炭敬"和马费夫费190余万元，招待所临时费120余万元，秘密费70余万元，等等，合计支出1356万余元。

这么多钱总算没有白花，曹锟当选总统的消息通电全国后，各地趋炎附势之徒纷纷电达保定以示祝贺。仅10月6日这一天，曹锟就收到来自各省区、团体的贺电一千余件。开始时，曹锟每封贺电必亲自过目，后来贺电太多了，看不过来，便告知手下的人，只需把来电的团体或个人名单抄录给他看即可。同时他又特别叮嘱，吴佩孚如来电，必先呈送给他。因为曹锟最关心的，还是吴佩孚对他当选总统的态度。别人的贺电都来了，唯独不见吴佩孚的贺电，曹锟心里感到有点不踏实。

在焦急中等了一天，10月7日，吴佩孚的贺电终于来了。曹锟急忙接过电文，吴佩孚写道："我公得480票当选为中华民国大总统。天下为公，选贤乃治，大位不易，有德者居。恭维我大总统名高海宇，功在国家，法统重现，遂作华盛顿之第二……"吴佩孚的话，句句说到了曹锟的心坎上。有了吴佩孚的支持，曹锟的腰板更硬了。

10月10日，是曹锟宣誓就职的日子。为迎接新总统的到来，北京城的主要街道和中华门、天安门、前门外火车站等处都搭起了大型五彩牌坊。曹锟的就职仪式在中南海怀仁堂举行。10时整，曹锟在高凌霨、吴毓麟、王承斌、王怀庆等人簇拥下步入大厅，面向议长、议员宣誓："余誓以至诚，谨守宪法，执行中华民国大总统之职务，谨誓。"誓词简短而庄重，包括曹锟在内，所有参加宣誓仪式的人都一脸的庄重。但每个在场的人，或者行贿，或者受贿，个个知情，人人有份，想来也是蛮具讽刺意味的！

曹锟终于如愿以偿地坐上了总统宝座。然而，他以5000元一票的高价公开贿赂议员，所用的钱主要是通过摊派、敲诈和搜刮等方式筹集到的。贿选黑幕一经披露，反对风潮立即四面涌起。

反对贿选的风暴在曹锟当选之前就已经涌动起来。10月3日，有个叫邵瑞彭的众议员向北京地方检察厅揭发高凌霨、王毓芝、边守靖、吴景濂等人在总统选举中行贿，并将自己手中的证据制版送交各报发表。证据是他本人收到的一张大有银行5000元支票，未填日期，签名者为洁记，背面注有一个"邵"字，意味着这张支票是发给邵瑞彭的。

邵瑞彭，浙江淳安人，老同盟会会员，民国元年（1912）当选为众议院议员，后因袁世凯阴谋称帝，他不肯同流合污，忧郁返乡。袁世凯死后，黎元洪继任总统，又召开国会，邵瑞彭应请再度北上。民国十年（1921），邵瑞彭响应孙中山号召南下广州，出席国会非常会议。后因滇桂军阀横行，邵瑞彭心灰意冷，北上应聘出任北京大学教授。曹锟贿选总统，京城乌烟瘴气，邵瑞彭深恶痛绝。他表面上与吴景濂等人虚意周旋，10月1日取得贿选支票一张以为证据，并于暗中做脱身准备。他事先已经将家眷送出北京，10月1日深夜，他本人亦化装乘火车离京逃往天津。10月3日，他由天津致函京师地方检察厅控告高凌霨等人的行贿罪行，并将手中的支票制版向各报发布。与此同时，他还通电全国揭露曹锟的贿选丑行。

在曹锟当选总统的次日，正在广东的孙中山就下令通缉贿选议员，并提议反直三角同盟出兵讨伐曹锟，并公布讨伐令："伪巡阅使曹锟，贿诱议员，迫以非法，僭窃中华民国大总统，以背叛国民，罪迹昭著……兹特宣布罪状，申令讨伐。"接着，奉天的张作霖、浙江的卢永祥、云南的唐继尧等人亦先后通电反对直系贿选，宣布与曹锟断绝一切关系。随后，上海、广州、杭州、太原等地市民、学生举行大会，掀起了一场全国性的大规模反贿选示威游行。各地群众在示威游行反对直系贿选的同时，还对那些参加贿选的议员口诛笔伐。在天津发刊的《国会议员通讯》第18号撰文称这些贿选议员是"猪仔"，是"三不要的丑怪东西"。所谓"三不要"，即"不要脸，不要良心，不要命"。各省社会团体及青年学生纷纷调查本省参加贿选的议员，并将名单在报纸上予以公布。有不少"猪仔"议员被宣布开除"省籍"，有的财产被抄，住宅被毁。杭州的反贿选大会还通过一项决议：在西子湖畔铸一个曹锟铁像，像岳飞墓前秦桧夫妇的跪像那样任国人唾骂。

面对全国的反直系、反贿选风潮，曹锟如坐针毡。为了扭转孤立局面，他便想再次使用拉拢手段，化敌为友。拉拢谁呢？当然是要拉拢军阀，而且要拉拢大军阀。因为像孙中山那样的革命力量他根本拉拢不过来，而且也不想去拉拢，只想去剿灭，而各地的群众团体他又瞧不上眼，所以，他拉拢的对象就只能是大军阀。

在直系以外，当时国内最大的军阀就要数奉天的张作霖了，曹锟首先想到的正是张作霖。此时，曹锟与张作霖已经是亲戚。在前一年，也就是民国十一年（1922），经张景惠、靳云鹏撮合，曹锟的女儿曹士英许给了张作霖的儿子张学思。如此说来，曹、张两家就是儿女亲家了。不过，当时张学思只有8岁，曹士英更小，刚刚7岁，两人算是由父母给定的"娃娃亲"，结婚要到成年以后。但不管怎么说，亲事已经定下，两家就是亲家了。靠着这层关系，再加上曹锟还想许诺给张作霖一个副总统位置。有了这两条，曹锟觉得把张作霖拉拢过来应当不难。

曹锟原本打算派他的弟弟曹锐出关"和奉"。这位曹锐就是我们前面讲的化名"树德堂"，想利用曹锟贿选总统的机会大捞一笔的那个人。曹锐是曹锟的四弟，在曹氏几个兄弟中，最受曹锟重用与信任。但曹锐听说奉系少壮派张学良等人正摩拳擦掌要报此前的兵败之仇，担心自己做了俘虏，因此不敢出关。曹锟无奈，只得改派几位与奉系有交情的下台军官，如王占元、鲍贵卿等出关表达善意。这些人在沈阳与张作霖见面时，张大帅考虑到曹锟现在的恶名远扬，便只是说一些"保境息民"之类的官话。对于曹锟承诺的副总统一事，未置一词。

在奉系那边碰了个软钉子，直系便又想着与皖系缓和关系。在拉拢皖系上，吴佩孚最为起劲。吴佩孚早就不赞成曹锟的"和奉"方针。他认为，奉系是盗匪出身的假北洋派，直奉两系终究还要再决雌雄，绝对没有化敌为友的可能性。皖系就不一样了。皖系虽然也曾与直系兵戎相见，但双方毕竟属于同根相连的北洋正统。因此，吴佩孚提出团结北洋派的口号，主张联络皖系以改变直系陷于孤立的不利局面。曹锟在"和奉"方针受挫后，也只能被迫接受吴佩孚的"和皖"计划。

吴佩孚的"和皖"计划有两个基本要点，一个是"尊段"，就是尊崇皖系首领段祺瑞；一个是"联卢"，就是联手皖系实权人物、浙江督军卢永祥。段祺瑞自从直皖战争失败下野后，一直隐居天津。曹锟、吴佩孚便时常派人到天津去问候起居。段祺瑞人虽下野，但对北京政坛的动向一清二楚。他知道曹锟贿选招致天怒人怨，此时派人来天津献殷勤自然是别有所图，因此，对于曹、吴二人便采取了一种若即若离的态度。既不公开指斥，也不正面回应。

以前段祺瑞在台上时，其心腹多为安福系政客。吴佩孚原本与安福系处于水火不容、势不两立的地位。直皖战争后，安福系政客受到通缉纷纷逃入日本公使馆躲避，其中大部分在日本公使的保护下逃出了北京，但仍有梁鸿志等几人未走。为了拉拢皖系，曹锟于 12 月 28 日下令取消对梁鸿志等人的通缉令，并撤销了对原皖系将领曲同丰、张敬尧的监视与查办。

张敬尧曾是段祺瑞的亲信爱将，亦曾是吴佩孚的死对头，但这次曹锟下令撤销对张敬尧的查办就是采纳了吴佩孚的建议。吴佩孚之所以主张放过张敬尧，还是因为看中了张敬尧曾是段祺瑞的亲信爱将这一点。吴佩孚想利用张敬尧作为"和皖"的桥梁。为此，他亲自邀请张敬尧到洛阳一游，张敬尧还真去了，而且还闹出了一场误会。

张敬尧对吴佩孚戒心很重，接到吴佩孚要其赴洛阳一游的邀请后，起初不敢贸然前往，而是派了其弟张敬舜先去探查虚实。张敬舜去了，受到吴佩孚的热情接待，然后平安返回，张敬尧这才动身去了洛阳。张敬尧抵达洛阳后，吴佩孚为其接风洗尘，席间电灯忽然灭了，张敬尧大惊失色，急忙拔出手枪对准吴佩孚的胸膛，准备拼个鱼死网破。吴佩孚佯作不知，饮酒谈笑如故。不长时间电灯又亮了，一切如常并无异状。原来，当年洛阳电力供应不足，电灯骤然熄灭是常有的事。

张敬尧虚惊一场，平安返回。他是否对段祺瑞讲了他在洛阳的经历，以及是否替吴佩孚讲了美言，人们不得而知，但从段祺瑞此后的反应来看，即使张敬尧美言了，但对段祺瑞并无多少影响。

民国十三年（1924）3月13日，是段祺瑞的五十九岁生日。当年人们普遍讲"虚岁"，按虚岁算，这一天就是段祺瑞的"六十大寿"。由吴佩孚发起，北京政府官员大张旗鼓地为段祺瑞祝寿，各省直系将领纷纷通电表示"尊段"。段祺瑞身边的人们劝段祺瑞要与直系拉开距离，因为曹锟名声太臭。段祺瑞对曹锟的名声岂能不知，遂一再谢绝各路军政官员替他做寿，但有了曹锟、吴佩孚的事先授意，直系代表前往拜寿者仍车水马龙、络绎不绝。

当时，不少国会议员主张推举吴佩孚做副总统，吴佩孚对这种空头名号不上心。曹锟于是想用副总统职务拉拢张作霖，但张作霖并不买账，这些我们在前面讲过了。吴佩孚则另有想法。他知道段祺瑞肯定不愿在曹锟手下做副总统，便想将此职务送给皖系实权人物卢永祥，以换取卢永祥与直系合作。为此，吴佩孚还派国会议员何雯到杭州拜会卢永祥，当面向卢永祥表达善意。

卢永祥当时是皖系将领中的第一号实力派，面对着吴佩孚伸出的橄榄枝，卢永祥会做何反应呢？他愿意与直系联手并给曹锟做副手吗？

第三十八集
直系分裂

　　吴佩孚派国会议员何雯到杭州拜会卢永祥，想请卢永祥出任副总统并实现直皖联手。卢永祥对吴佩孚并无恶感，但给臭名昭著的曹锟做副手很排斥。送走了何雯，他派人带信到洛阳表示了三点意见：第一，本人与曹锟关系素深，但明知非法手段取得总统，本人无法表示拥护；第二，对吴佩孚的盛情非常感谢，但是不赞成采取拉拢个人的方法来解决时局，如果本人出卖人格，就将一无是处；第三，劝吴佩孚放弃武力统一政策，公开讨论时局，本人愿意尽力相助。这实际上等于回绝了吴佩孚的拉拢。至此，曹锟、吴佩孚"和奉"与"和皖"的计划都落了空，贿选成功的曹锟越发感到了空前的孤立。

　　北京的政坛也很乱。当初为了贿选总统，曹锟信口许诺，仅国务总理一职就向张绍曾、高凌霨和吴景濂三个人许过诺，如今当选了，三个人都找了来，要求他兑现当初的承诺。但国务总理只有一个，不可能三个人都当，可无论谁当，另外两个人肯定会对曹锟的言而无信心生怨恨。

　　这三个人中，张绍曾在黎元洪二次复出就任总统后就曾担任内阁总理，曹锟为了拆黎元洪的台，答应将来自己当选总统后仍请张绍曾组阁，换得张绍曾同意辞职。高凌霨时任内务总长、代理国务总理，在曹锟贿选总统的时候，他还曾摄行大总统职务。曹锟贿选成功，他出了大力，立了大功，曹锟曾当面承诺将来让他在国务总理职务上由"代理"转为正式。而吴景濂对国务总理一职追得最紧，看得最重。曹锟当初曾通过王坦之口对吴景濂许诺道：只要曹锟能当选总统，你"要多少钱给多少钱，要什么官给什么官"。吴景濂就是冲着他的许诺才答应出山帮他贿选的。在整个贿选过程中，吴景濂既出谋划策，又大肆张罗，细心布置，可谓助选第一功臣。而且他手里掌握着500多名议员，当选总理呼声最高。

曹锟正在发愁呢，不料吴佩孚又来插手此事。吴佩孚认为当下乃非常时期，组阁问题十分严重，牵一发而动全身，国务总理必须请出一位对外交、财政两部门都有办法解决的人才行。有这样的人选吗？吴佩孚已经为曹锟选好了，他推荐颜惠庆组阁。

曹锟的天下是靠吴佩孚打下来的，要坐天下还是要靠吴佩孚。如今吴佩孚推荐颜惠庆出任国务总理，曹锟自然不敢拒绝。至于以前为当选总统许下的诺言，也就顾不上了。因此，曹锟决定请颜惠庆出面组阁。不料谋事不密，此事被吴景濂探得了消息。吴景濂非常看重国务总理一职，可谓志在必得。就在他以为总理已是囊中之物的时候，不承想半路上杀出一个颜惠庆，是可忍，孰不可忍！于是，吴景濂公开放风说，国会决不会通过颜惠庆的组阁任命。按照当年的法律规定，国务总理须由总统提名，国会批准。吴景濂身为众议院议长，在对国务总理的批准与否之类问题上，自然举足轻重。颜惠庆对出任国务总理原本就不是很坚定，如今见吴景濂拉开架势与他对抗，便谢绝了吴佩孚的提携和曹大总统的一番好意，知难而退了。

吴景濂见自己的招数起作用了，心生欢喜。他想再接再厉，用同样的办法再来对付一下高凌霨。于是，他又放出风声说，国会决不会通过对高凌霨的组阁任命。他希望高凌霨也和颜惠庆一样知难而退，那他还可以再来吓唬一下张绍曾。没想到，高凌霨倚仗有行政职权在手，根本不吃他这一套。不仅如此，高凌霨还给他来了个釜底抽薪。高凌霨派人在国会议员中广泛活动，寻找吴景濂的反对派。这自然不难找，因为吴景濂贪财揽权，对手下的议员难免有分赃不匀，少分得赃款赃物的就会心生不满，在高凌霨的拉拢下就成了吴景濂的反对派。于是，在议会中便形成了"拥吴"与"反吴"两大派。在高凌霨的鼓动下，反吴派认为议长任期已满，不得再事恋栈。拥吴派则认为，既然议员的任期延长了，议长应当和议员一样延长任期。

民国十二年（1923）11月5日，吴景濂如往常一样来众议院参加会议，他刚在主席台的位置上落座，就被一群反吴派议员七手八脚地往台下推。在这个过程中，反吴派议员与吴景濂的警卫人员发生冲突，会场秩序大乱，吴景濂急忙摇铃宣告散会。过了十几天，众议院恢复开会，结果会场又是大吵大闹，议员一哄而散。"津保派"政客此时又用上了当年驱逐黎元洪的办法，来对付吴景濂。他们一方面停发了国会经费，使吴景濂处境困窘；另一方面又组织起"公民护宪团"请愿驱吴。

11月18日，众议院又一次开会，这次拥吴与反吴两派议员打得更凶了。双方议员不仅拳打脚踢，而且还拿桌上的墨盒扔来扔去。打斗中，四川籍议员黄翼掷出的墨盒击中了吴景濂的头部，吴景濂顿时鲜血直流。拥吴派议员见己方主帅负伤，纷纷离席冲向对方，对方亦不甘示弱，两派议员扭作一团，互相斗殴。吴景濂忍住伤痛指挥警卫逮捕黄翼并将其解往京师地方检察厅，请检方起诉处理。但检方不愿介入高层政客间的争斗，以黄翼是党派议员为名，将其交保释出。

11月20日，高凌霨根据反吴派议员要求，以内务总长的身份下令警察厅调换众议院警卫人员，理由是众议院警卫人员经常闯入议场殴打议员。高凌霨同时还命令将众议院警卫长汤步瀛予以撤职处分。当天，警察厅派出一批新警卫前往接替，原有警卫拒绝调换，双方发生冲突。结果，原警卫人员被缴械，警卫长汤步瀛被逮捕。

高凌霨的这个行动意味着拥吴与反吴的斗争已严重升级。根据国会法的有关规定，议院警卫队应受议长指挥，队长应由议长委派，高凌霨的做法显然有违法规。吴景濂当天即通电谴责高凌霨滥用行政职权，干涉立法机关。但电报在北京被扣，无法发出。

吴景濂明白，自己在北京已经无法行使议长职权，而且他还听到了一些不利于自己的风声。21日，吴景濂携带众议院议长的印信逃往天津，并在天津发表通电，声明本院职务在京不能行使，本人行动亦失自由，此后众议院一切活动皆属非法，本人不能承认。他还准备仿照黎元洪的旧例，在天津行使议长职权，并力求与"反直同盟"打通声气，将曹锟的贿选内幕全盘揭开，以泄个人私愤。但"反直同盟"对他的倡议无动于衷。因为他本人在曹锟贿选中已是声名狼藉，谁都不肯再与他为伍。

高凌霨赶走了吴景濂，曹锟又亲自出面说服张绍曾，暂且让高凌霨先当一任国务总理，张绍曾见总统亲自出面了，知道胳膊拧不过大腿，只能答应了。于是，高凌霨便认为国务总理非他莫属了。可没想到，由于他在民国十三年（1924）元旦签署了一份众议员改选令，损害了国会议员们的利益，议员们都很记仇，此时便联合发动倒阁运动，高凌霨无奈也只能告退。

曹锟承诺过的三个国务总理一个也没做成，国务总理一职仍虚悬着。

曹锟为了做总统是花了大本钱的，但坐在总统的位置上以后，才感觉到总统难做，如各地的兵不能裁，各省的督军不能废，军饷无法应付，财政无从整理，等等。他的号令莫说不能行之于奉系、皖系和西南军阀所占领的区域，就是在直系控制下的各省，他的话也没有多少人愿意听了。北洋派元老王士珍看了这些情况，曾意味深长地叹息道："如果要害人，最好是请他当总统。"曹锟自己也向手下人大发牢骚，说："你们一定要捧我上台，叫我来活受罪！"

曹锟在做总统之前，直系内部已经存在着保定与洛阳两大派系的明争暗斗。保定是曹锟的大本营，洛阳是吴佩孚的大本营，保定与洛阳两派的斗争，反映了"曹老帅"与"吴大帅"的不和，这种情况在曹锟贿选总统后更加严重了。

曹锟做总统后，论功行赏，吴佩孚当然最为功高，于是曹锟将自己曾经担任过的直鲁豫巡阅使一职让给了吴佩孚，自己专心去做总统。吴佩孚接过了曹锟的巡阅使职务，但仍驻洛阳。他自恃战功显赫，不仅完全不把直系的各路大将放在眼中，甚至在曹锟面前也显得趾高气扬。而曹锟由于贿选总统后在全国空前孤立，特别是与奉系、皖系关系极度紧张，随时都可能战火重燃。而要打仗，就离不开吴佩孚。因为不仅直系最强的兵力掌握在吴佩孚手中，而且吴佩孚在历年的征战中还得了个"常胜将军"的盛名。曹锟是个贪图个人享受的懒汉，需要有像吴佩孚这样一个包打包唱的人替他支撑门面。因此，尽管吴佩孚已经呈现出尾大不掉之势，手下不少亲信都提醒过曹锟，但曹锟仍然是一忍再忍，以至于在不少人眼里，吴佩孚的洛阳巡阅使署俨然成为北京的"太上政府"。许多人要办事，想谋官，不是进京求情，而是到洛阳吴大帅的门下找关系。只要吴大帅同意了，即使曹老帅不情愿，最终也还是要按照吴大帅的意思办。

民国十一年（1922）中国政府收回青岛主权后，管理青岛事务的胶澳商埠督办一职一直由山东省省长熊炳琦兼任。熊炳琦这个人我们前面多次讲到过，他是曹锟的亲信，为曹锟贿选总统出了大力。胶澳商埠督办是个"肥差"，油水颇多，吴佩孚看着眼热，便于民国十三年（1924）年初，弹劾熊炳琦卖官鬻爵，要求免去熊炳琦所兼胶澳商埠督办一职，并保荐自己的亲信高恩洪出任其职。

吴佩孚此前曾多次放言说他"不干政"，只是一门心思地在洛阳督导练兵，做好统一全国的准备。但他保荐高恩洪出任胶澳商埠督办一职，就等于在"不干政"问题上自打耳光，表明他不仅干政，而且手伸得很长，不仅干涉各省的督军、省长任命，连商埠督办这类与军事根本不沾边的人事安排也要干涉。而且他所弹劾的人是曹锟的亲信与功臣，他保荐的高恩洪又是曹锟所深为厌恶的人，曹锟心中自然是大不痛快。据身边人回忆说，曹锟当时叫着吴佩孚的名字悻悻地说："你保举别人都可以，保举这个人却办不到。"这话传到吴佩孚那里，吴佩孚马上打来电报说："我之信任高恩洪，犹元首之信任我也。"曹锟读了吴佩孚的电报，觉得说什么也不能得罪了吴佩孚，只好心不甘、情不愿地发布了任命高恩洪为胶澳商埠督办的命令。

吴佩孚连曹锟的话都敢不听，对于直系的各省督军、省长就更不放在话下，颐指气使，声色俱厉，就像主子对待奴才一样。吴佩孚的大本营洛阳属河南地面，河南省的督军、省长就像他的仆人一样被随意差遣，稍不顺心便破口大骂。其他的人，如湖北督军萧耀南，在直系内部也要算个不小的人物，但根本就入不了吴佩孚的眼。吴佩孚把萧耀南的秘书长和参谋长都撤掉，换上自己信得过的人担任。这些人名义上是萧耀南的秘书长和参谋长，实际上是吴佩孚派来的眼线与监军，让萧耀南觉得自己的督军没法当。一天，萧耀南愁眉苦脸地对他的参谋长张联棻说："我名义上是督军，事实上你是我的大哥，一切事情你去做主好了，不必问我。"后来，萧耀南升任两湖巡阅使，名义上与吴佩孚的直鲁豫巡阅使平级，但吴佩孚仍然三天两头给萧耀南发电报，要这要那，把萧耀南管辖下的湖北当成自己的军饷和军火供给基地。有时供应稍为迟缓，吴佩孚就大发雷霆，声称要换个肯听话的人到湖北来任职，吓得萧耀南赶紧跑到洛阳去谢罪。

吴佩孚自命为曹锟的"长子"，言外之意便是"父亲年老，长子当权"了，可众兄弟都讨厌这个大权独揽的"大哥"。在这众兄弟中，有人虽然讨厌"大哥"，但惧于"大哥"的权势敢怒不敢言。不过也有自恃有实力又有胆量的兄弟便结起伙来，要与吴佩孚争高低。当时，在直系外部有个反对直系的"三角同盟"，在直系内部则有个反对吴佩孚的"三角同盟"，这个"三角同盟"的三方分别是陆军检阅使冯玉祥、直鲁豫巡阅副使王承斌和苏皖赣巡阅使齐燮元。他们在直系军阀中，是除吴佩孚外最具实力的地方大员，对于曹锟统领天下劳苦功高，又都受到吴佩孚的打压，便有意识地联合起来，总想找机会扳倒吴佩孚。这三个人中，冯玉祥部下兵强马壮。王承斌身兼直隶省长，控制京畿。而齐燮元职衔最高，实力亦非同小可。

吴佩孚的独断专横，还引起大量政界高官的不满，他们纷纷到曹锟面前告状。一时间，曹锟的耳朵里灌满了控诉吴佩孚的声音。曹锟要努力维护直系的团结，维护吴佩孚的威信，只好一再替吴佩孚解释说："子玉就是好喝酒，容易动肝火，我要劝他少喝几杯黄汤。"其实，人们都知道，吴佩孚的问题不是什么多喝几杯酒少喝几杯酒的事，根本就是功高盖主，为所欲为。

围绕在曹锟身边的一些政客也想给吴佩孚树个对立面，找个人制衡他一下。他们相中了直系大将齐燮元。我们前面讲过，民国九年（1920）江苏督军李纯自杀，齐燮元接任江苏督军。自冯国璋时起，江苏就是传统的直系重地，江苏督军在直系中的地位历来举足轻重。曹锟当上总统后，齐燮元升任苏皖赣巡阅使。当时直系将领中共有三个巡阅使，分别是直鲁豫巡阅使吴佩孚、两湖巡阅使萧耀南和苏皖赣巡阅使齐燮元。他们是直系职衔最高的封疆大吏。就实力而言，齐燮元当然不及吴佩孚，但强于萧耀南。而且他还与冯玉祥、王承斌拉起了手，这无疑也壮大了他的实力。也正是由于这一点，齐燮元才被曹锟身边的政客们相中，准备推出他来，抗衡一下吴佩孚的专横跋扈。怎么推出呢？

当时，北京政坛还有一个重要空缺，就是没有副总统。曹锟曾想用副总统一职拉拢奉系的张作霖，张作霖没上钩。吴佩孚想用副总统拉拢皖系的卢永祥，卢永祥也不肯上当。如今，曹锟身边的政客们又想用副总统来拉拢齐燮元，齐燮元会做何反应呢？

齐燮元反应很积极。冯国璋当年就是在江苏督军的位置上兼任副总统，然后由副转正，进京当上了大总统，如今同样的好运可能又降临到他齐燮元的头上。齐燮元对此很上心，除了加紧联络京城政客之外，还发起在南京召开"巡检高级会议"，邀请直鲁豫巡阅使吴佩孚、两湖巡阅使萧耀南、陆军检阅使冯玉祥和直鲁豫巡阅副使王承斌到南京参会。这几个邀请对象里，冯玉祥、王承斌是齐燮元的"盟友"，萧耀南受尽了吴佩孚的欺压凌辱，虽然敢怒不敢言，但感情上是排斥吴佩孚的。如此一来，齐燮元就有了可靠的多数。他的如意算盘是，通过这个会议打破吴佩孚"大哥当家"的特权，让众家兄弟以平等资格共同管理"家务"，管理的原则当然是多数压制少数。作为会议的发起人与"东家"，齐燮元自然就有了更大的发言权。曹锟对于齐燮元的建议极表赞成，他也不愿意听凭吴佩孚一人摆布，想通过这样一个会议来统一直系内部，利用团结多数来巩固自己的权威。基于以上考虑，曹锟表示要亲自参加会议，并主张会议改在北京召开。但吴佩孚对此不屑一顾，指斥齐燮元提议召开的是"督军团"会议，表示自己不会参加。少了吴佩孚，还开什么会？齐燮元的计划只能胎死腹中。但经此一事，直系内部更加分裂，吴佩孚与众将领的矛盾更加激化。这一年的 5 月间，又发生了一件让曹锟大感头痛的事，也更加深了直系内部军阀之间的矛盾。这是一件什么事呢？

第三十九集
直奉再战

在民国十二年（1923）5 月，发生了一件让曹锟大感头痛的事。什么事呢？就是直鲁豫巡阅副使王承斌、陆军检阅使冯玉祥和苏皖赣巡阅使齐燮元先后向曹锟提出辞职。前面讲过，这三人在直系内部结成了一个反吴"三角同盟"，而北洋派的辞职大多另有所图，他们辞职是假，要挟是真。"三角同盟"辞职明摆着就是要给曹锟施加压力，让他约束吴佩孚。对此吴佩孚也心知肚明。他这人软硬不吃，还来了个以其人之道，还治其人之身，他也向曹锟提出辞呈，这就相当于向曹锟摊了牌。面对手下几员大将纷纷辞职，急得曹锟搓手跺脚，气急败坏地说："好，要不干咱们大家都不干！"

以上情况说明，直系内部已经矛盾重重，不待外力进攻，自身已呈分崩离析之势。

北京的困局让奉天似乎看到了希望。奉系的张作霖自从战败退回东北以后，一直耿耿于怀，秣马厉兵，试图寻机复仇并东山再起。他总结上次战争失败的主要原因在于军队素质不高，平时训练抓得不紧，进攻时互不配合，关键时刻贻误战机。所以，他开始整军经武，图谋再战。

张作霖此番确实下了真功夫。他申明军纪，处分了在战场上指挥失误、缺乏斗志的一批军官；成立陆军管理处，自兼统临，亲自统辖部队整编和人事部署及升迁；还建立了陆军东北讲武堂，自兼堂长，他儿子张学良任总督，父子二人上阵主持对军官的教育与训练。经过两年整训，使奉系成为拥有 27 个步兵旅、5 个骑兵旅，2 个炮兵旅和 1 个重炮团，工兵及辎重均附属在各部队。另外，还建立了空军和海军，总兵力达 25 万人。整编之后的奉系，已由原本的绿林武装转变得初步有了正规军的模样。

张作霖在整军经武的同时，还在积极联络皖系的段祺瑞和南方的国民党人，以图建立巩固的"反直三角同盟"。段祺瑞自下台寓居天津以来，不甘寂寞，时刻寻机东山再起。但他手下可依凭的只有浙江督军卢永祥和少数地方武装，势单力孤，此时张作霖一拉，段祺瑞便给予积极回应。至于南方的国民党人，对于军阀当然并不信任，但为了反对最具威胁的直系军阀，也将联络奉系作为一时的权宜之计。

张作霖在整军经武并施展纵横捭阖之术，联络盟友。而曹锟却因贿选而天怒人怨，北京政坛乱作一团；吴佩孚拥兵自重，日益孤立；直系将领各怀心计，钩心斗角。张作霖见此情形，认为复仇的时机大体成熟。

9 月 3 日，江苏督军齐燮元与浙江督军卢永祥为争夺上海而兵戎相见。齐燮元和卢永祥这两个人我们前面已多次提到，他们一个是直系大军阀，一个是皖系大军阀，分别控制着江苏与浙江。当年上海属江苏地面，但被浙江督军卢永祥控制着，对此江苏督军齐燮元一直耿耿于怀。上海是全国最大的商埠，税收在全国首屈一指。为了夺得上海，齐燮元向曹锟献策曰，占据上海，既增加直系威望，在经济上也有重大收获，而且还将皖系的一个据点端了下来，消除了对直系的威胁，可谓一石数鸟。曹锟原本曾同意吴佩孚的"联皖"计策，但皖系的段祺瑞、卢永祥反应冷淡，曹锟为此很生气。如今听齐燮元说有这么多好处，而且不需要他另外派兵，齐燮元自己就可以收拾卢永祥，便默认了齐燮元的要求。于是，战火便在江南燃了起来，史称"江浙战争"。

张作霖在整军经武的同时，还在积极联络皖系，而在皖系中，只有浙江督军卢永祥还算个实力派人物，自然也就成为张作霖联络皖系时的重点。张作霖一方面通过段祺瑞与卢永祥密切接触，另一方面还派出特使姜登选赴杭州商讨双方的合作事宜。卢永祥处于直系势力的重重包围之中，正急于寻找盟友以图自存，双方一拍即合。于是，张作霖与卢永祥共同议定了"在政治上互相呼应，在军事上做到攻守同盟，誓与曹吴势不两立"的合作方针。如今齐燮元大举出兵，意图消灭卢永祥势力，张作霖自然不会袖手旁观。

9月15日，张作霖兵分六路，直出山海关、朝阳，并用电报的形式致书曹锟。书曰："近闻兄依然傀儡，仍在吴贼支配之中，此时行动能否自由，殊深悬盼。东行阻断，遣使为难。日内将派员乘飞机赴京籍候起居，使者一介武夫，举止鲁莽，倘有侵犯，请恕唐突。"这实际上是一封战书。从字面上看，张作霖在书信中讲曹锟受吴佩孚支配，已经失去自由。自己要派人乘飞机进京照顾曹锟起居，然而派去的人是一介武夫，对曹锟难免会有侵犯，还请曹锟宽恕。把那些场面上的辞令去掉，这封信的意思就是说，我要派武装人员进京捉你去了。所以，这封信实际是一封战书。

接到张作霖的战书后，曹锟六神无主，心怀大乱。张作霖这些年整军经武曹锟早有情报，所以曾经计划以副总统的职位拉拢张作霖，让直奉二系能化干戈为玉帛，但张作霖不为所动，吴佩孚也不支持他的计划。如今，张作霖真的打过来了，这可如何是好。

直系要打仗，还要靠吴佩孚。曹锟十万火急地电召吴佩孚进京主持与奉军作战。17日，吴佩孚由洛阳到达北京，直系大将冯玉祥、王怀庆和全体阁员及京城高级文武官员都到车站迎接。从车站到公府，沿途布满了全副武装的军警，这是曹锟主政后吴佩孚首次进京，也是他平生受到的最隆重的一次欢迎仪式。

吴佩孚的到来让曹锟感到胆壮了不少。他当天即下达了针对张作霖的"讨逆令"，痛斥张作霖"野心未戢，复乘东南多事之秋，为扰乱中原之计"。此时，直奉双方的军队在热河、山海关等地已经交上火，曹锟颁布的这个讨逆令，标志着直奉两军又一次开战，史称"第二次直奉战争"。

当晚，曹锟在总统府大摆酒宴，为吴佩孚接风洗尘，全体阁员及京城军警长官作陪。酒兴方酣之际，曹锟起身走到吴佩孚桌前，满脸诚恳地握着吴佩孚的手说："老弟，我已经老了，辛苦你摄行陆海军大元帅的职权，一切便宜行事！"

吴佩孚从大总统手中领到了"一切便宜行事"的尚方宝剑，立刻开始以"全国兵马大元帅"的模样行事。18日晚10时，吴佩孚在中南海四照堂主持召开"讨逆军总司令部军事会议"。国务总理颜惠庆、陆军总长陆锦、海军总长李鼎新以及王承斌、冯玉祥、王怀庆等高级将领60余人静坐两旁，恭候吴大帅调兵遣将。

吴佩孚首先宣读了曹锟以总统名义下达的讨逆令，然后宣布组成讨逆军，自任总司令，王承斌为副总司令兼后方筹备总司令，彭寿莘为第一军总司令，王怀庆为第二军总司令，冯玉祥为第三军总司令。其中，第一军是吴佩孚的嫡系，共3个师，人数约12万，部署在东线，用以对付山海关、九门口一线的奉军张学良部，总司令部设在秦皇岛。第二军有1师2旅，部署在中线，总部设在朝阳，抵拒奉军李景林部。第三军有1师3旅，由古北口出承德、赤峰，对付奉军吴俊升部，总司令部设在喜峰口以北的平泉县。

奉军的战略是大部分兵力集结于山海关、九门口一线，准备在此与直系展开决战。但战术上却先从热河方面展开进攻，以期先有斩获，为山海关一线的战略决战创造有利态势。9月15日，也就是在吴佩孚于中南海四照堂调兵遣将之前，奉军已出兵进攻热河。热河都统米振标部和前来增援的王怀庆部第十三师战斗力较弱，双方战至22日，奉军接连占领开鲁、朝阳并向凌源进攻。18日，也就是吴佩孚在中南海四照堂调兵遣将的当天，奉军已开始向山海关正面的直军进攻。

直军第三路的战斗任务是由古北口、喜峰口向平泉出发，会合第二路进攻奉军侧翼。这一路行军比较迟缓。9月23日，也就是吴佩孚在中南海调兵遣将 5 天之后，第三路总司令冯玉祥才离开北京，走到怀柔又停了下来，说是运输不便，让士兵们一边修路一边缓缓前行。此时，热河的形势已十分吃紧，吴佩孚打电报催促冯玉祥部迅速开赴前线，并派副总司令王承斌前往承德指挥二、三两路大军联合作战，可是"急惊风遇着慢郎中"，吴佩孚着急，冯玉祥并不急。一直到 10 月 5 日，副总司令王承斌才在承德见到了第三路总司令冯玉祥。两人坐在密室里研究了许久，但所研究者却不是奉吴大帅之命对奉军作战，而是另外的一些事情。关于这方面的情况，后文还要讲到。

山海关方面的战事自 9 月 28 日起转趋激烈，直军虽然居高临下，但奉军的精锐部队前仆后继奋勇仰攻，双方均死伤惨重。战至 10 月 7 日，直军在奉军猛烈如潮的进攻面前气力不支，被迫放弃九门口。在北京的吴佩孚闻讯心焦不已，急调张福来的后援部队迅速开赴山海关前线，自己也于 11 日由北京出发，当天抵达滦州，次日即前往山海关巡视阵地。吴佩孚亲临前线，使直军前方形势得以稳定下来。19 日，吴佩孚亲自指挥其精锐第三师奋力夺回九门口，直军士气转盛，前线局势为之改观。然而，也就是在19 日这一天，直军第三路总司令冯玉祥却命令他的部队后队改前队，全速回师北京。

冯玉祥，清光绪八年（1882）生于直隶青县，15 岁开始在淮军当兵，20 岁时改投袁世凯的武卫军，后逐步升迁，于民国十年（1921）升任陕西督军，在北洋军中从属直系。民国十一年（1922），直奉战争爆发，吴佩孚急电冯玉祥率部赴河南。冯玉祥在河南作战有功，被曹锟任命为河南督军。曹锟的这项任命事先未与吴佩孚商量，引起吴佩孚的不满，吴佩孚便将河南督军公署科长以上僚属全部安排派定，使冯玉祥成了光杆督军。这还不算，冯玉祥在河南督军任上，处处受吴佩孚掣肘，两人关系不断恶化。曹锟生怕二人发生内讧，只得将冯玉祥调离河南。

民国十二年（1923），吴佩孚在洛阳过五十大寿，各路官员争相送礼，而冯玉祥却送了一瓶白开水，美其名曰"君子之交淡如水"。弄得吴佩孚哭笑不得，两人关系更为恶化。

冯玉祥治军严谨，所部纪律严明，能打硬仗，军事实力在直系内部仅次于吴佩孚。冯玉祥与吴佩孚不和，张作霖早有耳闻。此番作战前，张作霖拿出 100 万元，由段祺瑞转交给冯玉祥所部充当军费。冯玉祥自然知道张作霖的用意，他正想借机扳倒吴佩孚。张作霖、冯玉祥二人心有灵犀，经密使往来，双方达成默契，即奉军不进山海关，冯玉祥部队在热河按兵不动，让奉军可以抽出兵力加强山海关战场的攻势。

吴佩孚对冯玉祥始终不放心。在中南海四照堂调兵遣将时，他派亲信张福来留守后方就包含着防范京城出乱子的用意。但后来前方战事吃紧，他不得已把张福来所部调到了前方。为了防范万一，他又命令两湖巡阅使萧耀南派第二十五师开入河南。此时萧耀南可能也嗅出了点什么，便以第二十五师必须对付南方为由，拒绝接受吴佩孚的命令。此时，吴佩孚一门心思放在前方战事，也就无心再去防范冯玉祥可能的异动。当然，说到底他还是小瞧了冯玉祥，认为冯玉祥无论如何也是直系军官，不会有什么"谋反"异动。

山海关方面战火正酣时，奉军与冯玉祥所部在热河方面有一个互动。10 月 9 日，奉军占领赤峰。15 日，冯玉祥部又从奉军手中将赤峰夺了回来。冯玉祥的报捷电传到吴佩孚手中，吴佩孚大感欣慰，但张作霖却看到了另外的苗头。因为奉军是主动撤出了赤峰，赤峰之战是假打而不是真打。还在奉军刚刚占领赤峰的时候，张作霖即致电皖系大将卢永祥说："彼方内部将有反戈之举。"奉军主动撤离，而冯玉祥谎报战功，更印证了张作霖的判断。

张作霖的嗅觉的确很准。第二次直奉战争刚发动不久，冯玉祥就与王承斌、胡景翼、孙岳等将领商定了甲、乙两套计划：甲计划是吴佩孚如果在山海关打了胜仗，肯定会乘胜追击，攻取奉天，冯玉祥等人就将自己的军队集中在山海关一线，不让吴佩孚所部回到关内来，同时压迫曹锟任命吴佩孚为东三省巡阅使，这是排吴而不倒曹的计划；乙计划是吴佩孚如果在山海关打了败仗，他们就回师北京发动政变，这是曹、吴并倒的计划。

为了扳倒吴佩孚，冯玉祥还主动与南方的国民党取得联系，孙中山托人将一份手写的《建国大纲》送给冯玉祥，冯玉祥读后备受鼓舞。

与冯玉祥共同举事的还有胡景翼、孙岳两位高级将领。胡景翼是老同盟会会员，护法战争期间，曾任陕西靖国军第四路军司令。民国十一年（1922）冯玉祥任陕西督军时，胡景翼任陕军第一师师长。第一次直奉战争中，胡景翼率部在河南援助直系，立有战功，但吴佩孚视他为土匪，有功不赏，还经常拖欠他的军饷，这使得胡景翼对吴佩孚颇为不满。此后，吴佩孚又调胡部进攻广东，胡景翼曾是同盟会会员，倾向革命，不愿与南方国民党人作战，部队接到命令后迟迟不动身，引起吴佩孚的震怒，两人关系十分紧张。此番第二次直奉作战，吴佩孚命令第三军总司令冯玉祥出兵古北口，胡景翼作为援军，策应前方。吴佩孚还私下对胡景翼说，如果冯玉祥有异动，可就近解决。但当胡景翼要求后勤补给时，却遭到曹锟的亲信、军需副总监李彦青的算计，使胡景翼对曹、吴心怀憎恨。

李彦青为什么要算计胡景翼呢？事情是这样的。胡景翼接到吴佩孚的命令准备率部开拔，行前去找军需副总监李彦青领军饷，李彦青说："你先把收条开下，我随后给你送去。"胡景翼见李彦青答应得挺痛快，不疑有他，便开好收条，签了名交给李彦青。等了几天，不见军饷送到，就又跑到军需处去催问。李彦青见面后问道，何事劳胡司令大驾。胡景翼一听，觉得这人真浑，便直说是为军饷之事。李彦青故作认真地说："你等一下，我去给你查看查看。"不一会儿，李彦青出来，一本正经地说："胡司令开玩笑啊，战事紧迫，军饷供应紧张，你还想领双份啊！你的军饷已领去了，这不是你开的收条吗？"胡景翼大怒，与李彦青争吵起来。此事惊动了曹锟。曹锟与李彦青的关系可非比寻常。李彦青入伍前曾在长春一个澡堂里做搓澡工，清宣统二年（1910）时任清军第三镇统制的曹锟来澡堂洗澡，李彦青为其搓背，曹锟大感舒服痛快，便将其调到身边当差搓澡。在此后的岁月里，曹锟走到哪里都要带上李彦青，李彦青也由搓澡工而步步高升，此时已升至军需副总监。如今胡景翼与李彦青闹纠纷，让曹锟来断案，结果可想而知。果然，曹锟问过事情来由，便说胡景翼不对。曹锟说："他没给你钱，你怎么开收条给他？"胡景翼欲辩无言，含愤而去。胡景翼本来不满于吴佩孚，如今又被李彦青算计，曹锟还帮着李彦青说话，这让胡景翼大为愤恨。冯玉祥趁机与胡景翼商讨反戈计划，两人一拍即合。

孙岳与胡景翼情况有些类似，也曾是老同盟会会员，清末在曹锟的第三镇当下层军官。辛亥革命期间因参加滦州起义被迫离职。当时曹锟有袒护之心，收其为养子，使他逃过了袁世凯的捕杀，孙岳此后即对曹锟忠心不贰。那么，像孙岳这样的人，为什么会与冯玉祥一道反叛曹锟呢？

第四十集
曹锟倒台

冯玉祥要在北京发动政变，扳倒曹锟和吴佩孚，胡景翼与孙岳是他的两个得力助手。曹锟对孙岳曾有过救命之恩，孙岳对曹锟也是忠心不贰。在直皖战争中，孙岳指挥得当，所部战绩不俗，战后被曹锟任命为卫队旅旅长，成为曹锟的"御林军"首领。但后来的一些事，由于吴佩孚的原因，使孙岳对曹锟有了二心。

第一次直奉战争时，吴佩孚任命孙岳为西路总指挥，西路初战失利，吴佩孚破口大骂孙岳"白多吃了几年饭"。孙岳忍辱含愤，重上战场亲自指挥，部队反败为胜。战后，其他师旅大小军官均有升迁，唯独孙岳未获晋职。曹锟看在眼里过意不去，遂任命孙岳为第十五混成旅旅长兼大名镇守使、京畿警备副总司令。第十五混成旅是孙岳的基本班底，其他的职务多为虚职，没什么实权，可吴佩孚仍认为太便宜他了，又趁机抽走了他的一个步兵团。孙岳由此对吴佩孚恨之入骨，对曹锟也就有了二心。

冯玉祥还与担任直军副总司令兼后方筹备总司令的王承斌达成了谅解。王承斌乃奉天人，因在第一次直奉战争中有通奉嫌疑而遭曹锟、吴佩孚冷落。为了赢得曹锟信任，王承斌在曹锟贿选中出了大力，立了大功。曹锟就任总统后，将自己曾担任的直隶总督一职让给他，还任命他为直鲁豫巡阅副使。但在直隶，吴佩孚只信任军务帮办彭寿莘。彭寿莘有了吴佩孚做靠山，根本不把王承斌放在眼里，有军情电报直接上报曹锟、吴佩孚。而且，吴佩孚还想调王承斌为河南督军，以便就近监视。在重重压力下，王承斌感到难以承受，便暗中与冯玉祥、齐燮元结成了直系内部的反吴"三角同盟"。当然，他们这个"三角同盟"还只是直系内部的派系争斗，王承斌并没有"揭竿造反"的意思。

此番与奉军作战，吴佩孚不让王承斌上前线而委以后方要职，一是对他在前线与奉军作战感到不放心；二来以示拉拢，让他监视冯玉祥。王承斌此时对曹锟、吴佩孚已是心灰意冷，不愿再为其卖命。冯玉祥对王承斌的情况了如指掌，当他将趁直奉再战机会扳倒吴佩孚的计划告诉王承斌时，王承斌对冯玉祥的行动表示同情，他自己不想参加，但也不会破坏。两人算是达成了谅解。

冯玉祥离开北京后，一路走走停停，10月1日才到达古北口。他以筹饷为名，又在古北口停了下来。他此时唯一要做的事情，就是收集前方情报，掌握战况，特别是掌握吴佩孚及后援部队的动向。为避免引起曹锟、吴佩孚的怀疑，他还隔日给总统府发电报，汇报己部"星夜兼程"向奉军后方挺进。

前面讲过，吴佩孚在直军九门口失陷后火速由北京赶到山海关前线。起初他认为，只要他亲自出马，必可迅速扭转战局，因此，张福来的后援军在京畿一带并未随调。但前方战局出乎吴佩孚所料，他亲自督军，战局仍然呈胶着状态。无奈之下，吴佩孚只得命张福来率第三师及其他主力部队赶往前线与奉军决战。吴佩孚对冯玉祥确实有些放心不下，但又认为自己事先安排王承斌、胡景翼等人监视冯玉祥部，张福来的部队调走应当无碍。至10月17日，北京附近几无直系嫡系部队。18日，冯玉祥留在后方的兵站总监蒋鸿遇电告冯玉祥："前方战事紧急，吴佩孚将长辛店、丰台一带所驻第三师等悉数调往前方增援！"冯玉祥见回师障碍全无，心中的一块石头算是落了地。19 日，冯玉祥接到吴佩孚的总参谋长张方严发来的电报，说目前东线作战吃紧，要他迅速推进，并且说"大局转危为安在斯一举"，军情之急，跃然纸上。当时的一些新闻报道里说直军在前方伤亡惨重已兵力不支，而吴佩孚亲自指挥第三师夺回九门口的消息也还没有传到冯玉祥这边来，冯玉祥根据已有的情报判断，认为回师北京的时机已经到来。当天，冯玉祥在滦州召开秘密会议，张之江、鹿钟麟、李鸣钟等高级将领出席。冯玉祥进行了战前动员，对回师北京作出周密部署，并通知屯兵于喜峰口的胡景翼一部占领滦州、军粮城一带，截断直军北京与山海关间的联络，防止吴佩孚率师返京。通知孙岳派所部秘密监视曹锟的卫队及吴佩孚的留守队。

冯玉祥所部以昼夜兼程 140 华里的速度向北京急奔。他们偃旗息鼓，沿途割断电线封锁消息，悄无声息地迅速逼近北京。为了防止走漏消息，沿途遇到的所有往来于北京、热河间的人员一律扣留。22 日晚 9 时，冯部所属第八旅和第二十二旅率先开进北京。李鸣钟、鹿钟麟两位旅长遵照冯玉祥的指令，派兵把守各城门并占领车站、电报局、电话局等交通和通信机构。至此，北京城已在冯玉祥的掌控之中。与此同时，胡景翼的大部队也由迁安、遵化开回通州。

而此时，曹锟自从将调兵遣将的大权交给吴佩孚以后，仍像从前一样，整天休闲享乐，无所事事。但前线告急，吴佩孚亲赴前线将第三师等主力部队悉数调至前方后，曹锟心中便稍有不安。

10 月 22 日晚，曹锟早早吃了饭就回卧室去睡了。23 日清晨，沉睡中的曹锟被"咚咚"的敲门声惊醒，敲门人大声叫着："不好了，冯玉祥发动政变了！"曹锟穿着睡衣急忙打开大门，见敲门的是卫队营长。这位营长见到曹锟来不及说明缘由便"呜呜"地哭了起来。在曹锟的一再追问下，卫队营长才止住哭声，把冯玉祥兵回北京，孙岳作为内应，将北京城全部控制的消息告诉了曹锟，并对曹锟说，孙岳就在总统府外。曹锟一听，顿时全明白了。他告诉卫队营长，让卫队不要轻举妄动，现在既然冯玉祥、孙岳等人控制了形势，我们就要好自为之，别拿鸡蛋往石头上碰。总统府他们要进就进，要出就出。只要咱们无事，就可以等吴玉帅来解围。曹锟所说的"吴玉帅"自然是指吴佩孚。吴佩孚，字子玉，北京政坛的人们多称其为"吴玉帅"。卫队营长听曹锟如是说，连忙答应着退出。屋子里又剩下曹锟一个人，他像遭了霜打的茄子一样，颓然坐在太师椅上。

23日，陆军检阅使兼第十一师师长冯玉祥、陕西陆军第一师师长胡景翼、大名镇守使兼第十五混成旅旅长孙岳联名发出呼吁和平通电。通电将本次直奉战争说成是吴佩孚与张作霖二人间的"私斗"，痛斥吴佩孚"凭战胜之余威，逞一人之忿，兴孤注之师，事前既毫无筹备，临时复调度乖方"。电报还说："业经电请大总统明令惩儆以谢国人，停战言和用苏民困。"根据这个电报，冯玉祥所采取的还是倒吴而暂不倒曹的办法，还想利用这个傀儡总统来收束前方军事，制止吴佩孚的反抗行为。

当天下午，内阁总理颜惠庆慌慌张张地跑到总统府来，见到曹锟也顾不上行礼，便直接问道：冯检阅使等人要求下令停战和惩办吴玉帅，怎么办？曹锟一听吴玉帅三字，便连忙问："子玉现在哪里？"颜惠庆尚未回答，孙岳一脚踏进了总统办公室，说道："大总统不必害怕，我们会保证你的安全，但吴佩孚罪责难逃，我们也不为难他，给他个名义让其平安下台就是了。"前面讲过，孙岳是曹锟一手提拔起来的，如今在这种场合见面，不免显得尴尬。曹锟接着颜惠庆的话题，说道："你们不必问我，问责任内阁去好了。"

24日，责任内阁秉承冯玉祥的意思通过决议并发表四道命令：第一，停战；第二，撤销讨逆军总司令等名义；第三，解除吴佩孚的直鲁豫巡阅使及第三师师长等职务；第四，任命吴佩孚为青海垦务督办。这第四道命令应当就是孙岳在曹锟面前所说的，给吴佩孚个名义让其平安下台。这些命令需要大总统盖印才能生效，曹锟一边盖印，一边叹息着说："我实在太对不起子玉了。"到这个时候，他还说这种话又有什么用？

第二天，也就是10月25日，冯玉祥派人解除了总统府守卫曹世杰旅的武装，这个旅是曹锟的子弟兵，新换的守卫则是冯玉祥的亲信部队。从此，曹锟便处于冯玉祥部下的直接监视中。同一天，冯玉祥、王承斌、胡景翼、孙岳等人在北京开会，决定组织中华民国国民军，冯玉祥任总司令兼第一军军长，胡景翼、孙岳分任副司令并兼第二军、第三军军长。考虑到曹锟因其贿选已经声名狼藉，用其做傀儡总统难以取得各方面的同意，会议决定拥戴段祺瑞为国民军大元帅，靠段祺瑞来打通反直同盟的关系。会后，冯玉祥派王承斌到天津，向段祺瑞表达拥戴之意，段祺瑞并未拒绝。26日，冯玉祥、胡景翼、孙岳三人正式发出拥段通电。至此，冯玉祥等人的行为已经超出了直系内部的派系斗争，而是要改变政权，史称"北京政变"。

再讲吴佩孚这边。山海关前线战火纷飞，吴佩孚突然接到冯玉祥等人23日发出的呼吁和平通电，不禁大吃一惊。当时，他还疑心电报是张作霖捏造出来的，用以离间直军将领。次日，查明电报并非奉系捏造，确系从北京发出。不过他仍心存侥幸，认为胡景翼未必肯与冯玉祥一道反叛，可能是冯玉祥冒用了胡景翼的名义，这种冒用名义的事情当年可谓司空见惯。想到这里，吴佩孚随即手拟了一道命令，任命胡景翼代替冯玉祥为第三军总司令，并派亲信张敬尧到通州去传达此项命令。结果，张敬尧刚到通州即被扣下。25日，真相大白，北京确实发生了政变，而且政变确实是冯玉祥与孙岳、胡景翼三人联手干的。

所有的侥幸与幻想都已破灭，吴佩孚必须面对现实做出应对。他把前方作战任务交给张福来主持，自己率领第三师、第二十六师各一部七八千人乘车回救北京。他在秦皇岛途中发出电报，谎称"大总统顷派密使来岛，声称冯玉祥派兵包围公府，本大总统已失自由，特命吴总司令星夜率师入卫，会师讨贼，所有征伐事宜，均着吴总司令便宜行事"。其实，此时曹锟已处于冯玉祥部下的严密监视中，哪里还派得出"密使"。26日，吴佩孚抵达天津，又代王怀庆等人发表讨冯通电，电报自然也是捏造的。他把带来的部队布防在杨村一带。他一共带来了七八千人，靠这么点人去讨伐冯玉祥并不现实，他所希望的是能够凭借昔日的威风并借助于曹锟的总统名义调动齐燮元的军队由津浦铁路北上，萧耀南的军队由京汉铁路北上，与他在天津的部队合力，共同夹击北京。他在天津假借曹锟的名义发表了一道又一道的"总统令"：任命胡景翼为察热绥巡阅使，王怀庆为陆军检阅使兼西北边防督办，派齐燮元、萧耀南等会同节制"讨贼各军"。他把假命令当成真命令一道道发出去，各地军阀虽然明知其为假命令，但由于前方战事不明，而吴佩孚在直系内部的地位确实非等闲之辈可比，因此，在 26 日、27 日两天里萧耀南、齐燮元、孙传芳等纷纷发出助吴讨冯的通电，甚至远在四川的刘湘、杨森等人也跟着摇旗呐喊。萧耀南、齐燮元和孙传芳还分别派出数量不等的援军，准备沿津浦、京汉两路北上。吴佩孚的计划似乎正在见效。

各省援军尚未开动，冯玉祥、胡景翼的军队却已开到廊坊准备进攻天津。在天津做寓公的张绍曾是吴佩孚的儿女亲家，见吴佩孚身处险境，便奔走于北京、天津之间，试图调停双方息战。由于冯玉祥、吴佩孚都认为自己胜券在握，张绍曾的调停无功而返。不过在北京时，张绍曾提的一个建议被冯玉祥采纳了。他的建议是："你既要对吴，就不要太为难曹。"他这里说的"吴"，指的是吴佩孚，他所说的"曹"，自然就是曹锟了。其实，就私人关系而言，曹锟待冯玉祥不错，所以，冯玉祥只是想推翻曹锟的贿选政权，并没有想过于苛待曹锟本人。听了张绍曾的提议，冯玉祥答应让张绍曾派其弟张绍程去看望曹锟。冯玉祥说："你见着曹总统，就说我因事忙，没有时间去看他。如有什么需要，由你转达给我，即予照办。"

随后，张绍程奉其兄长之命去看望曹锟。两人以前见过面，但此番见面颇为特殊。曹锟那天穿着鼻烟色的短上衣，下着青色西服裤，精神还不错。张绍程说明其兄长正为和平奔走，并说："我来时，冯检阅使要我向总统致意，说如需要什么，要我转达，好给总统预备送来。"曹锟也很客气地说："请你转告冯检阅使，他们对我很好，不需要什么。"

28 日，山海关战事发生急剧变化。奉军张宗昌部由平泉、冷口入关，从斜刺里占领滦州，截断了山海关直军的归路和山海关、天津间的交通线。当时，山海关的直军因为北京发生政变已经人心浮动，吴佩孚从前线率领少量部队回师救援北京后，前线将士更有群龙无首之感，如今归途被奉军截断，正面奉军攻势更加凌厉，山海关直军迅速土崩瓦解，败军如潮水般溃散。31日，奉军占领山海关和秦皇岛，缴获直军枪械达三万余支。

奉军在山海关的攻势，从根本上摧毁了吴佩孚所率直军的战斗意志。从31日起，冯玉祥、胡景翼所部自廊坊向天津进攻，至11月2日，占领杨村和北仓，吴佩孚的司令部被迫移至军粮城。此时，张宗昌、吴光新等部已占领唐山、芦台，军粮城危在旦夕。屋漏偏逢连阴雨，山东督理郑士琦见吴佩孚已是穷途末路，在济南宣布"武装中立"，并派兵到沧州、马厂一带截断津浦铁路。同一天，山西军阀阎锡山出兵石家庄，截断京汉铁路，吴佩孚所期待的两路援军均化为泡影。正在无路可走的时候，幸有海军部军需司长刘永谦替他准备了一艘华甲运输舰。11月3日，吴佩孚率领二千余名残兵败将在塘沽登舰沿海南下。

天津的战事尚在进行中，冯玉祥便开始在北京收拾局面。10月31日，冯玉祥以曹锟的名义，下令准国务总理颜惠庆辞职。11月1日，任命黄郛组织摄政内阁并兼代国务总理。这个内阁不用说是以冯玉祥的心腹为核心。从法律上讲，内阁要在总统向国会正式提出辞职咨文之后才能摄行总统职权。因此，下一步就要劝曹锟通电辞职，劝谏的任务就交给了曹锟贿选时的大功臣王承斌。

王承斌在曹锟贿选中立下汗马功劳，此前，还曾对黎元洪干过劫车夺印的勾当，对此曹锟都曾记在心上并给予回报。曹锟做总统后，把自己曾兼任直隶督军一职让给了王承斌，还提拔他当上了直鲁豫巡阅副使。因此，王承斌此番一进总统府，曹锟似乎看到了什么希望，以为王承斌是来帮他解除危机，恢复权力的，但没想到此时的王承斌早已没有了昔日低眉顺眼的笑模样。他板着面孔，一副公事公办的样子，拿出冯玉祥签发的命令，如同钦差大臣宣读圣旨一般读了起来："限曹在二十四小时内辞职，迁出新华宫，保证其生命安全，如曹不走，即断行最后处置。"曹锟一听就傻眼了，他怎么也想不到前来逼自己下台的人，就是一年前帮他对黎元洪劫车夺印的健将，真是世事无常！但感慨又有什么用？当天，曹锟即提交了辞呈并交出了总统印信。曹锟自民国十二年（1923）10月10日登上总统宝座，至此交出总统印信，共一年零二十多天。

曹锟下台后，段祺瑞在张作霖、卢永祥、冯玉祥等人拥戴下，于1924年11月22日重返北京，宣誓就任中华民国总执政，执行政府职权。段祺瑞任执政后，于当年12月6日发布命令，称："曹锟贿选窃位，祸国殃民，着内务、陆军两部严行监视，听候公判。"摆出一副要依法审判曹锟贿选窃位罪行的样子。但这也不过是摆摆样子而已。一来段祺瑞念及北洋旧情，不想把事情做得太绝；二来他的执政地位也并不稳定。随着北京政坛风云变幻，曹锟贿选的事情渐渐变得无人问津，曹锟仍住在昔日的总统府里，只是由一队士兵看守着不能自由出入。到了民国十五年（1926）春天，看管曹锟的卫队正式撤离，曹锟也就恢复了自由。

曹锟下野后，也曾有人提议再开国会选举总统，但国会议员大多参与曹锟贿选而声名狼藉，没有参与贿选的不仅人数太少，而且也早已超出任职期限，而吴景濂等人搞的延长国会议员任期又根本不能为社会各界接受。既然没有合格的议员，也就不存在召开国会的可能，而没有国会也就不存在选举总统的可能。从此，北洋政权既无国会，也无总统，不伦不类，苟延残喘。民国十五年（1926），在广东的国民革命军开始北伐，随着北伐战争的逐步推进，北洋政权土崩瓦解，灰飞烟灭。